法学求是前沿书系

设区的市立法权研究

伊士国◎著

知识产权出版社

全国百佳图书出版单位

—北京—

图书在版编目（CIP）数据

设区的市立法权研究/伊士国著. —北京：知识产权出版社，2019.12
（法学求是前沿书系 / 孟庆瑜主编）
ISBN 978-7-5130-6535-1

Ⅰ.①设… Ⅱ.①伊… Ⅲ.①地方法规—立法—研究—中国 Ⅳ.①D927

中国版本图书馆 CIP 数据核字（2019）第 227105 号

内容提要

本书以设区的市立法权为研究对象，基本涵盖了设区的市立法权所有重要问题，既包括设区的市立法权的基本理论问题、设区的市立法权的历史变迁问题、设区的市立法权监督与制约问题，还包括设区的市立法权与中央立法权、省级地方立法权的关系问题等，特别是对设区的市立法权限问题、设区的市地方性法规审查批准问题进行了专章研究，基本厘清了设区的市立法权自身问题，拓展了设区的市立法权问题研究的广度与深度，为设区的市立法权的运行和完善提供了理论依据和实践指南。

责任编辑： 韩婷婷　　**责任校对：** 王　岩
封面设计： 张　冀　　**责任印制：** 刘译文

设区的市立法权研究

伊士国　著

出版发行： 知识产权出版社有限责任公司	**网　　址：** http://www.ipph.cn
社　　址： 北京市海淀区气象路50号院	**邮　　编：** 100081
责编电话： 010-82000860 转 8359	**责编邮箱：** 176245578@qq.com
发行电话： 010-82000860 转 8101/8102	**发行传真：** 010-82000893/82005070/82000270
印　　刷： 北京嘉恒彩色印刷有限责任公司	**经　　销：** 各大网上书店、新华书店及相关专业书店
开　　本： 787mm×1092mm　1/16	**印　　张：** 13.75
版　　次： 2019年12月第1版	**印　　次：** 2019年12月第1次印刷
字　　数： 226千字	**定　　价：** 69.00元

ISBN 978-7-5130-6535-1

《法学求是前沿书系》编委会

《法学求是前沿书系》

总说明

习近平总书记反复强调："历史是最好的老师。经验和教训使我们党深刻认识到，法治是治国理政不可或缺的重要手段。法治兴则国家兴，法治衰则国家乱。什么时候重视法治、法治昌明，什么时候就国泰民安；什么时候忽视法治、法治松弛，什么时候就国乱民怨。"但是，在中国搞社会主义法治建设，是一件前无古人的伟大创举，没有现成的道路可走，没有现成的模式可以借鉴，没有现成的理论可以指导，其困难之大，超出想象。因此，我们只能坚持从中国实际出发，围绕中国特色社会主义法治建设中的理论和实践问题，把法治建设的普遍规律与中国的国情相结合，不断探索并形成中国特色社会主义法治道路、制度和理论。这就要求我们在全面推进依法治国的进程中，必须践行实事求是的思想路线，认清中国法治之真国情，探索中国法治之真道路，构建中国法治之真制度，探究中国法治之真理论，解决中国法治之真问题。唯如此，我们才能穷中国法治之理、探中国法治之道。这也正是将本套丛书命名为《法学求是前沿书系》的目的和意义所在。同时，本套丛书的名称也暗合了河北大学"实事求是"的校训传统，体现了河北大学"博学、求真、惟恒、创新"的校风精神。

本套丛书以法治中国为目标图景，坚持建设性立场，聚焦法治中国建设中的理论与实践问题，探寻法治建设的中国之道，主要着眼于以下几个方面问题：

第一，中国法治之真国情。实践证明，任何国家的法治建设都必须立足本国国情，从本国实际出发，而不能从主观愿望和想当然出发，不能从本本和概念出发，更不能照搬照抄外国的东西。在中国进行法治建设，必须要深刻揭示和正确认识中国的基本国情，并将之作为中国法治建设的出发点和落脚点。同时，中国的国情比较复杂，异于西方国家。因此，我们对中国国情的研究，必须要从多维度入手，既要研究地理意义上的中国，也要研究政治意义上的中国，更要研究文化意义上的中国。

第二，中国法治之真理论。中国的法治建设需要法治理论的支撑与指导。如果我们不能够从理论上对中国法治建设的性质、方向、道路、总目标、指导思想、基本原则、主要任务等阐释清楚，中国的法治建设就无从开展，也必然无法成功。为此，我们必须清楚地认识到，与中国法治建设的要求相比，我国远未形成与之相对应的中国特色社会主义法治理论。现有的西方法治理论既不能真正满足中国法治建设对法治理论的需求，难以引领中国法治的科学发展，也不能真正与中国的优秀文化传统相融合，难以实现传统与现代、本土与外来、国内与国际的有机统一。这就需要我们在中国法治建设的实践中，在借鉴西方法治理论的基础上，不断推进中国法治理论的探索和创新，并努力形成立足中国基本国情、总结中国法治经验、适应中国法治需求、体现中国法治规律、解决中国法治问题、彰显中国法治特色的中国特色社会主义法治理论，以为中国法治建设提供理论指导和学理支撑。

第三，中国法治之真道路。道路关乎前途和命运。法治道路是法治建设成就和经验的集中体现，是建设法治国家的根本遵循。中国法治建设之所以要坚持走中国特色社会主义法治道路，而不能照搬照抄别的国家的法治道路，是由法治与法治模式的不同决定的，也是由我国的基本国情决定的。尽管法治如同民主、人权一样具有普遍共识，但不同国家的基本国情决定了各国的法治模式不同，也决定了各国的法治建设道路不同。因而，努力探索并找到一条既不同于欧美资本主义国家法治道路又不同于其他社会主义国家法治道路、既遵循法治建设普遍原理又具有鲜明中国特色的社会主义法治道路，自然就成为了中国法治建设的重要选择和任务。

第四，中国法治之真制度。法治制度既是法治建设的制度基础，也是法治建设的制度保障，集中体现了一国法治建设的特点与优势。中国的法治建设之所以要以中国特色社会主义法治制度为依托，是因为照抄照搬他国的法治制度行不通，会水土不服，会出现“橘生淮南则为橘，生于淮北则为枳”的尴尬局面。各国国情不同，每个国家的法治制度都是独特的，都是由这个国家的内生性因素决定的。只有扎根本国土壤、汲取充沛养分的法治制度，才最可靠、也最管用。因而，在中国的法治建设实践中，构建中国特色社会主义法治制度，既要坚持从国情出发、从实际出发，也要注重借鉴国外法治建设有益成果；既要把握中国长期形成的历史传承，也要把握当前中国特色社会主义事业建设的现实需求，以实现历史和现实、理论和实践、形式和内容有机统一。

此外，这里还须说明的是，本套丛书的作者大多为中青年学者，囿于理论基础与实践能力所限，难以对中国特色社会主义法治建设中的重大理论与实践问题展开深入系统研究，故此，我们只能选取中国特色社会主义法治建设中的若干具体理论与实践问题展开研究，以求“积跬步、至千里”“积小流、成江海”。同时，鉴于能力和水平有限，本套丛书中定然存在不足，乃至错误之处，恳请学界同仁批评指正！

《法学求是前沿书系》编委会

2019 年 10 月

序　言

根据党的十八大和十八届三中全会《关于全面深化改革若干重大问题的决定》和十八届四中全会《关于全面推进依法治国若干重大问题的决定》精神，为了发展人民民主，加快建设法治中国，完善以宪法为核心的中国特色社会主义法律体系，进一步推进民主立法、科学立法，提高立法质量，充分发挥立法对改革的引领作用，全国人大及其常委会加快了修改完善《中华人民共和国立法法》（以下简称《立法法》）的进程。2015 年 3 月，十二届全国人大三次会议表决通过了关于修改《立法法》的决定，依法赋予了设区的市地方立法权，使全国所有设区的市的人大及其常委会获得了地方立法权，充实和扩大了地方立法权的主体范围，实现了我国立法体制的重大变革，适应了全面推进依法治国和推进地方治理法治化的需要，这无疑具有重大的现实价值和深远的历史意义。但是，直接赋予所有设区的市以地方立法权，在地方立法主体大规模扩容的情况下，必然会出现一系列问题，特别是设区的市立法权作为一种新增的地方立法权，其自身属性如何？特色如何？在我国立法体制中的地位与作用如何？等等。所有这些问题，都需要从理论与实践相结合、历史与现实相统一等角度作出回应，从政治哲学、法理学、宪法学和立法学等学科的学理上予以阐述，从而完善和发展地方立法，尤其是设区的市立法权理论体系，创新和丰富中国特色社会主义立法理论。因而，深入研究中国特色设区的市立法权这个问题，具有重要的理论价值与实践意义。

本书作者在充分准备、深入调研、认真思考和反复琢磨的基础上，对全面依法治国背景下的立法体制改革和设区的市立法权问题，进行了较为系统深入的研究。其中，既有理论分析，也有实践探索，既有制度解读，也有实证证明，拓展了设区的市立法权问题研究的广度与深度，将国内学者对该问题的研究推进了坚实的一步，同时也为该问题的后续研究奠定了重要基础。

通览全书，大致有以下几个特点或亮点：

第一，在研究选题上，具有重大理论意义和实践价值。随着2015年《立法法》修改赋予了所有设区的市地方立法权，设区的市立法权作为一种新型地方立法权“横空出世”，亟须我们从理论上予以回应，以形成一种极具张力和解释力的新型地方立法权理论，为设区的市立法权的运行提供理论依据。基于此，作者自2015年3月起，就将设区的市立法权作为了博士后研究报告选题，进行了两年多的持续深入研究，取得了一定成果。尽管国内学者对设区的市立法权问题研究的也不在少数，但大都囿于对设区的市立法权问题某一方面的研究，对其进行深入、系统研究的并不多见，因而，作者的这本《设区的市立法权研究》专著，应是国内较为深入、系统研究设区的市立法权问题的第一本专著，具有重要的开拓性价值。

第二，在研究的广度和深度上，拓展了该问题研究的空间。一是在研究的广度上，该书基本涵盖了设区的市立法权所有重要问题，既包括设区的市立法权的基本理论问题、设区的市立法权的历史变迁问题、设区的市立法权监督与制约问题，又包括设区的市立法权与中央立法权、省级地方立法权的关系问题等，特别是对设区的市立法权限问题、设区的市地方性法规审查批准问题进行了专章研究，总体上回应了设区的市立法权研究的重点难点问题。二是在研究深度上，该书在充分借鉴他人研究成果的基础上，对设区的市立法权问题进行了深入研究，基本弄清了设区的市立法权基本理论问题，初步建立了设区的市立法权理论体系，创新和丰富了中国特色社会主义立法理论体系，并对设区的市立法权实践运行中存在的问题进行了深入分析，特别是对设区的市立法权存在的权限模糊问题进行了分析，从学理上对设区的市立法权限进行了合理界定，可以为有权部门依法界定设区的市立法权限提供参考和借鉴。

第三，在研究特点上，拓宽了该问题研究的路径。设区的市立法权既是一个重大的理论问题，也是一个重大的实践问题。因而，该书在研究特点上注重学理性与实践性的融合，以设区的市立法权实践问题为研究导向，以解决设区的市立法权实践问题为研究使命，既注重运用理论分析的研究方法，又注重运用实证分析的研究方法，通过大量实证材料的分析运用，使论据更加有力，论证更加充分，所提建议更具针对性和操作性，使理论与实践有机融合在一起，拓宽了设区的市立法权问题研究的路径。

总之，本书选题具有前沿性和现实性意义，思路和问题意识清楚，研究框架合理，逻辑清晰，资料翔实，方法得当，理论观点有创见，对策建议价值高，是一部研究我国设区的市立法权问题的重要论著。希望作者今后能以研究地方立法问题作为一个重要方向，长期深入持续研究地方立法权及其行使和完善等重大理论和实践问题，为推动设区的市立法权的理论发展、制度创新和实践深化，作出更大贡献。

是为序！

李林

中国法学会原副会长

中国社会科学院学部委员

中国社会科学院法学研究所原所长、研究员

2019 年 8 月 16 日

目 录

引 言

2015年，根据党的十八届三中全会、四中全会的精神和要求，我国对2000年《立法法》进行了首次重大修改[1]，其亮点之一就是地方立法权的再次下放，修改后的《中华人民共和国立法法》（以下简称2015年《立法法》）依法赋予了所有设区的市立法权，改变了过去只有少数设区的市（即原49个较大的市）享有立法权的格局，实现了从原49个较大的市享有立法权到284个设区的市（截至2016年1月已有288个设区的市，下面不再一一注明）[2]、30个自治州、4个不设区的地级市[3]（为了表述方便，若无特别注明，后文将其统称为设区的市）享有立法权的直接跨度，也实现了从较大的市立法权到设

[1] 2000年《立法法》修改的主要内容包括："（一）关于完善立法体制：1. 实现立法和改革决策相衔接；2. 赋予设区的市地方立法权；3. 落实税收法定原则；4. 对规章的权限进行规范。（二）关于健全科学立法、民主立法的机制和程序：1. 发挥人大在立法中的主导作用；2. 完善立法程序。（三）关于维护法制统一：1. 加强备案审查；2. 对司法解释进行规范和监督。"参见乔晓阳主编：《〈中华人民共和国立法法〉导读与释义》，中国民主法制出版社2015年版，第30～38页。

[2] 由于撤地建市，西藏自治区林芝县和新疆维吾尔自治区吐鲁番市于2015年3月成立，新疆维吾尔自治区哈密市和西藏自治区山南市于2016年1月成立，从而使设区的市扩大到了288个。

[3] 目前我国有五个不设区的地级市，即广东省东莞市和中山市、甘肃省嘉峪关市、海南省三沙市和儋州市，其既不设市辖区，又不管辖县、自治县、旗、自治旗，亦不代管县级市，而是直接辖乡级行政区，俗称"直筒子市"。但此次《立法法》修改只赋予了4个不设区的地级市立法权，即广东省东莞市和中山市、甘肃省嘉峪关市、海南省三沙市，唯独没有赋予海南省儋州市立法权，至于其原因为何，没有查到公开资料。

区的市立法权的过渡，使得设区的市成为我国立法体制中的一个独立新层级，标志着我国立法体制的重大改革和发展。正如焦洪昌教授指出：“本次修改唯一具有重大突破性的，是地方立法权的‘扩容’。……这是对我国现行立法体制的一次重大调整，也是本次修改过程中最具宪制性意义的一项修改。”❶

此次2015年《立法法》全面赋予设区的市地方立法权，虽有其正当性基础，具有重大的理论价值和实践意义，但同样也有不少问题。实际上，在2000年《立法法》修改过程中，对于要不要赋予所有设区的市立法权，以及如何赋予设区的市立法权，产生了很大争议。❷ 基于此，在2015年《立法法》颁布实施之后，立法体制改革、地方立法权扩容便为我国理论界和实务界所高度重视与广泛讨论。而其中，设区的市立法权作为一种新型的地方立法权，是我国立法体制改革的重要内容和集中体现，无疑在我国立法体制改革中具有举足轻重的地位与作用。这就要求我们对此不能不加以重点关注并进行必要的研究，以形成具备现实解释力和极强实践能力的新型地方立法权分析范式和理论框架，并有效发挥设区的市立法权的应有作用。

由于设区的市立法权属于一个新生事物，国外学者对此问题的研究尚付之阙如，但这并不排除我们从国外学者关于我国地方立法的研究成果中汲取营养。而我国学者虽然对设区的市立法权进行了高度关注，研究成果日益增多，但整体而言，目前的研究尚处于起步阶段。根据笔者掌握的有关文献，其相关研究的内容主要集中在以下几个方面：一是赋予设区的市立法权的必要性及其重大意义。绝大部分学者都对2015年《立法法》赋予所有设区的市立法权持肯定态度，认为赋予设区的市立法权是城市经济发展、解决社会矛盾、处理地方事务以及发挥法治在地方改革中引领作用的必然结果；二是赋予设区的市立法权的发展历程及其经验总结。王春业、季长龙等学者通过回顾我国立法权的下放历程，指出地方立法权从无到有、渐趋开放的变迁，特别是这次全面赋予设区的市立法权，呼应了市场经济背景下制度选择差异性的现实需要，也折射了公共治理方式民主化的理念进步。三是赋予设区的市立法权的合宪性问题。

❶ 焦洪昌、马骁：《地方立法权扩容与国家治理现代化》，《中共中央党校学报》2014年第5期，第41页。

❷ 《地方立法权“收放之间”——全国人大常委会组成人员热议立法法草案中“扩大地方立法权”条款》，http：//www. npc. gov. cn/npc/cwhhy/12jcwh/2014－08/30/content_1876451. htm。

焦洪昌、刘志刚、庞凌、郭思源等学者对赋予设区的市立法权的合宪性问题进行了探讨，针对2015年《立法法》赋予设区的市立法权存在的合宪性争议，从目的解释和历史解释两个方面论证了赋予设区的市立法权的合宪性。四是设区的市立法权限范围问题。这是目前学术界重点研究的问题。秦前红、易有禄、王春业、计为民、程庆栋、郭思源等认为，对设区的市立法权限范围的准确理解和界定，是设区的市立法理论和实践面临的首要问题。虽然2015年《立法法》对设区的市的立法权限作了明确规定，但是由于语言文字本身所具有的不确定性以及社会实践的变化发展，导致2015年《立法法》对于设区的市立法权限的规定看似明确，但一经推敲，可以发现其范围却是十分不明确的，必须予以准确理解和界定，并据此提出了相关建议。五是设区的市立法权面临的问题及对策。这是目前学术界研究最多的地方。近乎所有的学者都认为，2015年《立法法》赋予所有设区的市立法权机遇与挑战并存，设区的市行使立法权普遍面临着立法能力不足、立法权滥用、地方保护主义和部门利益法律化等风险，必须予以正视和解决，其中的关键在于在“放权”与“限权”之间寻得平衡。

综上，应该说，目前国内外学者所进行的研究，涵盖了设区的市立法权研究的一些基本方面，为设区的市立法权的深入研究“破了题”，并取得了一定成果，为我们对该问题的后续深入研究奠定了坚实基础。但是，总体而言，与设区的市立法权作为一种新事物相一致，国内外学者对该问题的研究刚刚起步，不仅研究成果较少，且缺乏全面系统的深入研究，已有的一些著作对该问题的研究大都属于概述性的，理论讨论不足，理论深度不够，没有形成完整的理论系统框架。因而，我们有必要在学界现有研究成果的基础上，对设区的市立法权问题进行比较全面的梳理和研究，以形成完整的理论体系和制度框架，为实现2015年《立法法》赋予所有设区的市立法权的目的，充分发挥设区的市立法权的应有作用提供坚实的理论支撑和实践指南。

第一章

设区的市立法权的一般理论

伴随着2015年《立法法》赋予了所有设区的市立法权，设区的市成了我国一个独立的立法层级，设区的市立法权已成为一个新的立法权形态，这就需要我们从理论上对设区的市立法权进行研究，以弄清设区的市立法权的基本问题，建立健全设区的市立法权的理论体系。应该说，这是我们对设区的市立法权其他问题进行研究的基础所在，因为“它对于立法艺术的意义，恰如解剖学对于医术的意义；区别在于，它的对象是艺术家必须与之一起工作的，而不是他必须在其上操作的。对一门科学缺乏了解而使政治实体遭到的危险，不亚于对另一门科学的无知而使自然躯体遭到的危险。”[1]

一、设区的市立法权的概念与特征

（一）设区的市立法权概念

“科学的概念是反映科学研究对象所具有的特殊属性的一种思维形式，它

[1] ［英］边沁著：《道德与立法原理导论》，时殷弘译，商务印书馆2000年版，第55页。

要求反映出一个事物得以区别于其他事物的本质特征。”❶ 但目前学界对于设区的市立法权的概念并无明确界定。对设区的市立法权概念的界定，笔者认为，可以从界定“设区的市”和“立法权”两个关键词出发。首先，对于何谓“设区的市”？众所周知，作为我国行政区划单位的“市”共分三类：一是直辖市，即俗称的省级市；二是设区的市，即俗称的地级市；三是不设区的市，即俗称的县级市。❷ 因而，设区的市作为我国的一级行政区划单位，其介于省级行政区划单位（省、自治区、直辖市）和县级行政区划单位（县、不设区的市、市辖区）之间，即俗称的“地级市”❸，但其与“地级市”又不能完全等同，因为“地级市”除了包括设区的市外，还包括5个不设区的“地级市”。❹ 这里需要着重说明的是，许多学者认为，设区的市并不是《中华人民共和国宪法》（以下简称《宪法》）第30条❺规定的一级行政区划单位，并不具有宪法地位。对此，认真研读我国现行《宪法》文本，可以发现，我国现行《宪法》第30条虽然没有直接规定设区的市，但却规定了较大的市❻，

---

❶ 何华辉著：《比较宪法学》，武汉大学出版社2013年版，第17页。

❷ “西辛庄市”是中国首个村级市，位于河南省濮阳县庆祖镇。2012年5月8日，西辛庄“村级市”举行挂牌仪式，牌匾上赫然写着“濮阳县庆祖镇西辛庄市（筹）”。参加揭牌仪式的全是基层群众，没有邀官员参加。“西辛庄市”一直挂着筹备的牌子，并未通过民政部门的审批。参见《中国唯一一个村级市：西辛庄市》，http：//www. sohu. com/a/117540118_177287。

❸ 地级市，指行政级别为地级的市，为第二级地方行政单位；因其行政地位和地区（地区行政专署）相当，故被称为“地级市”，地级市作为一个专名极少会出现在官方的正式文件，设区的市作为专名出现后，地级市已从正式文件中消失。目前在官方正式文件中仍会出现的与地级市一词相似的表述主要为国务院及民政部同意设立地级行政区的文件中的“地级××市”，如《国务院关于同意西藏自治区撤销山南地区设立地级山南市的批复》（国函〔2016〕8号）：“同意撤销山南地区和乃东县，设立地级山南市。山南市人民政府驻新设立的乃东区乃东路13号”，其中的“地级山南市”实为“地级”+“山南市”，而非“地级市”+“山南”，地级仅作为确定山南市行政级别的修饰词存在，不与后文中的“市”字构成专有名词。

❹ 广东省东莞市、中山市，甘肃省嘉峪关市、海南省三沙市、儋州市等5个。

❺ 我国现行《宪法》第30条规定：“中华人民共和国的行政区域划分如下：（一）全国分为省、自治区、直辖市；（二）省、自治区分为自治州、县、自治县、市；（三）县、自治县分为乡、民族乡、镇。直辖市和较大的市分为区、县。自治州分为县、自治县、市。自治区、自治州、自治县都是民族自治地方。”

❻ 需要说明的是，1954年《宪法》规定的较大的市与1982年宪法规定的较大的市不一致。根据1954年宪法第53条的规定，“直辖市和较大的市分为区”，因而，这里的较大的市仅指省、自治区政府所在地的市。而根据1982年宪法第30条的规定，“直辖市和较大的市分为区、县”，再结合地方组织法的规定，这里的较大的市指省、自治区政府所在地的市和经国务院批准的较大的市。2000年《立法法》又将较大的市范围予以进一步扩大，包括了经济特区所在地的市。

而这里的较大的市只是设区的市的一种类型，因为该法条第3款中有“直辖市和较大的市分为区、县”的表述，而介于区、县与省、自治区之间的行政区划单位只有设区的市，再加上较大的市本身并不是一级行政区划单位，只是设区的市的“升级版”，或者是一种特殊的设区的市，无论是省、自治区人民政府（以下简称“省、自治区政府”）所在地的市，还是经济特区所在地的市，以及国务院批准的较大的市，其本质上都是一种设区的市，或者说其首先都是一种设区的市。所以，我国现行《宪法》第30条间接为设区的市提供了宪法依据。全国人民代表大会常务委员会（以下简称“全国人大常委会”）法工委国家法室副主任武增也指出：“较大的市也称设区的市，文件有时称为地级市。”[1] 而且，我国现行《宪法》第97条[2]、第100条[3]、第102条[4]均明确规定了设区的市，实际上将设区的市作为了我国一级行政区划单位，并将其介于省级行政区划单位与县级行政区划单位之间，这就为设区的市提供了明确的宪法地位。其次，对于何谓“立法权”？考虑到“立法权是一个古今中外法学家和政治学家们经常使用且比较难定义的概念”[5]，因而，我们这里采用一般性的通说，即立法权是指有关国家机关依法享有的制定、修改、补充和废止规范性文件的权力。[6] 综上，再结合2015年《立法法》的相关条款，我们可以将设区的市立法权概念界定为：设区的市立法权是指设区的市人民代表大会及其常务委员会（以下简称“设区的市人大及其常委会”）、设区的市人民政府（以下简称“设区的市政府”）依法享有的制定、修改、补充和废止地方性法

---

[1] 武增：《立法法颁布以来首次修改，赋予设区的市地方立法权不会一放就乱》，《紫光阁》2015年第4期，第20页。

[2] 我国现行《宪法》第97条规定：“省、直辖市、设区的市的人民代表大会代表由下一级的人民代表大会选举；县、不设区的市、市辖区、乡、民族乡、镇的人民代表大会代表由选民直接选举。地方各级人民代表大会代表名额和代表产生办法由法律规定。”

[3] 我国现行《宪法》第100条规定：“省、直辖市的人民代表大会和它们的常务委员会，在不同宪法、法律、行政法规相抵触的前提下，可以制定地方性法规，报全国人民代表大会常务委员会备案。设区的市的人民代表大会和它们的常务委员会，在不同宪法、法律、行政法规和本省、自治区的地方性法规相抵触的前提下，可以依照法律规定制定地方性法规，报本省、自治区人民代表大会常务委员会批准后施行。”

[4] 我国现行《宪法》第102条规定：“省、直辖市、设区的市的人民代表大会代表受原选举单位的监督；县、不设区的市、市辖区、乡、民族乡、镇的人民代表大会代表受选民的监督。地方各级人民代表大会代表的选举单位和选民有权依照法律规定的程序罢免由他们选出的代表。”

[5] 李林著：《立法理论与制度》，中国法制出版社2005年版，第31页。

[6] 朱力宇、叶传星主编：《立法学》，中国人民大学出版社2015年版，第91页。

规或地方政府规章的权力。

（二）设区的市立法权特征

根据上述分析，我们可以将设区的市立法权的特征概括为层级低、权限小、不完整、地方性等。这里需要说明的是，设区的市立法权的特征既是设区的市立法权相对于国家立法权表现出来的特征，也是设区的市立法权相对于省级地方立法权以及原较大的市立法权表现出来的特征，具体说来：

第一，层级低。随着 2015 年《立法法》赋予所有设区的市立法权，设区的市成为我国一个独立的立法层级，设区的市立法权亦成为我国一个独立层级的立法权，从而实现了对我国现行立法体制的重大变革。正如有学者指出："这一修改既是中国立法格局的重大调整，也是中央地方关系法治化的重要步骤，必将对全面深化改革、全面依法治国进程产生深远影响。"[1] 在此需要说明的是，虽然较大的市（1982 年）、自治县（1954 年）早就享有地方立法权，但由于其数量较少（较大的市 49 个、自治县 120 个），不足以代表当时整个设区的市行政区划单位（284 个）和县级行政区划单位（2586 个），并不是一个独立的立法层级。因而，设区的市立法权无论与全国人民代表大会及其常务委员会（以下简称"全国人大及其常委会"）享有的国家立法权相比，还是与省级人民代表大会及其常务委员会（以下简称"省级人大及其常委会"）享有的地方立法权相比，均存在层级低的特点，且是我国最低层级的地方立法权。

第二，权限小。2015 年《立法法》在赋予所有设区的市立法权、实现地方立法主体大规模扩容的同时，为了避免设区的市立法权的滥用，又对设区的市立法权限范围[2]作了严格限定，即设区的市人大及其常委会、设区的市政府

---

[1] 周尚君：《地方立法权扩容的"喜"与"忧"》，《学习时报》2015 年 10 月 29 日。

[2] 立法权限范围，就是立法主体行使立法权的界限。主要指能在多大范围内行使立法权，应当在多大范围内行使立法权，事实上在多大范围内行使立法权的问题。立法权限范围这一命题包含两层意思：一指立法权可以和应当达到何种界限，二指立法权不能超出何种界限。从时限上说，立法权限范围，指立法权能在多大的时间跨度上有效或可以行使。这是立法权的时限效力。从空间上说，立法权限范围，指立法权可以和应当对哪些领域、方面、事项加以调整，不能对哪些领域、方面、事项发挥作用。从表现形式上说，立法权限范围，指通过立法权的行使，可以制定、变动哪些法，是法律、法规还是规章。从运作过程上说，立法权限范围，指能否就某事项或某种法的形式行使提案、审议、表决、公布权，或是能行使其中哪一方面的立法权。参见周旺生著：《立法学教程》，北京大学出版社 2006 年版，第 222 页。

只能对"城乡建设与管理、环境保护、历史文化保护等方面的事项"制定地方性法规或地方政府规章。因而，无论与省级地方立法权相比，还是与原较大的市立法权相比，设区的市立法权均存在权限小的特点。因为根据我国现行《宪法》、2000年《立法法》等的规定，省级地方立法权限、原较大的市立法权限范围比较完整，除了国家立法权专属的事项外，在一定条件下，省级地方立法主体、原较大的市立法主体可以针对一切事项开展立法，并无特殊限制。此外，设区的市立法权与经济特区立法权、民族自治地方立法权相比，也存在权限小的特点，特别是经济特区立法权、民族自治地方立法权中均包含了"立法变通权"的内容。[1]

第三，不完整。2015年《立法法》虽然赋予了所有设区的市立法权，但其赋予设区的市的立法权，并不是完整意义上的立法权，而是"半个立法权"，与省级地方立法权相比，其具有明显的不完整性特征。正如有学者指出："设区的市一级人大及其常委会并不具有省级人大及其常委会一样完整的地方立法权。"[2] 原因在于，根据2015年《立法法》第72条第2款的规定[3]，设区的市人大及其常委会制定的地方性法规并不能直接生效，而需要经其所在地的省、自治区人大常委会审查批准后才能生效。而根据2015年《立法法》第72条第1款的规定[4]，省级地方立法权是完整意义上的地方立法权，即省级人大及其常委会制定的地方性法规可以直接生效，无需经全国人大常委会审查批准，只需向全国人大常委会备案即可。在此需要说明的是，原较大的市立法

[1] 2015年《立法法》第90条："自治条例和单行条例依法对法律、行政法规、地方性法规作变通规定的，在本自治地方适用自治条例和单行条例的规定。经济特区法规根据授权对法律、行政法规、地方性法规作变通规定的，在本经济特区适用经济特区法规的规定。"

[2] 邓世豹主编：《立法学：原理与技术》，中山大学出版社2016年版，第179页。

[3] 2015年《立法法》第72条第2款："设区的市的人民代表大会及其常务委员会根据本市的具体情况和实际需要，在不同宪法、法律、行政法规和本省、自治区的地方性法规相抵触的前提下，可以对城乡建设与管理、环境保护、历史文化保护等方面的事项制定地方性法规，法律对设区的市制定地方性法规的事项另有规定的，从其规定。设区的市的地方性法规须报省、自治区的人民代表大会常务委员会批准后施行。省、自治区的人民代表大会常务委员会对报请批准的地方性法规，应当对其合法性进行审查，同宪法、法律、行政法规和本省、自治区的地方性法规不抵触的，应当在四个月内予以批准。"

[4] 2015年《立法法》第72条第1款："省、自治区、直辖市的人民代表大会及其常务委员会根据本行政区域的具体情况和实际需要，在不同宪法、法律、行政法规相抵触的前提下，可以制定地方性法规。"

权也不是完整意义上的立法权，也是“半个立法权”。根据 2000 年《立法法》第 63 条第 2 款的规定[1]，原较大的市人民代表大会及其常务委员会（以下简称“较大的市人大及其常委会”）制定的地方性法规也不能直接生效，而需经其所在地的省、自治区人大常委会审查批准后才能生效。“因此，较大的市立法权，其独立性和完整性不同于国家或省级立法权。”[2] 2015 年《立法法》在对设区的市立法权进行规定时，沿袭了上述规定，设区的市立法权依然不完整。2018 年修宪时，我国现行《宪法》第 100 条第 2 款依然沿袭了这一规定，即“设区的市的人民代表大会和它们的常务委员会，在不同宪法、法律、行政法规和本省、自治区的地方性法规相抵触的前提下，可以依照法律规定制定地方性法规，报本省、自治区人民代表大会常务委员会批准后施行”，表明了设区的市立法权不完整的宪制性。

第四，地方性。设区的市立法权从本质上说是地方立法权的一种，具有明显的地方性特征，这是其与省级地方立法权、原较大的市立法权的共同之处。由于地方立法权是相较于中央立法权而言的，作为一种地方立法权的设区的市立法权的“地方性”主要体现在：一是设区的市立法权主体仅限于设区的市人大及其常委会、设区的市政府，而绝不能是中央立法权主体，如全国人大及其常委会、国务院，即使中央立法权主体专门为设区的市制定的立法，也不属于地方立法的范畴。如中国的第一部经济特区立法《广东省经济特区条例》尽管是由广东省人民代表大会（以下简称“广东省人大”）制定通过的，却是由全国人大常委会批准施行的，这就使得这部法规具有了中央立法的属性，属

---

[1] 2000 年《立法法》第 63 条第 2 款：“较大的市的人民代表大会及其常务委员会根据本市的具体情况和实际需要，在不同宪法、法律、行政法规和本省、自治区的地方性法规相抵触的前提下，可以制定地方性法规，报省、自治区的人民代表大会常务委员会批准后施行。省、自治区的人民代表大会常务委员会对报请批准的地方性法规，应当对其合法性进行审查，同宪法、法律、行政法规和本省、自治区的地方性法规不抵触的，应当在四个月内予以批准。”

[2] 阮荣祥等主编：《地方立法的理论与实践》，社会科学文献出版社 2011 年版，第 172 页。

于中央试验性立法。❶ 二是设区的市立法必须遵循“不抵触”原则，即设区的市人大及其常委会、设区的市政府只能在其立法权限范围内立法，不能与上位法相抵触，特别是决不能染指2015年《立法法》第8条规定的国家立法权专属事项❷。而“对于专属立法权之外的事项，考虑到国家正处于改革时期，中央立法不能一步到位的，地方可以先行立法，在总结实践经验后，再上升为中央立法。”❸ 三是设区的市立法必须要符合设区的市本地的实际情况，解决设区的市本地的实际问题，具有鲜明地方特色，并具有可操作性。四是设区的市立法效力仅限于本行政区域，尽管设区的市地方性法规因经省、自治区人大常委会审查批准而具有省级地方性法规效力，但其实施范围仅在该设区的市行政区域范围内。这也意味着，如果某一事项涉及两个以上的设区的市行政区域，就只能由省级人大及其常委会、省级政府进行立法。

---

❶ 1980年8月26日，第五届全国人大常委会第十五次会议批准了国务院提出的《广东省经济特区条例》，决定在广东省深圳、珠海、汕头三市分别划出一定区域，设置经济特区。由此，经济特区有了法律地位和法律保障。也就是说，经济特区是从这时开始设立的。看过这个条例的人知道，这个条例是广东省人民代表大会制定的，属于地方性法规，按照相关法律规定，地方性法规只需报全国人大常委会备案，不需由全国人大常委会批准。但该条例的附则规定：本条例由广东省人民代表大会通过，并报全国人大常委会批准后施行。为什么广东省人大制定的地方性法规要经过全国人大常委会批准呢？这里有个故事：在这个特区条例有无必要报全国人大常委会批准问题上，广东省有两种意见针锋相对。一种意见是，经济特区条例是广东省的地方性法规，由全国人大常委会批准无此先例。而另一种意见是，时任深圳市委书记的吴南生等人则力主这个条例必须由全国人大常委会批准。意见无法统一，“矛盾”上交到最高层——全国人大常委会。吴南生给第五届全国人大常委会委员长叶剑英的办公室主任打电话说：“特区是中国的特区，只是在广东办，如果没有经过全国人大通过，那我们就不肯办了。”叶剑英委员长回复了三个字：“明白了。”这样，就有了这个特区条例由国务院提请、由全国人大常委会批准这一“特例”。参见阚珂著：《人民代表大会那些事》，法律出版社2017年版，第191页。

❷ 2015年《立法法》第8条：“下列事项只能制定法律：（一）国家主权的事项；（二）各级人民代表大会、人民政府、人民法院和人民检察院的产生、组织和职权；（三）民族区域自治制度、特别行政区制度、基层群众自治制度；（四）犯罪和刑罚；（五）对公民政治权利的剥夺、限制人身自由的强制措施和处罚；（六）税种的设立、税率的确定和税收征收管理等税收基本制度；（七）对非国有财产的征收、征用；（八）民事基本制度；（九）基本经济制度以及财政、海关、金融和外贸的基本制度；（十）诉讼和仲裁制度；（十一）必须由全国人民代表大会及其常务委员会制定法律的其他事项。”

❸ 乔晓阳主编：《〈中华人民共和国立法法〉导读与释义》，中国民主法制出版社2015年版，第243页。

二、设区的市立法权的基本内容

如上所述，2015 年《立法法》赋予了所有设区的市立法权，实现了设区的市立法权的扩容，并对设区的市立法权内容作了明确规定，为设区的市立法权的行使提供了明确的法定依据。2018 年修宪时，我们又依宪赋予了设区的市立法权，将设区的市立法权载入了我国《宪法》，为设区的市立法权的行使提供了明确的宪法依据。根据我国现行《宪法》以及 2015 年《立法法》的相关内容及其精神，我们可以将设区的市立法权的基本内容概括如下：

（一）设区的市立法权的主体

设区的市立法权的主体有广义和狭义之分，狭义上的设区的市立法权主体仅指设区的市人大及其常委会，其有权制定地方性法规；广义上的设区的市立法权主体还包括设区的市政府，其有权制定地方政府规章。我们这里采用广义说，认为设区的市立法主体包括设区的市人大及其常委会、设区的市政府，因为《立法法》已明确将地方政府规章纳入了地方立法的范畴。❶ 正如有学者指出："因为从法理上来看，我国并非依照立法、行政、司法三权分立的原则进行建制，立法机关与行政机关的立法行为就不是迥然对立而不可兼容的；况且，此处的'法'也不应狭义地理解为地方性法规，而应将地方政府规章纳入其中。更为重要的是，在立法实践中，倘若出于降低地方政府规章地位而捍卫地方性法规的权威这一目的，转而把前者排除在地方立法体系之外的话，其结果很可能适得其反，其将使得大量实际存在并发挥着普遍规范作用的政府规

❶ 我国法律规范数量庞多，包括法律、行政法规、地方性法规和自治条例、单行条例、规章等，然而只有规章在我国立法法中采取了"半承认"的方法。《立法法》第 2 条规定："法律、行政法规、地方性法规、自治条例和单行条例的制定、修改和废止，适用本法。国务院部门规章和地方政府规章的制定、修改和废止，依照本法的有关规定执行。"从法律条文用词的不同来看，我国对规章并没有完全承认，规章的"半法"身份在我国行政诉讼法律适用的问题上也可以看出：法律法规是"依据"，而规章只是"参照"。参见张凤魁：《设区的市立法权限问题刍议》，见河北省法学会立法学研究会 2018 年年会论文集，第 233 页。

章得不到应有的监控和评估。”❶ 在此需要说明的是，此次设区的市立法权扩容，严格意义上讲，应该说是地方立法权主体即设区的市立法权主体的扩容。因为根据宪法和有关法律的规定，在2015年对2000年《立法法》修改之前，我国立法主体包括两个层级：一个是中央立法权主体，即全国人大及其常委会、国务院及其各部委等；另一个是地方立法权主体，包括省级地方立法权主体（省级人大及其常委会、省级政府）和较大的市地方立法权主体（较大的市人大及其常委会、较大的市政府），以及民族自治地方立法权主体（自治区、自治州、自治县人大）。其中，需要说明的是，原先只有49个较大的市享有地方立法权，与当时全国284个设区的市相比，只占很小的比例。而此次2015年《立法法》一次性赋予了所有284个设区的市立法权，赋予了30个自治州设区的市立法权，并特别赋予4个不设区的地级市即甘肃省嘉峪关市、海南省三沙市以及广东省东莞市、中山市设区的市立法权❷，即“这次修改立法法赋予所有设区的市地方立法权后，需要考虑是否对几个不设区的地级市赋予地方立法权的问题。广东省东莞市和中山市、甘肃省嘉峪关市属地级市，但不设区。按照赋予设区的市地方立法权的精神，建议在依法赋予设区的市地方立法权的同时，赋予广东省东莞市、中山市和甘肃省嘉峪关市（当时未包括海南省三沙市，经有的代表团和一些代表建议后，最终在修改决定中增加了海南省三沙市）设区的市地方立法权”❸，实现了地方立法权主体有史以来的最大范围扩容。也就是说，目前我国设区的市立法主体范围很广，具体可以分为四

---

❶ 周尚君、郭晓雨：《制度竞争视角下的地方立法权扩容》，《法学》2015年第11期，第143页。

❷ 我国目前一共有5个不设区的地级市，即广东省东莞市、中山市，甘肃省嘉峪关市，海南省三沙市、海南省儋州市。但此次2015年《立法法》仅授予甘肃省嘉峪关市、海南省三沙市以及广东省东莞市、中山市立法权，却唯独没有赋予海南省儋州市立法权，不知原因为何，官方也没有给出合理解释。许多学者认为，此举有违平等原则之嫌。第十二届全国人民代表大会法律委员会关于《中华人民共和国立法法修正案（草案）》审议结果的报告在对赋予几个不设区的地级市地方立法权问题进行解释时，也没有涉及此事，即“修正案草案的说明建议在依法赋予设区的市地方立法权的同时，赋予广东省东莞市、中山市和甘肃省嘉峪关市设区的市地方立法权。在审议中，有的代表团和有的代表要求将2012年设立的海南省三沙市纳入赋予设区的市地方立法权的范围。法律委员会经研究认为，赋予三沙市设区的市地方立法权是可以的，建议在修改决定中规定，广东省东莞市、中山市，甘肃省嘉峪关市和海南省三沙市，比照适用本决定关于赋予设区的市地方立法权的有关规定。”参见《第十二届全国人民代表大会法律委员会关于〈中华人民共和国立法法修正案（草案）〉审议结果的报告》，http://www.npc.gov.cn/wxzl/gongbao/2015-05/07/content_1939079.htm。

❸ 李建国：《关于〈中华人民共和国立法法修正案（草案）〉的说明》，http://www.npc.gov.cn/npc/xinwen/2015-03/09/content_1916887.htm。

类：一是原49个较大的市；二是新增的235个设区的市；三是4个不设区的地级市；四是30个民族自治州。这标志着今后设区的市将作为一个最低的独立立法层级开始行使地方立法权，也标志着我国地方立法主体将更加多元化。

（二）设区的市立法权限

“地方立法权限的大小是地方立法能否在整体上实现充分的制度竞争的核心问题，也是地方立法权扩容的重要内容。”❶ 2015年《立法法》第72条第2款、第82条第3款❷以明确列举的方式对设区的市立法权限作了明确规定，即设区的市人大及其常委会、设区的市政府可以对城乡建设与管理、环境保护、历史文化保护等方面的事项制定地方性法规或地方政府规章。另外，在2015年《立法法》第72条第2款明确列举设区的市立法权限范围后，又增加了一个兜底条款，即“法律对设区的市制定地方性法规的事项另有规定的，从其规定。”这样，就能使设区的市立法权限适应不同的情势变迁，体现了立法的周延。例如，2015年《立法法》第77条第1款❸规定的地方立法程序事项，就属于法律对设区的市制定地方性法规的事项另有规定的事项。此外，根据中央与地方立法权限的划分，2015年《立法法》第8条❹规定的国家立法权专属事项，是设区的市立法权主体绝对不能涉及的事项。当然，除2015年《立法法》第8条规定的国家立法权专属事项外，其他事项国家尚未制定法律或者行政法规的，设区的市根据本地方的具体情况和实际需要，可以先制定设区的市地方性法规。在国家制定的法律或者行政法规生效后，设区的市地方性法规同

❶ 周尚君、郭晓雨：《制度竞争视角下的地方立法权扩容》，《法学》2015年第11期，第150页。

❷ 2015年《立法法》第82条第3款：“设区的市、自治州的人民政府根据本条第一款、第二款制定地方政府规章，限于城乡建设与管理、环境保护、历史文化保护等方面的事项。已经制定的地方政府规章，涉及上述事项范围以外的，继续有效。”

❸ 2015年《立法法》第77条第1款：“地方性法规案、自治条例和单行条例案的提出、审议和表决程序，根据中华人民共和国地方各级人民代表大会和地方各级人民政府组织法，参照本法第二章第二节、第三节、第五节的规定，由本级人民代表大会规定。”

❹ 2015年《立法法》第8条：“下列事项只能制定法律：（一）国家主权的事项；（二）各级人民代表大会、人民政府、人民法院和人民检察院的产生、组织和职权；（三）民族区域自治制度、特别行政区制度、基层群众自治制度；（四）犯罪和刑罚；（五）对公民政治权利的剥夺、限制人身自由的强制措施和处罚；（六）税种的设立、税率的确定和税收征收管理等税收基本制度；（七）对非国有财产的征收、征用；（八）民事基本制度；（九）基本经济制度以及财政、海关、金融和外贸的基本制度；（十）诉讼和仲裁制度；（十一）必须由全国人民代表大会及其常务委员会制定法律的其他事项。”

法律或者行政法规相抵触的规定无效，设区的市人大及其常委会应当及时对其予以修改或者废止。

在此需要说明的是，此次设区的市立法权扩容并不是在所有方面都“扩容”，在立法权限方面，对于不同的设区的市立法权主体来说，就分别存在“放”与“收”的问题。具体说来，对于此次新扩容的设区的市来说，其立法主体权限就属于“放”的问题，因为其立法权是从无到有的，更遑论立法权限了。根据2015年《立法法》第72条第2款、第82条第3款等规定，设区的市人大及其常委会、设区的市政府享有地方立法权，其立法权限被界定为“可以对城乡建设与管理、环境保护、历史文化保护等方面的事项”制定地方性法规或地方政府规章。但对于原有的49个较大的市来说，其立法主体权限则属于“收”的问题。[1] 因为根据2000年《立法法》的有关规定，原先的较大的市的立法主体权限比较大，除了不能涉及国家立法权专属事项外，基本上没有什么限制，属于较为完整的立法权限，而2015年《立法法》却将其立法权限大范围缩减，即被限定在“城乡建设与管理、环境保护、历史文化保护等”三项事项的范围内，立法权限受到了很大限制。综上，上述立法主体权限的“放”与“收”，表明了立法者的审慎，即在2015年《立法法》一次性赋予所有设区的市立法权的同时，立法者对扩容的设区的市立法主体有可能滥用立法权的担忧。正如有学者指出：“从本质而言，地方立法权并非简单选择放或收，而是如何合理平衡中央集权与地方分权。正因此，防止地方立法权扩容后失序脱缰的关键，在于‘开闸’的同时也要‘设限’，首要的一点就是划定立法权力的边界。”[2]

---

[1] 对此，有学者认为，较大市的部分立法权被收回，缺乏理论和实践根据，从理论上讲，凭借不抵触原则和省级人大常委会审查批准，再加上地方立法过程中的专家论证、信息公开以及代表审议和表决，如此多的程序还不足以保证合法性吗？从实践上讲，较大市立法是1982年修改《宪法》后，于时隔18年的2000年通过《立法法》下放的立法权，放权的尺度本来已经足够谨慎，经过15年的运行并没有导致明显的法制不统一，在缺乏足够事实理由的情况下，把本已放出的权力收回，与立法中心下移的规律相违背。参见季长龙：《从较大市到设区市：地方立法权下放的意义与反思》，《河南工业大学学报》（社会科学版）2015年第4期，第73页。

[2] 阿计：《地方立法权扩容：放与限的博弈》，《公民导刊》2014年第11期，第43页。

（三）设区的市立法程序

2015 年《立法法》对设区的市的立法程序并未作直接规定，而是在第 77 条中明确授权设区的市人大根据《中华人民共和国地方各级人民代表大会和地方各级人民政府组织法》（以下简称《地方组织法》）的规定，参照 2015 年《立法法》中关于全国人大及其常委会立法程序的相关规定，对设区的市地方性法规的提出、审议和表决等立法程序作出具体规定。之所以会作如此规定，主要是考虑到设区的市立法除了要遵循一些全国统一的立法程序外，还可以"因地制宜"，遵循一些特殊程序，故各设区的市人大可以制定一些灵活的立法程序，以适应各地不同的情况。例如，"为了保证法律案的深入、充分审议，立法法规定，法律案实行一般三审的原则。但是，对设区的市制定的地方性法规没有规定审议次数，可以实行三审制，也可以实行两审制，对意见比较一致的也可以实行一审制，以提高地方立法的质量和效率。"❶ 根据这一精神，许多设区的市制定或修改了本地的立法条例，对设区的市立法程序作了明确规定。如 2016 年广东省中山市人大制定颁布了《中山市制定地方性法规条例》，2016 年陕西省汉中市人大制定颁布了《汉中市地方立法条例》等。

（四）设区的市立法权的监督

由权力的本性使然，与行政权、司法权一样，立法权也存在滥用的可能，特别是在设区的市立法权主体大规模扩容，且立法能力不能保证的情况下，立法权的滥用更为可能、更易发生。因而，为了维护社会主义法制统一，2015 年《立法法》在赋予所有设区的市立法权的同时，也建立了设区的市立法权监督制度，主要包括：一是设区的市地方性法规的审查批准制度，即为了维护法制统一，保证立法质量，所有设区的市人大及其常委会制定的地方性法规都必须要报请其所在地的省或自治区人大常委会审查批准。这一"审查批准"属于实质性监督权力，省、自治区人大常委会在对报批的设区的市地方性法规进行合法性审查后，可以根据审查结果作出相应的批准或不批准决定。但为了保证设区的市立法权的相对独立性，2015 年《立法法》明确规定，省、自治

❶ 阮荣祥等主编：《地方立法的理论与实践》，社会科学文献出版社 2011 年版，第 171～172 页。

区人大常委会只能对报批的设区的市地方性法规进行合法性审查，而不能进行合理性审查，也不能进行立法技术方面的审查。即“对于地方性法规的规定是否适当、立法技术是否完美、文字表述是否优美，不作审查。”[1] 且省、自治区人大常委会要在四个月内对报批的设区的市地方性法规审查完毕，作出批准或不批准的决定。二是设区的市立法的备案审查制度。即为了维护法制统一，所有设区的市人大及其常委会制定的地方性法规，在报请省、自治区人大常委会审查批准生效后，经由省、自治区人大常委会报全国人大常委会和国务院备案。另外，设区的市地方政府规章应当报国务院备案，同时报设区的市人大常委会备案，还要同时报省、自治区人大常委会和省、自治区人民政府备案。这里的“备案”属于程序性监督权力，不影响设区的市人大及其常委会制定的地方性法规、设区的市政府制定的地方政府规章的生效。当设区的市地方性法规、设区的市地方政府规章有2015年《立法法》第96条[2]规定的情形之一的，就由有关机关依照2015年《立法法》第97条[3]规定的权限予以改变或撤销。这里需要着重说明的是，“设区的市、自治州人大常委会制定的地方性法规，不能由同级人大改变或者撤销，只能由省级人大改变或者撤销。这是因为，设区的市、自治州人大常委会制定的地方性法规，须报省级人大常委会

[1] 全国人大常委会法制工作委员会国家法室编：《中华人民共和国立法法释义》，法律出版社2015年版，第7页。

[2] 2015年《立法法》第96条：“法律、行政法规、地方性法规、自治条例和单行条例、规章有下列情形之一的，由有关机关依照本法第九十七条规定的权限予以改变或者撤销：（一）超越权限的；（二）下位法违反上位法规定的；（三）规章之间对同一事项的规定不一致，经裁决应当改变或者撤销一方的规定的；（四）规章的规定被认为不适当，应当予以改变或者撤销的；（五）违背法定程序的。”

[3] 2015年《立法法》第97条：“改变或者撤销法律、行政法规、地方性法规、自治条例和单行条例、规章的权限是：（一）全国人民代表大会有权改变或者撤销它的常务委员会制定的不适当的法律，有权撤销全国人民代表大会常务委员会批准的违背宪法和本法第七十五条第二款规定的自治条例和单行条例；（二）全国人民代表大会常务委员会有权撤销同宪法和法律相抵触的行政法规，有权撤销同宪法、法律和行政法规相抵触的地方性法规，有权撤销省、自治区、直辖市的人民代表大会常务委员会批准的违背宪法和本法第七十五条第二款规定的自治条例和单行条例；（三）国务院有权改变或者撤销不适当的部门规章和地方政府规章；（四）省、自治区、直辖市的人民代表大会有权改变或者撤销它的常务委员会制定的和批准的不适当的地方性法规；（五）地方人民代表大会常务委员会有权撤销本级人民政府制定的不适当的规章；（六）省、自治区的人民政府有权改变或者撤销下一级人民政府制定的不适当的规章；（七）授权机关有权撤销被授权机关制定的超越授权范围或者违背授权目的的法规，必要时可以撤销授权。”

批准。对于上级人大常委会批准的法规，下级人大当然无权改变或者撤销。”[1]

（五）设区的市立法权行使的批准

考虑到各设区的市立法能力不齐，开展地方立法的条件是否成熟不一，因而，为了保证地方立法质量，避免新扩容的各设区的市在不具备相应立法条件和立法能力的情况下，“一哄而上”地开展地方立法，2015 年《立法法》在赋予所有设区的市立法权的同时，特别规定了新扩容的设区的市立法权开始行使的批准制度，即除原 49 个较大的市之外的其他新扩容的设区的市尽管已经享有地方立法权，但其并不能直接行使，必须经其所在地的省或自治区人大常委会批准后才能行使。正如全国人大常委会法制工作委员会主任李适时同志指出：“这一制度设计，充分考虑了设区的市的现实状况，体现了积极稳妥推进的思路，目的是防止一些地方不顾自身实际搞立法上的‘大跃进’‘一刀切’‘一哄而上’，导致立法权滥用，立法质量难以保证。”[2] 具体说来，根据 2015 年《立法法》第 72 条第 4 款的规定[3]，除了原先的 49 个较大的市外，其他新扩容的设区的市并不能直接行使立法权，其开始行使立法权的时间和具体步骤，由其所在地的省或自治区人大常委会综合考虑本省、自治区所辖的设区的市的人口数量、地域面积、经济社会发展情况以及立法需求、立法能力等因素确定，并报全国人大常委会和国务院备案。例如，根据上述规定的精神和要求，河北省人大常委会制定颁发了《依法赋予设区的市立法权实施办法》，对省人大常委会依法批准新扩容的设区的市开始行使立法权的具体条件和程序作出了明确规定。在此特别需要说明的是，许多人认为，既然 2015 年《立法法》已经赋予了所有设区的市立法权，又何必再由省、自治区人大常委会批

[1] 乔晓阳主编：《〈中华人民共和国立法法〉导读与释义》，中国民主法制出版社 2015 年版，第 300～301 页。

[2] 《人大法工委主任李适时：全面贯彻实施修改后的立法法》，http：//www. china. com. cn/legal/2015－09/17/content_36613016. htm。

[3] 2015 年《立法法》第 72 条第 4 款：“除省、自治区的人民政府所在地的市，经济特区所在地的市和国务院已经批准的较大的市以外，其他设区的市开始制定地方性法规的具体步骤和时间，由省、自治区的人民代表大会常务委员会综合考虑本省、自治区所辖的设区的市的人口数量、地域面积、经济社会发展情况以及立法需求、立法能力等因素确定，并报全国人民代表大会常务委员会和国务院备案。”

准新扩容的设区的市开始行使立法权的时间和具体步骤，这岂不是“画蛇添足”？而且此举也与2015年《立法法》的相关规定及精神相矛盾。对此，笔者认为，2015年《立法法》赋予设区的市的是其享有地方立法权的权利能力资格，而省、自治区人大常委会批准赋予新扩容的设区的市的是其行使地方立法权的行为能力资格，两者类似于民事权利能力与民事行为能力的关系，并不矛盾。最后，需要指出的是，由于2015年《立法法》并没有对省、自治区人大常委会批准新扩容的设区的市开始行使立法权的条件或标准作出一个统一的或原则的规定，导致各省、自治区人大常委会规定的条件或标准各异，结果致使各省、自治区人大常委会批准的可以行使立法权的新扩容的设区的市立法能力参差不齐，立法质量难以得到有效保证。

三、设区的市立法权运行原则

设区的市立法权运行原则即设区的市立法原则，是指设区的市人大及其常委会、设区的市政府在立法的过程中必须要遵循的基本准则，其实质上是设区的市立法所追求的目的、价值、理念、精神等的集中体现和反映。设区的市立法权运行原则既包括一些普遍原则，即2015年《立法法》第3条至第6条等所规定的，如科学立法原则、民主立法原则、依法立法原则等，还包括一些特殊原则，即2015年《立法法》第72条等所规定的相关原则。鉴于科学立法原则、民主立法原则、依法立法原则已经为人们所熟知，我们这里仅对设区的市立法权运行的特殊原则进行概述，具体如下：

（一）不抵触原则

设区的市立法权作为地方立法权的一种，与中央立法权相比，从属性是其本质特征之一。且宪法是我国的根本大法，法律，行政法规，本省、自治区地方性法规是设区的市立法的上位法依据。因而，设区的市立法权运行中遵循的首要原则就是不抵触原则，即设区的市人大及其常委会、设区的市政府在立法过程中必须要以宪法、法律、行政法规和本省、自治区地方性法规等为依据，而不能与之相抵触，否则无效，就要被有关主体按照2015年《立法法》第97条❶规定的权限改变或撤销。此外，需要注意的是，在设区的市立法过程中，无论设区的市立法主体制定的是执行性立法，还是自主性立法，都可能存在与上位法不一致的地方，但这些“不一致”不一定是与上位法相抵触的地方，需要根据2015年《立法法》第96条❷等的规定进行审查判断。❸

设区的市立法权运行过程中遵循不抵触原则，主要应做到：一要维护社会主义法制统一，要以宪法，法律，行政法规，本省、自治区地方性法规等为设区的市立法的上位法依据，不得与之相抵触，以保证整个法律体系的和谐统

---

❶ 2015年《立法法》第97条：“改变或者撤销法律、行政法规、地方性法规、自治条例和单行条例、规章的权限是：（一）全国人民代表大会有权改变或者撤销它的常务委员会制定的不适当的法律，有权撤销全国人民代表大会常务委员会批准的违背宪法和本法第七十五条第二款规定的自治条例和单行条例；（二）全国人民代表大会常务委员会有权撤销同宪法和法律相抵触的行政法规，有权撤销同宪法、法律和行政法规相抵触的地方性法规，有权撤销省、自治区、直辖市的人民代表大会常务委员会批准的违背宪法和本法第七十五条第二款规定的自治条例和单行条例；（三）国务院有权改变或者撤销不适当的部门规章和地方政府规章；（四）省、自治区、直辖市的人民代表大会有权改变或者撤销它的常务委员会制定的和批准的不适当的地方性法规；（五）地方人民代表大会常务委员会有权撤销本级人民政府制定的不适当的规章；（六）省、自治区的人民政府有权改变或者撤销下一级人民政府制定的不适当的规章；（七）授权机关有权撤销被授权机关制定的超越授权范围或者违背授权目的的法规，必要时可以撤销授权。”

❷ 2015年《立法法》第96条：“法律、行政法规、地方性法规、自治条例和单行条例、规章有下列情形之一的，由有关机关依照本法第九十七条规定的权限予以改变或者撤销：（一）超越权限的；（二）下位法违反上位法规定的；（三）规章之间对同一事项的规定不一致，经裁决应当改变或者撤销一方的规定的；（四）规章的规定被认为不适当，应当予以改变或者撤销的；（五）违背法定程序的。”

❸ 坚持不抵触原则，在当前重点要解决那种认为地方立法不能超出上位法的范围，上位法没有规定的，地方立法就不得涉及，否则就构成抵触的狭窄观点。我认为，“不抵触”是指不同上位法的立法精神和禁止性规范相违背。除此之外，地方立法主体可以在自己的职权范围内，自主地制定执行性、职权性、实验性的法规规章和文件。《地方组织法》和《立法法》在规定“不抵触”这个原则之前，先规定了“根据本行政区域的具体情况和实际需要”这一前提。而根据各地具体情况和实际需要制定出的规则，肯定不会与上位法完全一致，必然要有所突破和创新，否则地方立法就失去了意义。现实社会生活也确实如此。21世纪初，国家还没有关于信息化的法律法规，山东省要创制，但中央有关部门不同意，拖了几年。最后，省领导下决心，冲破种种限制和阻力，在全国率先制定了《山东省信息化促进条例》，从统一规划、产业促进、工程建设、技术推广、资源利用到组织管理都建立了较完备的制度，还规定了提倡三网融合、非金融卡许可等制度。该《条例》的实施，极大地促进了山东省信息产业的发展以及信息化与工业化的融合，出现了浪潮、云计算等著名企业和成果。再如2012年，山东省在没有上位法依据的情况下，创设出台了《山东省民用建筑节能条例》，在全国率先规定了发展绿色建筑（即节能、节材、节水、节地、环保建筑）的原则，制定了推广新材料、新能源、新技术的制度。并规定把绿色建筑的理念和标准应用到规划、设计、施工、居住和运行各环节，不仅用于新建，而且用于改造既有建筑，形成了一套完整的制度链条，有力地促进了山东省的建筑节能工作。参见陈公雨著：《地方立法十三讲》，中国法制出版社2015年版，第19～20页。

一。但实践中，与上位法相抵触的立法屡见不鲜。例如，据媒体报道，《甘肃祁连山国家级自然保护区管理条例》就存在与上位法《中华人民共和国自然保护区条例》相抵触的地方，导致甘肃祁连山生态环境破坏问题突出。[1] 另外，必须要注意的是，设区的市立法只是国家立法的补充，是我国法律体系的重要组成部分，决不能自成体系；二要明确设区的市立法权限，严格在其立法权限范围内立法，决不能染指2015年《立法法》第8条规定的国家立法权专属事项，即使全国人大及其常委会尚未立法，设区的市立法主体也决不能涉及。此外，对于法律、行政法规已经作出明确规定的，设区的市立法主体也不得作出与之相抵触的规定；三要充分调动中央和地方"两个积极性"，除了国家专属立法权的事项外，其他中央尚未立法的事项，且在设区的市立法权限范围内的，可以由设区的市人大及其常委会先行立法，总结经验，待条件成熟后再上升为中央立法。正如第十二届全国人民代表大会法律委员会主任委员乔晓阳等指出："对于专属立法权之外的事项，考虑到国家处于改革时期，中央立法不能一步到位的，地方可以先行立法，在总结实践经验后，再上升为中央立法。"[2] 假如在这一过程中，有了相应的中央立法，设区的市立法也不得与之相抵触，否则，就要对其进行相应的修改或废止。这里注意的是，地方先行立法的主体仅包括设区的市人大及其常委会，而不包括设区的市政府。因为设区的市人大及其常委会立法采取的是"抵触说"，即只要设区的市人大及其常委会遵循不抵触原则，不与上位法相抵触，就可以进行先行立法，而设区的市政

---

[1] 据中共中央办公厅、国务院办公厅就甘肃祁连山国家级自然保护区生态环境问题发出的通报指出，甘肃省在立法层面为破坏生态行为"放水"。甘肃省有关方面对"五位一体"总体布局和新发展理念认识不深刻，片面追求经济增长和显绩，长期存在生态环境为经济发展让路的情况。《甘肃祁连山国家级自然保护区管理条例》历经三次修正，部分规定始终与《中华人民共和国自然保护区条例》不一致，将国家规定"禁止在自然保护区内进行砍伐、放牧、狩猎、捕捞、采药、开垦、烧荒、开矿、采石、挖沙"等10类活动，缩减为"禁止进行狩猎、垦荒、烧荒"等3类活动，而这3类都是近年来发生频次少、基本已得到控制的事项，其他7类恰恰是近年来频繁发生且对生态环境破坏明显的事项。2013年5月修订的《甘肃省矿产资源勘查开采审批管理办法》，违法允许在国家级自然保护区实验区进行矿产开采。《甘肃省煤炭行业化解过剩产能实现脱困发展实施方案》违规将保护区内11处煤矿予以保留。张掖市在设定全市党政领导干部绩效考核时，把2015年和2016年环境资源类指标分值分别设为9分和8分，低于2013年和2014年11分的水平。参见《中共中央办公厅、国务院办公厅就甘肃祁连山国家级自然保护区生态环境问题发出通报》，http://news.xinhuanet.com/2017-07/20/c_1121354050.htm。

[2] 乔晓阳主编：《〈中华人民共和国立法法〉导读与释义》，中国民主法制出版社2015年版，第243页。

府立法采取的是“依据说”，即设区的市政府只有在有明确上位法依据的情况下，才能进行地方立法，而不能在没有上位法依据的情况下，先行立法。

（二）根据本行政区域具体情况和实际需要原则

在立法中坚持实事求是，从实际出发，是我国立法的基本经验和原则之一。之所以如此，是因为我国幅员辽阔，各地自然环境和条件差异较大，再加上各地经济社会发展严重不平衡，立法基础和立法诉求不一，导致统一的中央立法根本没有办法解决各地的立法需求问题，所以，立法权不断下放、使各地按照本地实际情况立法，就成了无奈而又必需的选择。2015 年《立法法》赋予所有设区的市立法权，目的也正在于使各设区的市能够因地制宜，根据本地的实际情况立法，用立法的手段解决本地的实际问题。正如第十二届全国人民代表大会法律委员会主任委员乔晓阳等指出：“管理这样一个人口众多的区域，特别是随着城镇化建设的发展，与其相关的土地、人口、环境、城乡建设与管理、社会治理等问题日益复杂，当然要靠法治来管理，除了国家的法律法规、省一级的法规，还有一些具有本行政区域特点和特别需要的事项，国家和省级不可能专门立法，所以有必要按照依法治国的要求赋予其（设区的市）地方立法权。”❶ 因而，各设区的市在立法的过程中，要在坚持不抵触原则的前提下，根据本行政区域具体情况和实际需要，有针对性地开展立法，而不是为立法而立法，确保所立之法“不抵触、有特色、可操作”。对此，正如全国人大常委会法工委主任李适时指出：“立法要根据本市的具体情况和实际需要进行。大家不要小看这条要求，这不是虚的，而是实实在在的要求。这实际上是要求地方立法要始终立足本地实际，遵循发展规律，不要搞攀比，不要相互照抄照搬。”❷

设区的市立法权运行遵循根据本行政区域具体情况和实际需要原则，主要应从以下方面着手：一要从各设区的市实际情况出发，摸清各设区的市不同的立法需求，开展精准立法，而不能从主观愿望和想当然出发，更不能贪图

---

❶ 乔晓阳主编：《〈中华人民共和国立法法〉导读与释义》，中国民主法制出版社 2015 年版，第 240 页。

❷ 李适时：《在第二十二次全国地方立法研讨会上的小结》，http：//www. npc. gov. cn/npc/lfzt/rlyw/2016－09/18/content_1997525. htm。

“大而全”，单纯地为立法而立法。马克思曾指出：“只有毫无历史知识的人才不知道：君主们在任何时候都不得不服从经济条件，并且从来不能向经济条件发号施令。无论政治的立法或市民的立法，都只是表明和记载经济关系的要求而已。”❶ 必须要明确的是，立法并不是越多越好，如果立法并不符合本地实际情况，解决不了本地任何实际问题，就会出现“立法越多、秩序越少”的尴尬局面。对此，王利明教授指出：“立法也并非多多益善，繁杂但不实用的法律，不仅耗费大量的立法资源，也可能使有些法律形同虚设，影响法律的权威和人们对法律的信仰，乃至‘法令滋彰，盗贼多有’。”❷ 二要保证各设区的市立法有自身特点，是本行政区域实际情况的真实反映，能够解决本行政区域实际问题，而决不能照搬照抄上位法或其他设区的市同类法。❸ 设区的市立法必须有自身特色，有自身存在价值，这正是2015年《立法法》赋予所有设区的市立法权的目的和基本要求之一，也是设区的市立法权存在和发展的重要意义所在。即“为了充分体现地方性法规的地方性，地方性法规的内容应适应地方的实际情况，解决本行政区域的实际问题，有针对性地立法。哪些方面需要规定就规定哪些方面，不要构筑体系，对法律、行政法规的规定不要作不必要的重复。”❹ 但从实践情况来看，在我国过去的地方立法中，照搬照抄上位

---

❶ 《马克思恩格斯全集》（第4卷），人民出版社1958年版，第121～122页。

❷ 王利明著：《迈向法治——从法律体系到法治体系》，中国人民大学出版社2015年版，第101～102页。

❸ 中共中央政治局委员、全国人大常委会副委员长李建国在2016年9月8日第二十二次全国地方立法研讨会上谈增强地方立法特色问题时讲道：我国是世界上最大的发展中国家，各地的地理、历史、人文和经济社会发展情况千差万别。地方立法一定要在中国特色社会主义法治体系的框架内，按照“不抵触、有特色、可操作”的要求，从本地的实际出发，在增强地方特色上下功夫。有特色是地方立法始终保持活力的重要体现，也是衡量地方立法质量的一条重要标准。地方立法要做到有特色，最重要的是坚持党的思想路线，立足中国国情和地方实际，实事求是，一切从实际出发，坚持问题导向，研究清楚需要立什么法和能够立什么法，科学确定立法项目。要根据党中央关于统筹推进“五位一体”总体布局和“四个全面”战略布局以及不同阶段改革发展的主要目标任务，着眼于解决本地区经济社会发展的突出问题，以保障和改善民生为出发点，选择党委决策的重点问题、人民群众关心的热点问题来进行立法，把中央要求、群众期盼、实际需要、实践经验结合起来，立符合当地实际的法，立改革发展管用的法，立人民群众拥护的法。要深入了解本地的实际情况，抓住本地急需解决的问题，科学分析立法需求，有针对性地选择需要优先立法的事项。要遵循立法自身的活动规律，把握立法节奏，区分轻重缓急，坚持立法进度服从立法质量，不急于求成，不搞立法攀比。……地方立法在注重有特色的同时，要不断提高立法精细化水平，对关键条款进行深入研究，做到能具体的尽量具体、能明确的尽量明确，重在管用，切实增强地方立法的实效性、实用性、可执行性和可操作性。

❹ 乔晓阳主编：《中华人民共和国立法法导读与释义》，中国民主法制出版社2015年版，第250页。

法或同类法的现象十分严重，许多地方立法大同小异，没有任何自身的特色，自然难以发挥其应有作用，其被“束之高阁”自然就正常不过。基于此，2015 年《立法法》第 73 条第 4 款明确规定：“制定地方性法规，对上位法已经明确规定的内容，一般不作重复性规定。”三要保证设区的市立法具有可操作性，有针对性，能够得到良好实施。过去，我们的立法之所以实施效果不好，主要原因之一就是立法太过原则、抽象，脱离实际，缺乏可操作性。[1] 正如有学者指出：“法之难行，在立法上最突出的原因是：在长期以来所秉持的宜粗不宜细的立法理念之下，产生了大量的宣示性、鼓励性、原则性的法律产品，使得众多的法律规定过于笼统、抽象、模糊，缺乏了必要的可操作性和可执行性，催生了有法难依、违法难究、执法难严现象的丛生。”[2] 但与过去立法思路“宜粗不宜细”[3] 不同的是，在中国特色社会主义法律体系已经基本形成的情况下，现在的立法思路已经转变到了“宜细不宜粗”上来，其目的就在于提高立法的针对性，保证立法的可操作性、可执行性，最终实现良法善治的法治目标。正如张德江委员长指出：“要抓住提高立法质量这个关键，遵循和把握立法规律，提升立法精细化水平，让法律切实管用。”[4] 因而，各设区的市在立法过程中，就必须要搞好立法前期准备工作，深入了解本行政区域的实际情况，准确把握和体现公众的意愿与诉求，提高立法的精细化水平，使所

---

[1] 例如，《中华人民共和国船舶进出渔港签证办法》（农业部令 1997 年第 39 号）规定：“在海上连续作业时间不超过 24 小时的渔船以及长度在 12 米以下的小型渔船，可以办理定期签证”，其他渔船实行航次签证制度，即每次出海都要签证。这一规定在实践中就不好操作。按照此规定，实行航次签证的渔业船舶数量太多，渔业部门的工作人员即使全部派去港口签证也签不过来，如果不及时签证就置多数渔民于违法境地。为了解决这一问题，《山东省渔业船舶管理办法》扩大了实行定期签证的范围，规定连续六个月以上在同一港口出海的渔船也可以办理定期签证。把大量渔船由每次一签改为定期签证，使船舶进出港签证变得易操作、好实施，方便了广大渔民。参见陈公雨著：《地方立法十三讲》，中国法制出版社 2015 年版，第 24 ~ 25 页。

[2] 梁超：《宜粗不宜细的立法原则应修改》，《学习时报》2012 年 2 月 8 日。

[3] 邓小平同志针对改革开放初期“无法可依”的现状，提出了“宜粗不宜细”的立法思路，就是为了加快立法进程，早日实现“有法可依”。因而，这一思路在当时是完全正确的，也是切实有效的。他指出：“现在立法的工作量很大，人力很不够，因此法律条文开始可以粗一点，逐步完善。有的法规地方可以先试搞，然后经过总结提高，制定全国通行的法律。修改补充法律，成熟一条就修改补充一条，不要等待‘成套设备’。总之，有比没有好，快搞比慢搞好。”参见《邓小平文选》（第 2 卷），人民出版社 1994 年版，第 147 页。

[4] 《张德江主持召开座谈会听取对全国人大常委会工作报告的意见建议》，http：//news. xinhuanet. com/politics/2017 －02/08/c_1120433576. htm。

立之法的每一条都能够“立得住、行得通、管得住”，从而保证设区的市立法的可操作性、可执行性，保证设区的市立法的良好实施。

四、设区的市立法权的合宪性探讨

在此需要首先说明的是，由于2015年《立法法》赋予所有设区的市立法权时，并无明确的宪法依据，因而，当时引起了学界对设区的市立法权是否具有合宪性的争论。但随着2018年第十三届全国人大一次会议对我国现行《宪法》的第五次部分修改，设区的市立法权载入了宪法，有了明确的宪法依据，即“宪法修正案（草案）在宪法第三章《国家机构》第一百条增加一款，作为第二款：‘设区的市的人民代表大会和它们的常务委员会，在不同宪法、法律、行政法规和本省、自治区的地方性法规相抵触的前提下，可以依照法律规定制定地方性法规，报本省、自治区人民代表大会常务委员会批准后施行。’增加这一规定，有利于设区的市在宪法、法律的范围内，制定体现本行政区域实际的地方性法规，更为有效地加强社会治理，促进经济社会发展，也有利于规范设区的市制定地方性法规的行为。”[1] 从而使这一争论有了定论，学界也“偃旗息鼓”。但为了还原学界对设区的市立法权研究的学术脉络，将当时的学界争论完全呈现出来，笔者这里依然保留了这一部分，同时也便于我们更好地认识和理解当时2015年《立法法》赋予设区的市立法权面临的合宪性问题。

2015年《立法法》修改通过后，学界对其赋予设区的市立法权的合宪性问题产生了不少争论。在此，我们有必要对这一问题稍加探讨分析，同时也为后文探讨分析设区的市立法权其他问题奠定基础。具体言之，一些学者认为，无论是2000年《立法法》赋予较大的市立法权，还是2015年《立法法》赋予设区的市立法权，都无明确的宪法依据，都存在违宪的嫌疑。因为我国现行《宪法》仅将地方立法权赋予了省、自治区、直辖市一级，以及民族自治地方即自治区、自治州、自治县，并未将地方立法权赋予较大的市或设区的市一

[1] 《王晨作关于〈中华人民共和国宪法修正案（草案）〉的说明》，http：//www. npc. gov. cn/npc/xinwen/2018 －03/06/content_2042586. htm。

级。正如有学者指出："根据现行《宪法》的规定，只有省、直辖市的人大及其常委会享有地方性法规的制定权（第100条），民族区域自治地方（包括自治区、自治州、自治县）的人大享有制定自治条例和单行条例的权力（第116条）。现行《宪法》……没有赋予设区的市人大及其常委会制定地方性法规的权力，更没有赋予省级政府和设区的市政府制定规章的权力。"❶ 且2015年《立法法》第72条"并不是'根据宪法'制定出来的，而且它在性质上既不属于宪法修改，也不能被视为宪法解释，该条以及和它关联在一起的原《立法法》第63条均涉嫌突破了现行《宪法》第100条的规定，属于一种'违宪'的立法行为。"❷ 据此，他们建议，本次《立法法》修改若要赋予所有设区的市立法权，就应先修改宪法相关条款，以使其具有合宪性。即"较大的市的地方立法权的授予一直以来都有合宪与否的质疑，如果现在《立法法》修改进一步赋予所有设区的市以地方立法权，那么其合宪性应该更为审慎对待。我们认为，从维护宪法权威，增强地方立法权权源的正当性、合宪性考虑，如果要赋予设区的市以地方立法权，应该适时修改宪法相关条款之规定。"❸

对此，笔者认为，由于立法制度属于宪法的基本制度之一，因而，无论是立法权的授予，还是立法权限的划分，都应由宪法作出明确规定，但2015年《立法法》第72条赋予设区的市立法权并不违宪，也不属于对现行《宪法》第100条的突破，因为2015年《立法法》赋予设区的市的并不是完整意义上的地方立法权，也不完全属于现行《宪法》第100条规定的地方立法权。此外，我们还必须要明确的是，"全国人大及其常委会授权深圳、厦门等经济特区所在地的市制定特区法规，特区法规无须省级人大常委会批准而直接生效，并不意味着法律可以一般性地规定设区的市人大及其常委会完整的立法权。这是因为，授权经济特区制定特区法规，只是个别、具体的授权，而法律如果一般性地规定设区的市人大及其常委会完整的立法权，则是改变了宪法规定的地

---

❶ 马英娟：《地方立法主体扩容：现实需求与面临挑战》，《上海师范大学学报》（哲学社会科学版）2015年第3期，第47页。

❷ 刘志刚：《〈立法法〉修改的宪法学分析》，《哈尔滨工业大学学报》（社会科学版）2015年第1期，第43页。

❸ 庞凌：《依法赋予设区的市立法权应注意的若干问题》，《学术交流》2015年第4期，第89页。

方立法制度。”[1]

具体言之，根据我国现行《宪法》第100条[2]、第115条[3]的规定，只有省级人大及其常委会享有的地方立法权才属于宪制意义上的，才属于完整意义上的地方立法权，主要原因在于：一是省级人大及其常委会地方立法权比较独立，其所制定的地方立法可以直接生效，只需向全国人大常委会备案而无须经其批准；二是省级人大及其常委会地方立法权限范围比较完整，除了国家立法权专属事项外，其可以针对一切事项进行地方立法，并无特殊限制；三是因为省级人大及其常委会地方立法权是由我国宪法明确赋予的，属于职权立法，具有合宪性。而2015年《立法法》第72条赋予设区的市立法权并不是完整意义上的地方立法权，其既不同于国家立法权，也不同于省级地方立法权，具体言之：一是因为设区的市地方立法权并不完全独立，设区的市人大及其常委会所制定的地方性法规并不能直接生效，而需经其所在地的省、自治区人大常委会审查批准后才能生效。也就是说，设区的市人大及其常委会制定的地方性法规在未经其所在地的省、自治区人大常委会审查批准之前，是无法直接生效的，其生效的效力来自省、自治区人大常委会的赋予，这就解决了设区的市立法权的合宪性问题。可以说，上述规定的目的主要就是解决设区的市立法权的合宪性问题。二是因为设区的市立法权限范围较窄，受到了很大限制，仅限于“城乡建设与管理、环境保护、历史文化保护等方面的事项”。三是因为设区的市立法权是由我国2015年《立法法》赋予的，属于授权立法，而不是由我国现行《宪法》授予的，不属于职权立法，因此，其与省级地方立法权有本质区别。所以，设区的市立法权只是“半个立法权”，只是省级地方立法权的派生物，属于省级地方立法权的范畴，具有合宪性，并不违宪。正如全国人大常委会王正斌同志所言：“设区的市一级人大及其常委会并不具有省级人大及其常委会一样完整的地方立法权，其立法权是省级人大地方立法权所派生的。

[1] 王正斌：《〈立法法〉对设区的市一级地方立法制度的重大修改》，《中国法律评论》2015年第2期，第234页。

[2] 我国现行《宪法》第100条：“省、直辖市的人民代表大会和它们的常务委员会，在不同宪法、法律、行政法规相抵触的前提下，可以制定地方性法规，报全国人民代表大会常务委员会备案。”

[3] 我国现行《宪法》第115条：“自治区、自治州、自治县的自治机关行使宪法第三章第五节规定的地方国家机关的职权，同时依照宪法、民族区域自治法和其他法律规定的权限行使自治权，根据本地方实际情况贯彻执行国家的法律、政策。”

……设区的市一级人大及其常委会制定的地方性法规，在未经省级人大常委会批准之前，是没有生效的，其制定的地方性法规的效力，是由省级人大常委会赋予的。”❶

五、设区的市立法权的地位与作用

设区的市立法权的地位与作用，既指设区的市立法权在我国整个立法体制中的地位与作用，也指设区的市立法权与其他立法权相比，所具有的独特地位与作用，其实质上解决的是设区的市立法权存在的独立价值与意义问题。

（一）设区的市立法权的地位

由于各国立法体制的不同❷，地方立法权的地位也有根本不同。在我国单一制的统一而又分层次的立法体制中，设区的市立法权作为我国地方立法权的一种，与其他立法权相比，其地位主要体现在以下方面：

第一，设区的市立法权是国家立法权的补充。由于单一制是“主要的政府机构即立法、行政和司法机构对该国领土内所有地区和国民行使全权的国家。……单一制国家并不排除地方或其他政府机构拥有中央政府委任或授予它们的某些权力的可能性。但是，这些权力是授予的，并不是分享的，而且，从严格的法律意义上说，所有的权力都属于中央政府。”❸ 因而，在单一制的立

---

❶ 王正斌：《〈立法法〉对设区的市一级地方立法制度的重大修改》，《中国法律评论》2015 年第 2 期，第 233 ~234 页。

❷ 立法体制是多样化的。以立法权的归属和立法机关的设置来说：当立法权掌握在以民主、法治原则为基础的政权机关之手时，这种立法体制是民主立法体制；当立法权掌握在君主一人之手或法西斯独裁者一人之手时，这种立法体制是专制或独裁立法体制；当立法权由一个政权机关甚至一个人掌握时，这种立法体制是单一的立法体制；当立法权由两个或两个以上的政权机关共同掌握时，这种立法体制是复合的立法体制；当立法权虽然属于一个机关，但另外的机关对立法权也有相当制约作用时，这种立法体制则是制衡的立法体制。而所有这些立法体制，如果按立法权和立法机关是属于中央专有还是分别属于中央和地方来划分，又可以分为一级立法体制和两级立法体制。在立法权专属中央、不存在中央立法与地方立法的区分的情况下，可以称其为一级立法体制；如果中央和地方都可以立法，这种立法体制可以称为两级立法体制。参见邓世豹主编：《立法学：原理与技术》，中山大学出版社 2016 年版，第 130 页。

❸ ［英］戴维·M. 沃克编：《牛津法律大辞典》，北京社会与科技发展研究所组织翻译，光明日报出版社 1988 年版，第 905 页。

法体制中，地方立法权来源于中央的依法授予，并不是地方固有的，其与国家立法权相比，处于一种从属的地位，是国家立法权的补充。设区的市立法权作为地方立法权的一种，亦处于一种从属的地位，是国家立法权的补充。根据2015年《立法法》第73条第1款的规定❶，设区的市立法权作为国家立法权的补充，主要体现在以下两方面：一是设区的市立法权具有从属性，其主要作用就是为了保证宪法、法律、行政法规以及本省、自治区地方性法规在本行政区域的实施，而根据本行政区域的实际情况制定相应的实施细则和实施办法，但必须要遵循不抵触原则。此外，设区的市还承担着在其权限范围内，弥补中央立法缺陷以及先行立法、为中央立法积累经验的重任。二是设区的市立法权具有自主性，可以在不与上位法相抵触的前提下，在自身权限范围内，对本行政区域内的地方性事务进行立法，以解决本行政区域的地方性问题，弥补国家立法的“鞭长莫及”。当然，需要说明的是，从属性是设区的市立法权更主要的属性，而自主性是设区的市立法权次要的属性，这是由设区的市立法权在我国整个立法体制中的地位和作用所决定的。此外，“认清设区的市立法权具有从属和自主两重性，就要防止两种片面性：一是只看到设区的市立法权从属于中央立法权的一面，把设区的市立法当作单纯是为执行、补充中央立法和为中央立法积累经验存在的，在设区的市立法问题上视野狭窄，认识保守，缺乏应有的主动性、积极性；二是过于强调设区的市立法权的特殊性，把设区的市立法看成是可以脱离国家法制大局的一种纯粹的地方性活动，陷入偏狭的地方主义泥坑。”❷

第二，设区的市立法权是省级地方立法权的延伸。如前所述，设区的市立法权不具有完整性和独立性，只是“半个立法权”，是省级地方立法权的延伸。具体言之：一是省级地方立法权是由我国现行《宪法》授予的，是我国现行《宪法》明确规定的地方立法权，而设区的市立法权是由我国2015年《立法法》授予的，两者地位存有根本不同。当然，上述论断只是针对当时2015年《立法法》赋予设区的市立法权而言。随着2018年修宪，设区的市立

---

❶ 2015年《立法法》第73条第1款规定：“地方性法规可以就下列事项作出规定：（一）为执行法律、行政法规的规定，需要根据本行政区域的实际情况作具体规定的事项；（二）属于地方性事务需要制定地方性法规的事项”。

❷ 邓世豹主编：《立法学：原理与技术》，中山大学出版社2016年版，第143页。

法权也成为我国现行《宪法》明确规定的地方立法权，上述问题便不复存在。二是省级地方立法权比较完整，除了国家专属立法权的事项外，其可以在一定条件下，针对任何事项进行地方立法；而设区的市立法权不完整，权限范围比较窄，其立法主体只能针对“城乡建设与管理、环境保护、历史文化保护等方面的事项”进行地方立法。三是省级地方立法权比较独立，其所制定的地方性法规可以直接生效，只需向全国人大常委会备案即可。而设区的市立法权缺乏完整的独立性，设区的市人大及其常委会制定的地方性法规不能直接生效，而需要经其所在地的省、自治区人大常委会审查批准后才能生效。也就是说，设区的市地方性法规的效力来源于省级人大常委会的授予，其具有和省级地方性法规一样的效力，只是两者实施区域不同，即设区的市地方性法规只能在设区的市本行政区域内实施，而省级地方性法规则可以在整个省、自治区范围内实施。正如第十二届全国人大法律委员会主任委员乔晓阳指出：“考虑到较大的市制定的地方性法规是经省、自治区人大常委会批准的，因此，其法律效力应当同省、自治区的地方性法规相同。”[1] 设区的市地方性法规的效力亦是如此，其等同于省、自治区地方性法规。正是在上述意义上，我们才说设区的市立法权是省级地方立法权的延伸。

（二）设区的市立法权的作用

设区的市立法权的作用即设区的市立法权存在的价值所在，主要是指设区的市立法调整社会关系后所产生的实际影响。设区的市立法权作为地方立法权的一种，自然具有地方立法权的一般作用，同时也具有自身的一些独特作用，具体说来：

第一，保证上位法在本行政区域的良好实施。“法治应当包含两重意义：已成立的法律获得普遍的服从，而大家所服从的法律又应该本身是制定得良好的法律。”[2] 在当前我国“良法”即中国特色社会主义法律体系已经基本形成的情况下，“已成立的法律获得普遍的服从”便成为我国当前法治建设的关

[1] 乔晓阳主编：《中华人民共和国立法法讲话》（修订版），中国民主法制出版社 2008 年版，第 258 页。

[2] ［古希腊］亚里士多德著：《政治学》，吴寿彭译，商务印书馆 1997 年版，第 199 页。

键。为此，党的十八届四中全会作出的《中共中央关于全面推进依法治国若干重大问题的决定》（以下简称《决定》）中，提出了由“法律体系”到“法治体系”转变的战略任务。这就要求我们必须加强宪法法律的实施，实现由“有法可依”到“有法必依、执法必严、违法必究”的转变。但是，长期以来，我们的立法一直存在比较原则、比较抽象的弊端，针对性、可操作性并不强，导致整个法律体系实施的效果并不佳。正如王利明教授指出：“从立法层面来看，有的法律法规未能全面反映客观规律和人民意愿，针对性、可操作性不强；有的法律法规全面反映客观规律和人民意愿不够，解决实际问题有效性不足；立法工作中部门化倾向、争权诿责现象较为突出。”[1] 因而，加强我国宪法法律实施工作，首要的一点就是继续加强我国立法工作，提高我国立法的针对性和可操作性，确保其良好实施。再加上一点，即“法律和行政法规是要在全国范围内实行的，考虑到全国各地的实际情况，有些规定只能比较概括和原则，比较具体的规定，则需要由地方性法规根据本行政区域的实际情况加以制定，这样才利于更好地根据实际情况执行法律和行政法规。”[2]

对于设区的市来说，其本身就承担着保证上位法在本行政区域实施的任务，其立法主要就是从属性立法，即为执行上位法的规定，而根据上位法的原则、精神和内容，结合本行政区域的实际情况，制定具体的实施细则或实施办法，将上位法的内容予以细化，以提高其针对性和可操作性，确保其实施效果。[3] 正如苏力教授指出：“如果过分强调立法权的集中统一，过分强调法律的位阶，强调法律普适性，并且把法律制定得非常详尽乃至剥夺了对某些必须

---

[1] 王利明著：《迈向法治——从法律体系到法治体系》，中国人民大学出版社2015年版，第100页。

[2] 乔晓阳主编：《中华人民共和国立法法导读与释义》，中国民主法制出版社2015年版，第249页。

[3] 回顾改革开放以来，几乎国家每出台一部法律和行政法规，地方就制定一部配套的法规或者规章。可以说，没有地方立法的配套，国家的法律、行政法规（以下简称“大法或上位法”）的作用、效益就会层层递减，有些会成为空中楼阁。其实不存在单纯的实施性立法，都是创造性的实施。如2012年山东省制定的《山东省价格调节基金管理办法》（省政府令第266号），其依据就是国家《价格法》第27条“政府可以建立重要商品储备制度，设立价格调节基金，调控价格，稳定市场”的原则规定。这样一句话的原则，如果没有地方立法的配套，是很难落实的。山东省在《山东省价格调节基金管理办法》中建立了“一金一储保两头”的完整制度。一金就是建立价格调节基金；一储就是建立重要商品储备；保两头就是通胀时保消费者，通缩时保生产、经营者，尤其是广大农民，从而调控市场、稳定物价、稳定社会，使国家大法的作用得以充分发挥。参见陈公雨著：《地方立法十三讲》，中国法制出版社2015年版，第10~11页。

予以考虑的地方因素，那么问题就有可能更大。”❶ 所以，2015 年《立法法》赋予所有设区的市立法权，便于设区的市在自身立法权限范围内，因地制宜地开展从属性立法。当然，在这一过程中，要注意处理好设区的市从属性立法与上位法的关系，既要避免与上位法相抵触，也要尽量避免重复立法。对此，河北省地方立法的相关做法，可以为我们提供一个参考思路。河北省在制定实施性地方法规（即从属性立法）时，采用了如下具体做法：一是法律规定明确具体的，实施性法规就不作另行规定。二是法律已有规定，但规定比较原则概括的，实施性法规则在法定的自由裁量权或授权范围作出具体规定的、便于操作的补充性或细化性规定。三是法律没有直接规定，但有国家政策依据并属于地方管理事项的，实施性法规根据需要可以作出补充规定。四是严格遵守法律的具体规定，不超越法律去创设新的规范或变更法律的某些规定。五是法律没有明确规定并属于中央管理的事项，或者虽属中央、地方共同管理的事项，但国家相关部门已作出明确规定的，实施性法规不作规定或者不作出与国家相关部门不一致的规定。❷

第二，自主地解决地方性事务。“地方性事务是与全国性的事务相对应的，地方性事务是指具有地方特色的事务，一般来说，不需要或在可预见的时期内不需要由全国制定法律、行政法规来作出统一规定。”❸ 由于我国幅员辽阔，各地的情况千差万别，经济发展水平、历史文化背景、自然环境、法治建设水平等各方面差异很大，导致我国各地的地方性事务不仅种类繁多，而且差异明显。例如，同样作为环境保护问题，南方与北方相比、东部与西部相比，就存在很大差异，甚至是截然不同的。那么，对于这些地方性事务的解决，国家就只能提供原则性立法规定或不便于对其进行专门立法，而主要应由地方根

❶ 苏力：《当代中国的中央与地方分权——重读毛泽东〈论十大关系〉第五节》，《中国社会科学》2004 年第 2 期，第 50 页。

❷ 李进章著：《地方立法理论与实践》，河北省人大常委会法制工作委员会印制的内部资料，第 29 页。

❸ 乔晓阳主编：《中华人民共和国立法法导读与释义》，中国民主法制出版社 2015 年版，第 249～250 页。

据本行政区域的具体情况，因地制宜地制定相关立法。[1] 其中，对于省级地方立法权来说，其只能针对一省或自治区地方性事务的共性问题进行立法，而无法解决其下辖各设区的市地方性事务存在的差别问题。实际上，一个省或自治区下辖的各设区的市地方性事务之间的差别是非常明显的，正所谓"百里不同风、千里不同俗"[2]，必须要通过相应的自主性立法予以解决。[3] 但长期以来，众多设区的市苦于没有地方立法权，无法通过立法的手段，来因地制宜地自主解决本行政区域的地方性事务。"过去对这些问题，有的通过信访调解，发挥地方组织力量，也有的是通过满足'部分人'经济利益去解决。但有些问题，单纯通过信访，有可能出现以访代法的问题；单纯通过经济手段，可能会引起更多的纠纷、矛盾。解决基层社会矛盾，还是要回到法治的轨道，如何运用法治思维化解社会矛盾至关重要，而且要把矛盾的化解与建立完善制度结合起来，形成长效机制，才能根除顽疾、标本兼治。"[4] 因而，2015 年《立法法》赋予所有设区的市立法权，是非常必要的，其有利于各设区的市因地制

---

[1] 但是对于何谓"地方性事务"及其范围，《立法法》并没有作出明确规定。即 2000 年《立法法》第 64 条第 1 款在表意上存在模糊，其第（2）项规定，"属于地方性事务需要制定地方性法规的事项"可以由地方性法规规定，但《立法法》并未进一步释名何为"地方性事务"。如果严格按照法条表面意思，该条规定难以起到应有的明确授权的效果，而仅仅是对法规立项环节起到了原则指导作用。实践中，地方立法时常在何为"地方性事务"上产生困扰。对此，全国人大常委会法工委工作人员在非正式的场合曾经作出过回应："地方性事务是与全国性的事务相对应的，地方性事务是指具有地方特色事务，一般来说，不需要或在可预见的时期内不需要由全国制定法律、行政法规来作出统一规定。例如，对本行政区域内某一风景名胜的保护，就属于地方性的事务，一般来说不需要国家作出规定。因此，这类事项显然不必要由国家统一立法。"然而，有学者曾对中央政府事权与地方政府事权做过比较，结果显示基于《国务院组织法》和《地方组织法》的规定，我国中央事权与地方事权存在大量的交叉重叠之处，几乎找不出何为"地方性事务"。换言之，从严格适用法律的角度看，如果只有国家不会作出规定的事务才属于"地方性事务"，那么地方法规的可调整范围将十分狭窄。因为"事务本身不是一成不变的，经常会随着经济、社会的发展而发展变化，曾经的地方性事务在社会变动中可能会发展成全国性事务，而曾经的全国性事务也可能蜕变成地方性事务"，以一个处于不断变化的范围来定义地方立法权限，很可能导致地方立法权限受到过多的束缚。参见向立力：《地方立法发展的权限困境与出路试探》，《政治与法律》2015 年第 1 期，第 70 ~71 页。

[2] 《史记》："一般谚语说，叫百里不同风，千里不同俗。"

[3] 应当消除一种误解，即认为地方立法的自主性表现在内容上，就是解决中央尚无专门法律或行政法规加以规定的问题。地方立法自主性的范围，不是以中央是否有专门法律或行政法规对某些事项加以规定为标准，而以是否属于中央立法范围和是否属于地方立法范围为标准。参见周旺生著：《立法学教程》，北京大学出版社 2006 年版，第 304 页。

[4] 霍桃：《地方立法权将扩至全国 282 个设区市，环境立法率先示范》，《中国环境报》2014 年 12 月 17 日。

宜地开展相关自主性立法，有针对性地自主解决本行政区域的地方性事务。正如有学者以环境保护立法为例指出：“由于自然环境先天存在较大的差异，导致环境问题产生的原因和解决的方法、步骤有所不同，国家、区域、省（自治区）环境立法不能完全采用统一立法方式，对各地市具体的环境保护进行全面规范。国家制定的适用于全国范围的环境法，只能从宏观和普遍意义上，最大可能地为我国环境保护提供最基本的法律依据，而非常具体的环境保护工作，则需要地方结合本地客观环境条件立法。”[1]

第三，先行先试，为中央立法积累经验。[2] 根据2015年《立法法》第73条[3]的规定，除了国家专属立法权事项外，设区的市人大及其常委会可以在自身立法权限范围内，对中央尚未立法的事项，根据本行政区域的具体情况和实际需要，率先制定地方性法规，同时先行先试，为中央相关立法积累经验。待立法条件成熟后，再由中央制定统一立法，在全国范围内实施。正如邓小平同

---

[1] 霍桃：《地方立法权将扩至全国282个设区市，环境立法率先示范》，《中国环境报》2014年12月17日。

[2] 这种制度创新分两种情况。一种是在国家还没有法律规定，即在无法可依的情况下，进行的创设性立法。1993年，山东省农村第一轮土地承包到期后，政策会不会变，农民思想上产生了疑问甚至混乱。山东省政府在深入调研的基础上，于1994年年初制定了《山东省关于稳定和完善农村集体土地经营制度的若干规定》（省政府令第59号），在全国率先提出延长承包30年，给农民吃了颗定心丸，促进了农业的持续发展。第二年国务院下发的《关于稳定家庭联产承包经营制度的通知》，几乎全部吸收了山东省意见。2002年出台的《土地承包法》也采纳了山东省延长承包期30年的做法。如果地方不主动创制立规，坐等中央立法，那就会严重迟滞地方农业的发展。另一种是在上位法已严重滞后，近期又不可能修改的情况下，地方根据新形势、新实践和新经验，突破上位法，创制的新规范，是对上位法的“扬弃”。如国家的《大气污染防治法》，是2000年制定的，那时机动车还不多，污染大气的主要是工业排污，因此治理汽车排污的内容很少。而10年之后，情况已发生了重大变化，在山东省大气污染来源中，工业污染降为次要，汽车尾气上升为主要污染源，上位法已严重滞后，修改又来不及，老百姓也等不及，只能靠地方立法了。2010年，山东省出台了《山东省机动车排气污染防治条例》（山东省人民代表大会常务委员会公告第84号），确定了排污标准，对机动车实行标志管理，分为不限制、限制和淘汰。通过实施，山东省的大气质量有了较大改善。以上讲的先行立法的两种情况，当然是有条件的，那就是必须符合自己的立法权限和“法律保留”原则。《立法法》修改后，对各级的立法权限作出了规定。参见陈公雨著：《地方立法十三讲》，中国法制出版社2015年版，第13～14页。

[3] 2015年《立法法》第73条：“地方性法规可以就下列事项作出规定：（一）为执行法律、行政法规的规定，需要根据本行政区域的实际情况作具体规定的事项；（二）属于地方性事务需要制定地方性法规的事项。除本法第八条规定的事项外，其他事项国家尚未制定法律或者行政法规的，省、自治区、直辖市和设区的市、自治州根据本地方的具体情况和实际需要，可以先制定地方性法规。在国家制定的法律或者行政法规生效后，地方性法规同法律或者行政法规相抵触的规定无效，制定机关应当及时予以修改或者废止。设区的市、自治州根据本条第一款、第二款制定地方性法规，限于本法第七十二条第二款规定的事项。制定地方性法规，对上位法已经明确规定的内容，一般不作重复性规定。”

志指出："有的法规地方可以先搞，然后经过总结提高，制定全国通行的法律。"❶ 这时必须注意的是，先行的地方性法规必须要与后来制定的中央立法相一致，如果存在与中央立法相抵触的情形，就必须要及时对其进行相应的修改或废止。2015 年《立法法》之所以赋予设区的市先行先试立法权，主要就是考虑到我国正处于改革开放时期，新情况、新事物层出不穷，许多东西都处于探索或实验阶段，导致许多立法条件并不成熟，这时就不宜由中央直接制定统一立法，可以由设区的市人大及其常委会率先制定地方性法规，先行先试，为中央相关立法积累经验。"在过去三十多年的发展过程中，中国改革的一个基本路径是，允许或者默认地方可以违法突破全国性法律，先行一步，进行各种立法尝试或者制度创新，然后由中央总结各种试点模式的经验教训，修改相关全国性法律，将新的制度推向全国。"❷ 而且，从实践情况来看，我国的许多重大改革创新都是由设区的市率先试点的，在总结经验的基础上，再逐步推行到全国。例如，浙江温州市在改革开放中就"敢为天下先"，创造了众多的全国第一。❸ 再加上由地方先行立法"成本低、风险小、易推行，可以通过试点试错机制，向中央立法转换，地方立法权的扩容也就为中央立法创新提供了有力驱动。"❹ 因而，赋予设区的市先行先试立法权，就可以及时地通过立法的形式将其改革的做法和经验确认下来，为将来中央制定统一立法积累经验。这无疑会降低中央立法成本、减少中央立法试错机会，保障改革开放的顺利进行。

---

❶ 《邓小平文选》（第 2 卷），人民出版社 1994 年版，第 147 页。

❷ 程雪阳：《从试点到立法的中国改革逻辑》，《社会科学报》2015 年 4 月 2 日。

❸ 例如：（1）1980 年颁发中国第一张"个体工商户营业执照"；（2）1980 年苍南县金乡镇农村信用社"触犯政策红线"在全国率先实行"议价利率"，开创了中国浮动利率改革的先河，拉开了中国利率市场化改革的序幕；（3）1983 年创建"东方第一纽扣市场"的永嘉桥头纽扣市场；（4）1984 年由 26 个农民自愿入股创办全国最早的股份合作制企业瓯海登山鞋厂；（5）1984 年集资兴建中国第一座农民城——苍南龙港镇；（6）1986 年全国最早创办由集体、个人集资入股的股份制城市信用社鹿城城市信用社和东风城市信用社；（7）1987 年颁布第一个民营企业的地方性规章《温州私人企业管理暂行办法》；（8）1987 年颁布第一个关于股份合作制的地方性规章《温州市关于农村股份合作企业若干问题的暂行规定》；（9）1988 年起草中国第一份股份合作制企业章程《桥墩门啤酒厂章程》；（10）1991 年苍南县农民合股创办以经营专线航班为主的全国首家航运包机公司；（11）1992 年建设全国第一条股份制铁路金温铁路；（12）2003 年温州烟具协会赢得中国加入 WTO 以后的第一个技术贸易壁垒案；（13）2004 年正泰集团作为民营企业第一个获中国企业经营管理领域最高奖"全国质量管理奖"；（14）2008 年温州市首个大型艺术论坛——《集雅艺术论坛》正式开通并获得国内书画界的一致好评；（15）2009 年《温州人论坛谈论温州人》正式开通；（16）2013 年 1 月 29 日，中华人民共和国住房和城乡建设部列浙江省温州市为第一批国家智慧城市试点。参见《温州》，https：//baike. baidu. com/item/% E6% B8% A9% E5% B7% 9E？wtp = tt。

❹ 周尚君、郭晓雨：《制度竞争视角下的地方立法权扩容》，《法学》2015 年第 11 期，第 148 页。

第二章

设区的市立法权的历史考察

列宁曾指出："为了解决社会科学问题，为了真正获得正确处理这个问题的本领而不被一大堆细节或各种争执意见所迷惑，为了用科学眼光观察这个问题，最可靠、最必需、最重要的就是不要忘记基本的历史联系。"❶ 因而，为了真正认清设区的市立法权，我们就有必要从历史的角度对其进行考察分析。总结起来，自 1954 年以来，我国立法权经历了三次下放历程，即从国家立法权到省级地方立法权、从省级地方立法权到较大的市立法权、从较大的市立法权到设区的市立法权，才有了今天的设区的市立法权。

一、从国家立法权到省级地方立法权

首先需要说明的是，在新中国成立初期，由于我国实行的是分散立法权限的模式，因而，我国地方是享有一定立法权的，虽然这时的"地方立法权"，与正式意义上的地方立法权差别很大，但其毕竟有了地方立法权的胚芽。根据 1949 年 12 月 26 日中央人民政府政务院制定的《大行政区人民政府委员会组

❶ 《列宁全集》（第 29 卷），人民出版社 1963 年版，第 430 页。

织通则》的规定，大行政区人民政府或军政委员会根据并为执行中国人民政治协商会议共同纲领，国家的法律、法令，中央人民政府委员会规定的施政方针和政务院颁发的决议和命令，可以拟定与地方政务有关之暂行法令条例，报告政务院批准或备案。[1] 根据1950年1月6日中央人民政府政务院制定的《省市县人民政府组织通则》的规定，省人民政府有权拟定与本省政务有关的暂行法令条例，报主管大行政区人民政府转请政务院批准或者备案。直辖市、大行政区辖市和省辖市的人民政府，有权拟定与本市政有关的暂行条例，报上级人民政府批准。县人民政府有权拟定与县政有关的单行法规报请省人民政府批准或者备案。但在1954年6月19日，随着中央人民政府委员会第32次会议决定撤销大行政区，大行政区立法权也随之被取消。这一时期，之所以会赋予地方一定立法权，"一是形势变更的需要。新中国成立，百废待兴，革命和建设都需要秩序和规范，但由于彻底废除了国民党的伪法统，要依靠中央立法很快制定出能够满足和适应形势发展所需要的大量法律法令，是不可能的；二是此时期的立法权限划分体制'完全基于当时新老解放区的情况差别悬殊而确立的。对新解放区的地区，不论其为省级或县级，都有必要给予立法规的权力，以便因地制宜地实行各项改革，建立民主政权，恢复和发展国民经济'。"[2]

1954年，随着我国第一届全国人大第一次会议的召开和1954年《宪法》的制定，我国正式确立了中央集权的立法制度，改变了新中国成立初期中央和地方共享立法权的局面。其原因主要就是为了保证中央集权，维护中央权威，领导广大人民群众进行社会主义革命和建设，同时也是为了适应我国计划经济体制建设的要求。毛泽东同志指出："我们和帝国主义国家不同，我们是把权力的主要首脑放在全国人民代表大会常务委员会，政府是它的执行机关。政府的权力也是很大的，并不是权力小。我们是中央集权，不是地方分权。一切法律都要中央制定，地方不能制定法律。中央可以改变地方的决定；下级要服从上级，地方要服从中央。"[3] 此外，当时实行中央集权的立法制度，也有利于维护社会主义法制统一。正如韩大元教授指出："全国人民代表大会集中体现

---

[1] 《中华人民共和国人民代表大会文献资料汇编》（1949—1990年），中国民主法制出版社1991年版，第216页。

[2] 李林：《关于立法权限划分的理论与实践》，《法学研究》1998年第5期，第59页。

[3] 韩大元编著：《1954年宪法与中国宪政》，武汉大学出版社2008年版，第212~213页。

了人民的最高利益和统一意志，在整个国家机关体系中居于核心的地位。宪法规定全国人民代表大会是行使立法权的唯一机关，使全国有统一的行为准则，避免法出多门，维护法制的统一与协调。”[1]

根据1954年《宪法》第21条[2]、第22条[3]、第27条[4]的规定，全国人大作为我国最高国家权力机关，是行使国家立法权的唯一机关，其有权修改宪法、制定法律。除了民族自治地方人大外，其他国家机关均不享有立法权，全国人大常委会仅有权“制定法令”，也不享有国家立法权。但是，随着社会主义建设对法制的需求日益强烈，1955年7月30日全国人大作出了《中华人民共和国第一届全国人民代表大会第二次会议关于授权常务委员会制定单行法规的决议》，授权全国人大常委会可以依照宪法的精神、根据实际的需要，适时地制定部分性质的法律，即单行法规。[5] 1959年第二届全国人大第一次会议又授权全国人大常委会在全国人大闭会期间，可以根据情况的发展和工作需要，对现行法律中不适用的部分进行修改。1975年《宪法》和1978年《宪法》基本上延续了上述规定，只是删除了“全国人民代表大会是行使国家立法权的唯一机关”的规定。此外，1975年《宪法》删除了民族自治地方立法权的规定，1978年《宪法》又将其予以恢复，重新规定了民族自治地方立法权。也就是说，在1978年之前，我国只有国家立法权和民族自治地方立法权（1975年至1978年期间没有这一权力），而并没有一般行政区域享有的地方立法权。所以，“从1954年到1979年长达四分之一世纪的时间内，中央一共立法1115件，地方无立法。”[6] 但是，需要指出的是，毛泽东同志曾经在1956年提出过

---

[1] 韩大元编著：《1954年宪法与中国宪政》，武汉大学出版社2008年版，第311页。

[2] 1954年《宪法》第21条规定：“中华人民共和国全国人民代表大会是最高国家权力机关。”

[3] 1954年《宪法》第22条规定：“全国人民代表大会是行使国家立法权的唯一机关。”

[4] 1954年《宪法》第27条规定：“全国人民代表大会行使下列职权：（一）修改宪法；（二）制定法律；（三）监督宪法的实施；（四）选举中华人民共和国主席、副主席；（五）根据中华人民共和国主席的提名，决定国务院总理的人选，根据国务院总理的提名，决定国务院组成人员的人选；（六）根据中华人民共和国主席的提名，决定国防委员会副主席和委员的人选；（七）选举最高人民法院院长；（八）选举最高人民检察院检察长；（九）决定国民经济计划；（十）审查和批准国家的预算和决算；（十一）批准省、自治区和直辖市的划分；（十二）决定大赦；（十三）决定战争和和平的问题；（十四）全国人民代表大会认为应当由它行使的其他职权。”

[5] 《中华人民共和国人民代表大会文献资料汇编》（1949—1990年），中国民主法制出版社1991年版，第244页。

[6] 吴大英等著：《中国社会主义立法问题》，群众出版社1984年版，第241页。

赋予地方立法权的想法，他在《论十大关系》中指出："我们的宪法规定，立法权集中在中央。但是在不违背中央方针的条件下，按照情况和工作需要，地方可以搞章程、条例、办法，宪法并没有约束。我们要统一，也要特殊。"[1]只是由于各种原因，他的这一想法当时并未实现。

1978年，党的十一届三中全会在总结社会主义革命和建设正反两方面经验教训的基础上，明确提出了"为了保障人民民主，必须加强法制。必须使民主制度化、法律化，使这种制度和法律不因领导人的改变而改变，不因领导人的看法和注意力的改变而改变"的方针。[2]为了贯彻落实这一方针，1979年7月1日第五届全国人大第二次会议制定通过的《地方组织法》第6条[3]、第27条[4]等，明确授予了省、自治区、直辖市人大及其常委会地方性法规制定权，但并未授予省、自治区、直辖市人民政府（以下简称"省、自治区、直辖市政府"）地方政府规章制定权。"这一法律规定，把立法权的主体范围由中央的全国人民代表大会及其常务委员会一级，扩大到了省级人民代表大会及其常务委员会，是对过去立法制度的一个重要改革。"[5]彭真同志曾对为什么赋予省、自治区、直辖市人大及其常委会地方立法权做了解释，他指出："过去立法权集中在中央，后来感觉到都集中在中央也集中不了。我们国家大人口多，有些省的人口和一些中等的国家差不多，有的省人口近一亿。各省、自治区、直辖市又都有其特殊的情况。因此，在五届人大二次会议制定的地方各级人民代表大会和地方各级人民政府组织法中规定，省、自治区、直辖市人民代表大会和它的常委会，在和国家宪法、法律、政策、法令、政令不抵触的前提下，可以制定和颁布地方性法规。"[6]但是，在1978年《宪法》未作修改的情

[1]《毛泽东选集》（第5卷），人民出版社1977年版，第276页。

[2]《邓小平文选》（第2卷），人民出版社1994年版，第146页。

[3] 1979年《地方组织法》第6条规定："省、自治区、直辖市的人民代表大会根据本行政区域的具体情况和实际需要，在和国家宪法、法律、政策、法令、政令不抵触的前提下，可以制定和颁布地方性法规，并报全国人民代表大会常务委员会和国务院备案。"

[4] 1979年《地方组织法》第27条规定："省、自治区、直辖市的人民代表大会常务委员会在本级人民代表大会闭会期间，根据本行政区域的具体情况和实际需要，在和国家宪法、法律、政策、法令、政令不抵触的前提下，可以制定和颁布地方性法规，并报全国人民代表大会常务委员会和国务院备案。"

[5] 李林著：《立法理论与制度》，中国法制出版社2005年版，第253页。

[6]《中华人民共和国人民代表大会文献资料汇编》（1949—1990年），中国民主法制出版社1991年版，第581页。

况下，而直接由1979年《地方组织法》授予省、自治区、直辖市人大及其常委会地方立法权，无疑是违宪的，但立法权下放无疑是符合我国经济社会发展趋势的。所以，有学者以“良性违宪”为由，为之辩解。❶ 在此基础上，1982年12月4日，第五届全国人大第五次会议通过的我国现行《宪法》，以根本大法的形式正式赋予了省、自治区、直辖市人大及其常委会地方立法权，❷ 使省级地方立法权具有了宪法依据，解决了上述违宪问题，从而正式确立了省级地方立法权，实现了由国家立法权到省级地方立法权的下放。根据我国现行《宪法》的相关规定，1982年12月10日第五届全国人大第五次会议对《地方组织法》进行了修改，不仅赋予省、自治区、直辖市人大及其常委会地方性法规制定权，也明确赋予了省、自治区、直辖市政府地方政府规章制定权，从而使省、自治区、直辖市获得了完整的省级地方立法权。

二、从省级地方立法权到较大的市立法权

为了进一步调动地方在社会主义法制建设中的积极性和主动性，1982年12月10日第五届全国人大第五次会议对《地方组织法》进行修改时，不仅赋予了省、自治区、直辖市完整的省级地方立法权，还准备赋予省、自治区政府所在地的市和经国务院批准的较大的市人大及其常委会地方立法权，但考虑到1982年《宪法》只是赋予了省、自治区、直辖市人大及其常委会地方立法权，

---

❶ 改革开放以来，中国出现了不少表面上看似违宪、但实际上却符合历史发展趋势的事件。这类违宪的主体包括：(1) 立法机关。如1978年《宪法》规定全国人大常委会只能“解释宪法和法律，制定法令”(第25条第(3)项)，没有制定法律的权力，但由于改革开放要求制定大量法律，全国人大常委会在未经修宪，也未作宪法解释的情况下，自行行使立法权，1979年至1982年间共制定了11个法律，这都是违背当时宪法规定的。(2) 行政机关。如1988年以前，深圳等经济特区突破1982年《宪法》关于土地不得买卖、出租的规定，决定将土地使用权出租。(3) 国家领导人。1982年《宪法》第15条规定我国“实行计划经济”，然自1992年以来我国领导人多次提出经济体制改革的目标是“建立社会主义市场经济体制”，显然这是违背当时宪法规定的。这种新提法直到1993年3月29日全国人大八届一次会议通过了宪法修正案才有了宪法根据。上述“违宪”事件，虽然违背了当时的宪法条文，但符合人民的根本利益，因而可称之为良性违宪。参见郝铁川：《论良性违宪》，《法学研究》1996年第4期，第89页。

❷ 1982年《宪法》第100条规定：“省、直辖市的人民代表大会和它们的常务委员会，在不同宪法、法律、行政法规相抵触的前提下，可以制定地方性法规，报全国人民代表大会常务委员会备案。”

因而，为了避免违宪，1982 年《地方组织法》第 27 条第 2 款[1]只是赋予了省、自治区政府所在地的市和经国务院批准的较大的市的人大常委会地方性法规的“拟定权”，而并没有赋予其地方性法规的制定权。正如习仲勋同志在《地方组织法》修改草案的说明中指出：“‘地方组织法’原来规定，省、自治区、直辖市的权力机关有权制定地方性法规。不少地方提出，除直辖市外，一些较大的市，政治、经济、文化地位比较重要，也需要因地制宜地制定一些地方性法规。为了适应这些城市的实际需要，又考虑到宪法规定省、自治区、直辖市才有权制定地方性法规，草案补充规定，省、自治区人民政府所在地的市和经国务院批准的较大的市的人大常委会可以拟定本市需要的地方性法规草案，提请省、自治区的人大常委会制定、公布，并报全国人大常委会和国务院备案。”[2] 应该说，1982 年《地方组织法》所赋予省、自治区政府所在地的市和经国务院批准的较大的市人大常委会的地方性法规“拟定权”，还不是较大的市立法权，或者说不是完整意义上的较大的市立法权，且其只是赋权给了省、自治区政府所在地的市和经国务院批准的较大的市人大常委会，并没有赋权给省、自治区政府所在地的市和经国务院批准的较大的市人大及其政府，但它无疑为未来较大的市立法权的确立奠定了基础。

1986 年 12 月 2 日第六届全国人大常委会第八次会议在对《地方组织法》进行修改时，则正式确立了较大的市立法权，实现了由省级地方立法权到较大的市立法权的再次下放。根据 1986 年《地方组织法》第 7 条第 2 款[3]、第 38

---

[1] 1982 年《地方组织法》第 27 条第 2 款规定：“省、自治区的人民政府所在地的市和经国务院批准的较大的市的人民代表大会常务委员会，可以拟订本市需要的地方性法规草案，提请省、自治区的人民代表大会常务委员会审议制定，并报全国人民代表大会常务委员会和国务院备案。”

[2] 《中华人民共和国人民代表大会文献资料汇编》（1949—1990 年），中国民主法制出版社 1991 年版，第 175 页。

[3] 1986 年《地方组织法》第 7 条第 2 款规定：“省、自治区的人民政府所在地的市和经国务院批准的较大的市的人民代表大会根据本市的具体情况和实际需要，在不同宪法、法律、行政法规和本省、自治区的地方性法规相抵触的前提下，可以制定地方性法规，报省、自治区的人民代表大会常务委员会批准后施行，并由省、自治区的人民代表大会常务委员会报全国人民代表大会常务委员会和国务院备案。”

条第2款[1]、第51条第1款[2]的规定，省、自治区政府所在地的市和经国务院批准的较大的市人大及其常委会享有地方性法规制定权，省、自治区政府所在地的市和经国务院批准的较大的市人民政府（以下简称"较大的市政府"）享有地方政府规章制定权。但需要说明的是，由于考虑到当时我国现行《宪法》只是将地方立法权赋予了省、自治区、直辖市一级，并未赋予省、自治区政府所在地的市和经国务院批准的较大的市，因而，1986年《地方组织法》在赋权省、自治区政府所在地的市和经国务院批准的较大的市的同时，还明确规定，省、自治区政府所在地的市和经国务院批准的较大的市人大及其常委会制定的地方性法规并不能直接生效，需要经其所在地的省、自治区人大常委会审查批准后才能生效。正如王汉斌同志在《关于修改〈中华人民共和国全国人民代表大会和地方各级人民代表大会选举法〉和〈中华人民共和国地方各级人民代表大会和地方各级人民政府组织法〉的说明中》指出："草案建议适当扩大较大的市制定地方性法规的权力，规定省、自治区人民政府所在地的市和经国务院批准的较大的市人大及其常委会，可以在不同宪法、法律、行政法规和本省、自治区的地方性法规不相抵触的前提下，制定本市需要的地方性法规，报省、自治区人大的人大常委会批准后施行。并建议省、自治区简化审批程序，只要同宪法、法律、行政法规和本省、自治区的地方性法规没有抵触，原则上应尽快批准。"[3] 这就说明，1986年《地方组织法》所确立的较大的市立法权是不完整的，只是省级地方立法权的延伸。"因此，较大的市立法权，其独立性和完整性不同于国家或省级立法权。一方面，行使这种立法权所制定的法，不能径自生效施行，而是须经省级立法机关批准后方能生效施行，因而

[1] 1986年《地方组织法》第38条第2款规定："省、自治区的人民政府所在地的市和经国务院批准的较大的市的人民代表大会常务委员会，在本级人民代表大会闭会期间，根据本市的具体情况和实际需要，在不同宪法、法律、行政法规和本省、自治区的地方性法规相抵触的前提下，可以制定地方性法规，报省、自治区的人民代表大会常务委员会批准后施行，并由省、自治区的人民代表大会常务委员会报全国人民代表大会常务委员会和国务院备案。"

[2] 1986年《地方组织法》第51条第1款规定："县级以上的地方各级人民政府行使下列职权：（一）执行本级人民代表大会及其常务委员会的决议，以及上级国家行政机关的决定和命令，规定行政措施，发布决定和命令。省、自治区、直辖市以及省、自治区的人民政府所在地的市和经国务院批准的较大的市的人民政府，还可以根据法律和国务院的行政法规，制定规章。"

[3] 《中华人民共和国人民代表大会文献资料汇编》（1949—1990），中国民主法制出版社1991年版，第196页。

它不是独立的和完整的立法权。另一方面，行使这种立法权，可以独立完成立法准备、提案、审议、表决和通过等诸多重要的立法程序，只是在最后公布和宣告生效之前，须经有关主体批准，这同那些只能拟定法案、提出法案或只能公布法的立法权相比，其独立性和完整性又要强得多。”[1]

为了进一步规范立法活动，健全我国立法制度，2000 年《立法法》对较大的市立法权又作了比较全面的规定，使较大的市立法权进一步规范化、制度化。[2] 根据 2000 年《立法法》第 63 条[3]等的规定，一是拓展了较大的市范围，将较大的市范围扩展到了三类，即省、自治区的人民政府所在地的市（27 个）、经济特区所在地的市（4 个）和经国务院批准的较大的市（18 个），一共 49 个。其中，将经济特区所在地的市作为较大的市，并赋予其较大的市立法权，是 2000 年《立法法》的新规定。这就使得经济特区所在地的市具有了两种立法权，即经济特区立法权和较大的市立法权。两者的主要区别在于：①经济特区立法权在性质上属于国家立法权的延伸，而较大的市立法权属于省级地方立法权的延伸。②经济特区立法可以直接生效，向全国人大常委会、国务院和所在地的省、自治区人大常委会备案即可。而较大的市地方性法规必须经其所在地的省、自治区人大常委会审查批准后才能生效。③经济特区立法在不与宪法的规定以及法律、行政法规的基本原则相抵触的前提下，可以对法

---

[1] 阮荣祥等主编：《地方立法的理论与实践》，社会科学文献出版社 2011 年版，第 172 页。

[2] 在制定立法法的过程中，很多同志对是否赋予较大的市立法权提出质疑，这部分人建议，废止较大的市的地方立法权，地方立法权仅授权到省一级地方。理由主要有：①按照法治原则要求，通常只有宪法才可以确定哪个国家机关享有立法权，我国宪法并没有赋予较大的市制定地方性法规的权力。如果立法法加以规定，则破坏了宪政统一原则。②多元主体立法，规范的冲突和不协调是无法避免的，也不利于行政权力的公平和公正体现。③中国城市正处在全面的发展和改革过程中，城市的变革、重组和管理有待社会的进一步实践。转型时期不应急于用法律形式规范较大的市立法权。参见阮荣祥等主编：《地方立法的理论与实践》，社会科学文献出版社 2011 年版，第 168 ~ 169 页。

[3] 2000 年《立法法》第 63 条规定：“省、自治区、直辖市的人民代表大会及其常务委员会根据本行政区域的具体情况和实际需要，在不同宪法、法律、行政法规相抵触的前提下，可以制定地方性法规。较大的市的人民代表大会及其常务委员会根据本市的具体情况和实际需要，在不同宪法、法律、行政法规和本省、自治区的地方性法规相抵触的前提下，可以制定地方性法规，报省、自治区的人民代表大会常务委员会批准后施行。省、自治区的人民代表大会常务委员会对报请批准的地方性法规，应当对其合法性进行审查，同宪法、法律、行政法规和本省、自治区的地方性法规不抵触的，应当在四个月内予以批准。省、自治区的人民代表大会常务委员会在对报请批准的较大的市的地方性法规进行审查时，发现其同本省、自治区的人民政府的规章相抵触的，应当作出处理决定。本法所称较大的市是指省、自治区的人民政府所在地的市，经济特区所在地的市和经国务院批准的较大的市。”

律、行政法规、地方性法规进行变通。而较大的市立法只能严格遵循不抵触原则，无权作出变通规定。二是明确了较大的市立法权限，即较大的市立法权限范围广泛，除了不能涉及国家专属立法权的事项外，在遵循不抵触原则的前提下，可以针对一切事项进行立法。三是明确了较大的市地方性法规审查批准制度，即较大的市人大及其常委会制定的地方性法规必须要经其所在地的省、自治区人大常委会审查批准后才能生效。省、自治区人大常委会在对报批的较大的市地方性法规进行合法性审查后，应在四个月内作出批准或不批准的决定。这就弥补了 1986 年《地方组织法》的相关缺陷，使较大的市地方性法规审查批准制度更具有操作性。

还需要说明的一点是，由于较大的市包含的三类主体中，除了省、自治区政府所在地的市、经济特区所在地的市外，其他较大的市都是由国务院批准决定的，这就导致国务院掌握了是否批准一般设区的市升格为较大的市的特权，也就间接掌握了是否批准一般设区的市享有地方立法权的特权。换言之，一般设区的市能否享有较大的市立法权，并不取决于宪法法律的授予，而是取决于国务院是否批准其为较大的市，这显然与立法权的依法赋予原则相违背，也与我国宪政体制不符。正如有学者指出："尤其是经国务院批准的较大的市，还存在取得立法主体资格的程序问题。因为，根据中国现行法律，设区、县的市一旦经过国务院批准为较大的市之后，将无须通过最高国家权力机关的专门程序便取得立法主体资格，具有地方立法权限，即出现仅通过行政程序便可产生立法主体的问题，这与中国的宪政体制不相符合。因此，有必要通过宪法统一具有立法职权的较大的市的表述，明确规定哪些较大的市具有立法职权。通过地方组织法和立法法明确规定，国务院批准的较大的市还须经过全国人大常委会的专门批准程序才具有立法主体的资格。"❶ 再加上较大的市缺乏明确统一的标准，"本身就是一种不确定的形容，不具有规范性，加之立法对较大的市表述不一致，就容易导致适用宪法和法律的问题以及立法主体的混乱"❷，从而导致国务院在批准较大的市过程中出现了一系列问题。从实践来看，自 1984 年 12 月 15 日到 1993 年 4 月 22 日，国务院一共分四批批准了 19 个较大

---

❶ 曹海晶著：《中外立法制度比较》，商务印书馆 2004 年版，第 127 ~ 128 页。

❷ 曹海晶著：《中外立法制度比较》，商务印书馆 2004 年版，第 127 页。

的市（见表2－1），其中，重庆市在1997年升格为直辖市后，就不再是较大的市了。自1993年4月22日后，国务院就再也没有批准过较大的市[1]，导致除了原49个较大的市外，其他设区的市再也无机会成为较大的市，自然也再无机会享有较大的市立法权，这就严重影响了设区的市在社会主义法制建设中的积极性和主动性。此外，结合国务院批准较大的市的时间以及较大的市分布地区来看（见表2－2），可以发现，国务院批准较大的市似乎主要是计划经济时期的做法，因为国务院批准较大的市的截止时间为1993年4月，且批准的较大的市大多位于东北和华北（11个）。[2] 正如有学者指出："除了省会城市和经济特区所在地的市外，经国务院批准的较大的市的立法权多是计划经济体制的产物。在经国务院批准的18个较大的市中，多数是当时的重工业城市，鞍山、本溪、抚顺等都是中国当时的煤炭或钢铁基地。而在市场经济条件下，一些其他设区的市，如佛山、泉州、温州等，无论是经济发展水平还是人口规模均已超过大部分经国务院批准的较大的市，然而，这些市却没有立法权，出现了立法权与事权极不匹配的现象，制约了城市的发展。"[3] 这也暗示较大的市立法权已经逐渐不能适应社会主义市场经济发展的需求，需要进一步下放立法权。

---

[1] 自1993年4月22日后，虽然先后有温州、烟台、泉州、佛山、东莞等市提出申报成为"较大的市"，但国务院再没有批准过新的"较大的市"。为什么没有再批准？官方没有正式解释。是暂停还是实际上废止？也没有正式解释。但是20年不再批准一个"较大的市"这个事实，足以说明这个制度实际上已经暂停或废止。

[2] 综观国务院业已批准的19个"较大的市"，呈现出以下特点：第一，国务院业已批准的"较大的市"，是以计划经济体制为背景的。所批准的"较大的市"以自然资源类型的工业城市为主。在19个城市中，资源类型的工业城市占十多个，尤其是以煤炭资源型工业城市为突出。这一特点与计划经济体制下对城市重要性的划分标准基本是一致的。第二，国务院当时批准"较大的市"标准较为简单，并且缺乏科学论证。如在实践中简单以非农业人口多少、以省际名额划分作为批准标准，只是"适当考虑经济发展水平"，并且考虑了与赋予立法权无关的"涉外活动多少等情况"。第三，从国务院批准的"较大的市"实际结果看，在地域分布上基本为长江及其以北的中东部城市，尤其以东北城市居多。除了包头和重庆市外，没有西部城市。第四，从国务院批准"较大的市"时间上看，都在1994年以前。因此，可以说对于"较大的市"的审批基本上形成于计划经济年代。从时间间隔看，前三批均间隔4年，第四批与第三批只相隔1年，1994年以后没有新的审批城市，审批工作明显缺乏长期规划。第五，根据《关于对"较大的市"的名单（草案）征求意见的通知》中"待取得经验以后，再定一个办法"的要求，二十多年以后，"较大的市"审批办法至今没有出台。参见李兵：《国务院批准具有立法权的"较大的市"行为研究》，《行政法学研究》2006年第2期，第53页。

[3] 程庆栋：《论设区的市的立法权：权限范围与权力行使》，《政治与法律》2015年第8期，第54页。

表 2-1 国务院批准的较大的市一览表

批次	批准时间	城市名称
第一批次	1984 年 12 月 15 日	唐山市、大同市、包头市、大连市、鞍山市、抚顺市、吉林市、齐齐哈尔市、无锡市、淮南市、青岛市、洛阳市、重庆市（1997 年 3 月直辖后不再是较大的市）
第二批次	1988 年 3 月 5 日	宁波市
第三批次	1992 年 7 月 25 日	邯郸市、本溪市、淄博市
第四批次	1993 年 4 月 22 日	苏州市、徐州市

表 2-2 国务院批准的较大的市分布地区一览表

分布地区	城市名称
东北地区	大连市（辽宁）、鞍山市（辽宁）、抚顺市（辽宁）、本溪市（辽宁）、吉林市（吉林）、齐齐哈尔市（黑龙江）
华北地区	青岛市（山东）、淄博市（山东）、唐山市（河北）、邯郸市（河北）、大同市（山西）
华东地区	无锡市（江苏）、苏州市（江苏）、徐州市（江苏）、宁波市（浙江）、淮南市（安徽）
华中地区	洛阳市（河南）
西南地区	重庆市（原属四川，1997 年 3 月直辖后不再是较大的市）
西北地区	包头市（内蒙古）

三、从较大的市立法权到设区的市立法权

2015 年 3 月 15 日，第十二届全国人大第三次会议对我国 2000 年《立法法》进行了首次重大修改，赋予了所有设区的市立法权，正式确立了设区的市立法权，实现了从较大的市立法权到设区的市立法权的转变。赋予所有设区的市立法权，不仅意味着立法权的再次下放，也意味着较大的市立法权已成为历史。

（一）赋予设区的市立法权之考量

在修改 2000 年《立法法》的过程中，对于要不要赋予所有设区的市立法

权，理论界与实务界均发生了很大的争议。其中，许多人支持赋予所有设区的市立法权，理由主要在于：一是适应了全面深化改革的需要，特别是城镇化发展的需求，有利于提高城市管理与建设的法治化水平；二是有利于调动各设区的市的积极性和主动性，使其可以因地制宜地开展立法活动，弥补国家和省级立法的缺陷，自主解决地方事务；三是有利于发挥地方人大及其常委会的作用，充实和完善地方人大工作，也更有利于公众直接参与立法。但也有许多人反对赋予所有设区的市立法权，主要理由有：一是赋予所有设区的市立法权，会导致立法主体多元化，立法数量激增，立法质量难以保证，危及社会主义法制统一；二是在中国特色社会主义法律体系基本形成的情况下，地方立法的空间已经很小，地方重复立法的问题早已被诟病，如果将立法权再下放一级到设区的市，会导致重复立法的现象更加严重；三是部门利益法制化、地方保护主义法制化一直是我国地方立法中存在的主要弊端，如果将立法权下放到设区的市一级，在缺乏相应监督和制约机制的情况下，会使这些弊端更加凸显。❶

应该说，反对赋予所有设区的市立法权的观点不无道理，但是考虑到经济社会发展对设区的市立法权的需求，2015 年《立法法》在规定了相应防范措施的情况下，坚持赋予了所有设区的市立法权。可以说，我国 2015 年《立法法》之所以赋予所有设区的市立法权，主要应是基于以下几方面的考量：一是全面深化改革的需求。为了实现立法和改革决策相衔接，做到重大改革于法有据，发挥立法在全面深化改革中的引领和推动作用，就有必要赋予所有设区的市立法权。基于此，党的十八届三中全会明确提出，要“逐步增加有地方立法权的较大的市数量。”二是全面推进依法治国的需要。“全面推进依法治国，意味着要在深入推进依法治国方略实施的基础上更上一层楼；意味着要统筹兼顾，切忌片面和表面，克服观念上的片面认识和实践中的表面文章；意味着改革要与法治协调推进，在法治的轨道上和法律的框架内推进改革；意味着要高度重视改革的顶层设计，并将顶层设计落实到法律层面，把改革的顶层设计与改革的法治保障有机结合起来；意味着要为全面建成小康社会提供更加强有力的法治保障。”❷ 全面推进依法治国，首先要求必须加强立法工作，完善

---

❶ 彭东昱：《赋予设区的市地方立法权》，《中国人大》2014 年第 19 期，第 26 页。

❷ 刘武俊：《解读十八大报告的法治精神》，《中国司法》2012 年第 12 期，第 17～18 页。

以宪法为核心的中国特色社会主义法律体系，增强其针对性和可操作性，这就离不开地方立法权作用的发挥。基于此，党的十八届四中全会明确提出，要“依法赋予设区的市地方立法权。”三是对较大的市立法经验的总结。自1986年《地方组织法》正式确立较大的市立法权以来，较大的市立法已经进行了近三十年，其对于保证宪法、法律、行政法规、省级地方性法规在本行政区域的实施，对于补充国家立法以及因地制宜自主解决本行政区域地方事务，发挥了重要作用，实现了赋权目的，完全证明了其存在的价值和意义。但是，由于只有49个较大的市才能享有较大的市立法权，这就限制了较大的市立法权发挥作用的范围和空间，也满足不了广大设区的市对立法权的需求，因而，完全有必要赋予所有设区的市立法权，实现由较大的市立法权到设区的市立法权的转变。四是设区的市对立法权的迫切需求。改革开放三十多年来，我国各设区的市都得到了长足发展，无论是城市规模、人口数量，还是经济总量、发展水平等，均不可同日而语。“而赋予了设区的市以地方立法权，地方可以及时构建符合市场要求的有序规则，为本地的经济发展提供有序性与稳定性的行为规范，满足本地各类经济主体的需要；并使得这些城市可以根据本地情况，运用法治手段在经济发展中‘先行先试’，解决本地经济发展中的瓶颈，更好保障和促进本地区经济和社会发展。”❶ 再加上许多设区的市经济社会发展水平早就远远超过了一些较大的市，更加凸显了其没有立法权的尴尬，也制约了其又好又快的进一步发展。因而，以温州、佛山为代表的设区的市一直在向国务院提出申请，请求批准其为较大的市，以早日享有地方立法权。❷ 可以说，正是考虑到了广大设区的市对地方立法权普遍且迫切的需求，2015年《立法法》才一次性赋予了所有设区的市立法权。2018年修宪时，我们又将设区的市立

❶ 王春业：《论赋予设区市的地方立法权》，《北京行政学院学报》2015年第3期，第111页。

❷ 为获得地方立法权，广东省佛山市从2003年开始，申请成为“较大的市”，11年来，佛山GDP从1381亿元升至2013年的7010亿元，却始终未能如愿成为“较大的市”。比佛山更早的是浙江省温州市，从1987年开始申报“较大的市”，27年间，众多改革探索在温州展开，温州GDP已从1987年的55亿元升至2013年的4004亿元。浙江省人民政府先后4次向国务院专题请示，温州市全国人大代表也不断向全国人民代表大会提交建议或议案，恳切要求将温州列为“较大的市”。然而，因种种原因，1994年以后，国务院就暂停了“较大的市”审批工作。不过，这并未阻挡许多城市继续想成为“较大的市”的热情，每逢“两会”期间，都有不少人大代表代表提交相关议案。参见霍桃：《地方立法权将扩至全国282个设区市，环境立法率先示范》，《中国环境报》2014年12月17日。

法权载入了我国现行《宪法》，依宪赋予了设区的市立法权，从而为设区的市立法权的行使提供了根本法依据和保障。

（二）赋予设区的市立法权之争议

赋予所有设区的市立法权，属于我国立法体制的重大变革。因而，人们不仅对是否应赋予所有设区的市立法权产生了上述较大争议，也对如何赋予设区的市立法权产生了不少争议。概括起来，理论界与实务界对于如何赋予设区的市立法权的争议主要有：

第一，“名称之争”。许多人认为，无论是较大的市还是较大的市立法权，均存在了三十多年，已经深入人心，被人们所广泛接受，如果改成其他名称，会使人不知所措，因而，建议保留较大的市和较大的市立法权的名称，只需在2000年《立法法》第63条第4款即“本法所称较大的市是指省、自治区的人民政府所在地的市，经济特区所在地的市和经国务院批准的较大的市”中增加“其他设区的市”内容即可。但是，许多人对此表示反对，认为较大的市是一个特定称谓，与设区的市不能等同，较大的市只是设区的市的一部分，是超级“设区的市”。且我国宪法和法律既使用了较大的市这一概念，也使用了设区的市这一表述，两者不是一回事。因而，既然我们拟修改2000年《立法法》准备赋予所有设区的市立法权，将较大的市与较大的市立法权直接改为设区的市与设区的市立法权，就更为直接明了，使人易于理解。正如全国人大常委会法工委国家法室主任武增同志指出：“因为此前立法法中的‘较大的市’具有特定含义，只包括部分设区的市（即上述49个市），赋予所有设区的市地方立法权后，直接使用‘设区的市’的表述更加明了，也易于理解，因此将‘较大的市’的相关表述修改为‘设区的市’。”[1] 综合上述意见，第十二届全国人大法律委员会经研究之后，认为设区的市表述更为准确和恰当，也符合我国宪法和法律的现行规定，最终将2000年《立法法》修改草案中的“较大的市”修改为了“设区的市”，从而使2000年《立法法》修改过程中的

[1] 武增：《立法法颁布以来首次修改，赋予设区的市地方立法权不会一放就乱》，《紫光阁》2015年第4期，第21页。

“名称之争”终结。[1]

第二，立法权限之争。这是2000年《立法法》修改过程中争议最大的地方，2000年《立法法》修改草案中关于设区的市立法权限的内容曾经“三易其稿”（第三章详述）。之所以会有如此大的变化，主要原因就是人们对《立法法》应在多大程度上赋予设区的市立法权限的认识不同。一种观点认为，应参照2000年《立法法》对较大的市立法权的规定，对设区的市立法权不应做过多限制。原因在于，总结较大的市立法历程，其在立法的过程中基本上遵循了不抵触原则，没有破坏法制统一，基本实现了2000年《立法法》赋权目的，再加上省级人大常委会审查批准机制的存在，可以保证社会主义法制统一；另一种观点则认为，在赋予所有设区的市立法权，大规模扩容地方立法主体的情况下，为了避免设区的市立法权滥用，对设区的市立法权进行限制是必要的和可行的，但是仅将其立法权限规定为“城乡建设与管理、环境保护、历史文化保护等方面的事项”，则过于狭窄，建议对设区的市立法权限做适当的扩大；还有一种观点认为，《立法法》对设区的市立法权限的规定不能“一刀切”，要充分考虑较大的市立法权存在三十多年的实际情况，实行“老城老办法、新城新办法”，即对原49个较大的市的立法权不作过多限制，维持现状，只对新扩容的设区的市立法权做相应限制。但有人对此表示反对，认为这样破坏了各设区的市之间的平等，也容易滋生别的问题。

综合上述意见，第十二届全国人大法律委员会经研究之后认为，在赋予所有设区的市立法权的情况下，且在中国特色社会主义法律体系基本形成的情况下，为了避免设区的市滥用立法权，对设区的市立法权限进行限制还是有必要的。正如全国人大常委会法工委研究室主任梁鹰同志指出：“法律、行政法规和省级地方性法规日益完备，对设区的市的立法权限适当限制是必要的。这样可以避免重复立法，维护国家法制统一。”[2] 而之所以将设区的市立法权限规定为“城乡建设与管理、环境保护、历史文化保护等方面的事项”，第十二届全国人大法律委员会也进行了相应解释，即第十二届全国人大法律委员会经研

[1] 乔晓阳主编：《中华人民共和国立法法导读与释义》，中国民主法制出版社2015年版，第241页。《第十二届全国人民代表大会法律委员会关于〈中华人民共和国立法法修正案（草案）〉审议结果的报告》，http://www.npc.gov.cn/wxzl/gongbao/2015-05/07/content_1939079.htm。

[2] 叶锋等：《地方立法权“扩容”焦点四问》，《新华每日电讯》2015年3月9日。

究认为，上述三方面事项范围是比较宽的。比如，从城乡建设与管理看，就包括城乡规划、基础设施建设、市政管理等；从环境保护看，按照《中华人民共和国环境保护法》（以下简称《环境保护法》）的相关规定，其范围包括大气、水、海洋、土地、矿藏、森林、草原、湿地、野生生物、自然遗迹、人文遗迹等；从目前49个较大的市已制定的地方性法规涉及的领域看，修正案草案规定的范围基本上都可以涵盖。同时，草案规定还考虑了原有49个较大的市的情况，规定其已制定的地方性法规继续有效。总体上看，这样规定能够适应地方实际需要，建议维持修正案草案的规定。[1]

第三，设区的市地方性法规审查批准制度存废之争。在修改2000年《立法法》的过程中，许多人建议将设区的市地方性法规审查批准制度改为备案制度，一是因为省、自治区人大常委会工作任务比较繁重，再加上每两个月才开一次会，在过去只有49个较大的市立法的情况下还有点“捉襟见肘”，而在所有设区的市都开展立法的情况下，恐省、自治区人大常委会难以对数量众多的设区的市地方性法规作出及时的审查批准。二是因为经过三十年的发展，地方立法队伍不断壮大，能力不断提高，能够胜任地方立法工作，因而，有必要将“批准制”改为“备案制”，且改为“备案制”，也不妨碍省级人大常委会对设区的市立法权的监督，对于设区的市地方性法规中有与上位法相抵触情形的，其所在地的省或自治区人大常委会有权予以撤销。但也有许多人反对，建议保留设区的市地方性法规审查批准制度，一是如果废除设区的市地方性法规审查批准制度，就意味着赋予了设区的市完整的地方立法权，这显然是违宪的。因为我国现行《宪法》当时只是将地方立法权赋予了省一级，并未赋予设区的市一级。二是我国各设区的市立法能力参差不齐，如果省级人大常委会不对设区的市地方性法规加以审查批准，社会主义法制统一难以得到保证；三是从实践情况来看，备案审查制度往往“只备不查”，易于使立法监督流于形式，因而，如果只对设区的市地方性法规进行备案审查，恐难以做到有效监督，易于危及社会主义法制统一。综合上述意见，第十二届全国人大法律委员会经研究之后认为，保留设区的市地方性法规审查批准制度还是有必要的，这

---

[1] 《第十二届全国人民代表大会法律委员会关于〈中华人民共和国立法法修正案（草案）〉审议结果的报告》，http：//www. npc. gov. cn/wxzl/gongbao/2015 －05/07/content_1939079. htm。

样既可以保证设区的市立法权的合宪性，也可以加强对设区的市立法权的监督，维护社会主义法制统一。但为了保证设区的市立法权的相对独立性，《立法法》修改草案明确规定，省级人大常委会只能对报批的设区的市地方性法规进行合法性审查，而不能进行合理性审查。即“省、自治区的人民代表大会常务委员会对报请批准的地方性法规，应当对其合法性进行审查。经审查认为同宪法、法律、行政法规和本省、自治区的地方性法规不抵触的，应当在四个月内予以批准。对于地方性法规的规定是否适当、立法技术是否完美、文字表述是否优美，不作审查。”❶

（三）赋予设区的市立法权之意义

在经过反复争议和讨论之后，2015 年《立法法》最终赋予了所有设区的市立法权，从而正式确立了设区的市立法权。应该说，2015 年《立法法》赋予设区的市立法权，体现了党的十八届三中全会、四中全会的精神，适应了我国经济社会发展对立法权下放的要求，因而，无疑具有重要的意义。

第一，有利于推进地方治理法治化。党的十八届三中全会指出，推进国家治理现代化，是我们全面深化改革的总目标所在。对于地方层面而言，推进地方治理现代化，既是推进国家治理现代化的重要组成部分，也是推进国家治理现代化的内在要求。但要推进地方治理的现代化，首先就必须要推进地方治理的法治化。因为“法治优于一人之治”,❷ 法治可以为推进地方治理现代化提供制度化、规范化的引领、规范、促进和保障，可以有效解决地方治理面临的困境和问题，可以保障地方治理现代化目标的顺利实现。具体言之：一是法治是推进地方治理现代化的根本保障。推进地方治理现代化，必须要在法治的框架内进行，必须要以法治作为基石。只有从法律上、制度上体现推进地方治理现代化的规律和要求，把地方治理现代化的理念和方式法律化、规范化、制度化，才能真正实现推进地方治理现代化的目标。二是法治是地方治理的基本方式。与传统社会将人治作为地方治理的基本方式不同，现代社会均将法治作为了地方治理的基本方式。将法治作为现代地方治理的基本方式，必然意味着将

❶ 乔晓阳主编：《中华人民共和国立法法导读与释义》，中国民主法制出版社 2015 年版，第 246 页。
❷ ［古希腊］亚里士多德著：《政治学》，吴寿彭译，商务印书馆 1965 年版，第 171 页。

宪法和法律作为地方治理的最高权威，坚持法律面前人人平等，绝不允许任何组织和个人有超越法律的特权；必然意味着将地方经济、政治、文化、社会、生态文明等各领域均纳入法治的轨道，依法治理，实现地方治理的法治化。因此，推进地方治理法治化是推进地方治理现代化的必然要求。

对于设区的市来说，其作为介于省级与县级的一级行政区划单位，居于“承上启下”的重要地位，管辖的区域面积辽阔、人口众多、资源丰富，承担着地方治理和推进地方治理现代化的重任。正如有学者指出：“对于我们这样幅员辽阔、差序格局显著的大国来说，国家治理势必要因地制宜，设区的市作为一个相对中间的行政建制，自然会引起重视。因此，以设区的市为中心来建设地方治理体系并提升地方治理能力，具有相对的科学性。它既能够避免省一级行政区过于宽泛的问题，又能够避免县一级行政区过于狭窄的缺陷。”[1] 但长期以来，只有49个较大的市享有立法权，而绝大多数设区的市并无地方立法权，使得它们在地方治理的过程中往往因缺乏立法手段而“捉襟见肘”，出现了事权与立法权不相匹配的治理困境。而在设区的市普遍缺乏立法权的情况下，以“红头文件”代替立法便成了无奈而又必需的选择，但由于“红头文件”规范性较差，再加上缺乏相应的监督与制约，又出现了滥发“红头文件”的弊端，甚至以“红头文件”损害公民、法人和其他组织合法权益的现象也屡见不鲜，导致难以将本行政区域经济、政治、文化、社会、生态文明等各领域纳入法治的轨道，更难以通过法治化的途径推进地方治理的现代化。正如有学者指出：“许多设区的城市在获得‘地方立法权’之前，只能用规范性文件或其他行政手段进行管理，结果往往造成法律依据不足、指令随意等问题。像城市道路管理、违法建筑处置、生活垃圾分类等管理方面，由于在实际执法过程中涉及多个部门，而各部门又按照自身的管理依据，容易存在职能交叉和管理盲区，甚至同城不同规、同罚不同数，影响执法效果。因而需要通过地方性法规及时明确责任，避免管理部门之间‘踢皮球’。”[2] 所以，像浙江省温州市、广东省佛山市等诸多设区的市长期以来为能享有地方立法权而四处奔走呼吁，希望能获得原较大的市立法权，以通过立法的手段解决地方治理中的各种

---

[1] 秦前红、李少文：《地方立法权扩张的因应之策》，《法学》2015年第7期，第12页。

[2] 刘武俊：《设区市的立法权不是一放了之》，《经济参考报》2015年7月29日。

问题，促进本地更加自主的发展。❶ 正是基于此，2015 年《立法法》赋予了所有设区的市立法权，以推进各设区的市地方治理的法治化。

第二，有利于实现“重大改革于法有据”。用立法推动改革的前进，是当代中国处理立法与改革关系的一项重要策略和重要经验。不同的是，在我国经济社会发展的不同阶段，需要立法发挥作用的着力点也有所不同。新中国成立之初，为了恢复和重建国家秩序，比较强调立法的保障和制裁作用；改革开放初期，为了实行和推进改革开放，比较强调立法的规范和保障作用。“先改革后立法”成为当时“无奈”而又必需的选择。当时立法的主要任务就是把改革实践中成熟的东西肯定下来，巩固改革成果。❷ 但是，经过 30 多年的改革，我国社会主义市场经济体制已经基本建立，中国特色社会主义法律体系也已经基本形成，再继续强调“摸着石头过河”“先改革后立法”，已不合时宜。特别是当前我国已进入全面建设小康社会的关键时期，社会变化的广泛性、深刻性、复杂性前所未有。因而，当前全面深化改革对立法的要求已经不仅仅是总结以往经验、肯定已有做法，而是需要通过立法做好顶层设计、引领改革进程、推动科学发展。“先立法后改革”“边立法边改革”应当成为我们今后新的行为准则。❸ 这也就要求我们，必须充分发挥立法在全面深化改革中的引领和推动作用，实现立法和改革决策相衔接，做到重大改革于法有据、立法主动适应改革和经济社会发展需要，以保证全面深化改革总目标的实现。正如习近平总书记指出：“这次全会提出的许多改革措施涉及现行法律规定。凡属重大改革要于法有据，需要修改法律的可以先修改法律，先立后破，有序进

---

❶ 广东佛山从 2003 年开始申请成为“较大的市”。11 年来，佛山 GDP 从 1381 亿元升至 2013 年的 7010 亿元，但地方立法权始终未能如愿获得。类似佛山这样的例子还有很多。问题的症结在于地方立法权上。1982 年修改的《地方组织法》首次提出，较大的市可以制定地方性法规，扩展了此前只有省会城市和经济特区才拥有的地方立法权，但并没有明确规定“较大的市”的界定和审批标准。此后，国务院先后 4 次批准了 19 个城市为“较大的市”。1993 年国务院批准江苏苏州、徐州成为“较大的市”之后，批准工作随即陷入停滞。时至今日，我国仍然只有 49 个城市拥有地方立法权。“较大的市”批准工作停滞的这 21 年间是我国飞速发展的黄金时期，法律的滞后甚至缺失与改革的不断推进形成了鲜明对比，立法需求大幅度增加。但由于没有地方立法权，许多城市都只能以“红头文件”的形式出台相应规定，这也带来了行政处罚标准模糊、于法无据等弊端。参见《四中全会公报：依法赋予设区的市地方立法权》，http：//news. ifeng. com/a/20141024/42282115_0. shtml。

❷ 刘松山：《当代中国处理立法与改革关系的策略》，《法学》2014 年第 1 期，第 74 ~92 页。

❸ 刘松山：《当代中国处理立法与改革关系的策略》，《法学》2014 年第 1 期，第 74 ~92 页。

行。有的重要改革措施，需要得到法律授权的，要按法律程序进行。”❶

对于设区的市来说，由于其上述“承上启下”的地位，往往承担着落实全面深化改革战略任务的重任，再加上设区的市一直是改革创新的重要主体，甚至是改革开放的“前沿阵地”，自身改革任务也比较重，急需相应立法的引领和推动，以“实现立法和改革决策相衔接，做到重大改革于法有据、立法主动适应改革和经济社会发展需要”❷，从而减少改革风险和降低改革成本。可以说，“有了地方自主立法权，地方不仅能根据本地情况细化法律、行政法规的规定，还能在自主范围内施展身手，通过地方立法积极解决本地区事务、调整社会关系、推进改革创新；有了地方先行立法权，对于中央拟推行但由于还看不清利弊暂时不宜以法律推进的重大改革事项，也可以由地方先行立法，在促进地方发展的同时，为制定全国性法律、推动全面改革提供经验。”❸ 而且，由设区的市先行立法，引领和推动本行政区域的各项改革，实现地方重大改革于法有据，不仅可以降低改革成本和减少改革风险，还可以降低立法成本，减少国家和省、自治区立法“试错”机会，也有利于调动设区的市立法的积极性和主动性。但遗憾的是，长期以来绝大多数设区的市无相应的地方立法权，无法发挥立法在地方改革创新中的积极作用，只能通过非法治化的手段来处理改革稳定发展中的问题，导致许多改革措施缺乏稳定性、规范性和长期性，影响了改革的成效，也影响了改革的继续深入。❹ 因而，在当前全面深化改革的背景下，依法赋予设区的市立法权已是势在必行。基于此，党的十八届四中全会作出的《决定》中，就明确指出要“做到重大改革于法有据”，又明

❶ 乔晓阳：《处理好立法与改革的关系》，《中国人大》2014 年第 20 期，第 17 页。

❷ 《中共中央关于全面推进依法治国若干重大问题的决定》，http://news.xinhuanet.com/politics/2014-10/28/c_1113015330.htm。

❸ 范文嘉：《科学配置地方立法权，在法治轨道上推进改革》，《中国发展观察》2014 年第 10 期，第 86 页。

❹ 例如，1985 年 8 月，李灏从国务院副秘书长任上调至深圳，成为深圳市第三任市长（1986 年 5 月起任中共深圳市委书记兼市长）。在与港商、外商的交流过程中，他很快发现了一个问题。“我们搞对外合资、优惠政策，我说我有红头文件，但对方说，我们一定要看法律条款。如果打官司，政府文件不可能被法院认可，只有法律条文才行。”李灏告诉《中国新闻周刊》。但当时，深圳没有立法权。根据 1982 年修改的《地方组织法》，除省一级行政单位外，只有省会城市和经国务院批准的较大的市（当时共 13 个），拥有立法权。就这样，深圳开始了寻求立法权的多年努力，终于在 1992 年，获得地方立法权。参见《深圳：求解立法权之路》，http://magazine.inewsweek.cn/magazine-content-7078.html。

确指出要“依法赋予设区的市立法权”，其目的之一应该就在于，通过发挥设区的市立法权的作用，加强相关立法，做到重大改革于法有据，引领和推动各设区的市全面深化改革的顺利进行。当然，在这一过程中，要“切实处理好法规的‘定’和改革的‘变’的辩证关系，对一些尚待探索的问题不能规定得太满、太死，做到现实性与前瞻性相统一，为继续深化改革留有空间和余地，避免朝令夕改，保证法规的公正性和严肃性。”❶

综上所述，自新中国成立以来，我国的立法权不断下放，先后经历了“从国家立法权到省级地方立法权”“从省级地方立法权到较大的市立法权”、“从较大的市立法权到设区的市立法权”等三个阶段，逐渐形成了今天这样一种统一而又分层次的立法体制。从我国立法权下放的历史进程来看，我国立法权特别是地方立法权不断下移，且下放力度不断加大、立法主体不断增多，是其发展趋势所在。正如凯尔森指出：“整个的集权和分权只是理想的两极。法律共同体要有最低限度的集权和最高限度的分权，否则就会趋于瓦解。至少一个规范，即基础规范，一定是一个中央规范，一定是对全部领土都是有效力的，否则这就不是一个单一法律秩序的领土了，而我们也就不能讲分权是同一法律秩序的领土划分了。实在法只知道有部分的集权和分权。”❷ 而此次 2015 年《立法法》赋予所有设区的市立法权，正顺应了历史发展潮流，是我国地方立法权的最新一次下放，其下放力度之大、涉及范围之广前所未有。至于 2015 年《立法法》赋予设区的市立法权的目的最终能否实现，则有待时间和实践的进一步检验。

---

❶ 肖永明：《地方立法权“扩容”，设区的市人大应有所为有所不为》，《人大研究》2016 年第 2 期，第 1 页。

❷ ［奥］凯尔森著：《法与国家的一般理论》，沈宗灵译，商务印书馆 2013 年版，第 432 ~ 433 页。

第三章

设区的市立法权限

立法权限是立法权的核心，“立法权限是指一个主权国家中现行全部有关需要通过立法方式加以调整、控制和规范的事项的权力范围，即立法主体行使立法职权的权力限度和内容范围。”[1] 2015 年《立法法》为了避免设区的市立法权的滥用，坚持了“赋权”与“限权”的统一，即在大规模扩容地方立法权主体的同时，又对设区的市立法权限作了明确限定，将其仅限定在“城乡建设与管理、环境保护、历史文化保护等方面的事项”，但其规定得比较抽象、模糊，需要进一步予以明确。且 2015 年《立法法》对设区的市与其他地方立法主体之间的权限划分，也没有作出明确规定，需要进一步探讨分析。因为“省与设区的市之间立法权限含混不清，容易滋生立法重复、立法越权、立法抵触与冲突等问题。”[2] 因而，我们有必要根据 2015 年《立法法》和相关法律的规定，对设区的市立法权限作出明确界定，以为设区的市立法权的行使提供明确的权限依据。当然，对设区的市立法权限的最终界定要依赖于全国人大常委会的相关立法解释，我们这里只做学术探讨。

---

❶ 李林著：《立法理论与制度》，中国法制出版社 2005 年版，第 304 页。

❷ 程庆栋：《论设区的市的立法权：权限范围与权力行使》，《政治与法律》2015 年第 8 期，第 53 页。

一、设区的市立法权限之确立过程

2015年《立法法》第72条第2款、第82条既赋予了设区的市立法权，又对设区的市立法权限作了明确规定，即“设区的市的人民代表大会及其常务委员会根据本市的具体情况和实际需要，在不同宪法、法律、行政法规和本省、自治区的地方性法规相抵触的前提下，可以对城乡建设与管理、环境保护、历史文化保护等方面的事项制定地方性法规，法律对设区的市制定地方性法规的事项另有规定的，从其规定”。“设区的市、自治州的人民政府根据本条第一款、第二款制定地方政府规章，限于城乡建设与管理、环境保护、历史文化保护等方面的事项。已经制定的地方政府规章，涉及上述事项范围以外的，继续有效。”这就为我们分析探讨设区的市立法权限提供了规范依据。实际上，设区的市立法权与原较大的市立法权相比，最大的不同就是两者立法权限范围大小不同，即前者受到了严格限制，基本上限于上述三方面事项，而后者几乎不受限制，只要不涉及国家立法权专属事项，就可以针对一切事项进行立法，而在其他方面两者并无实质性差异。

为了更好地理解设区的市立法权限，我们首先有必要回顾下设区的市立法权限的确立过程，以便我们可以从立法的原意中找到理解设区的市立法权限的“钥匙”所在。纵观我们对2000年《立法法》的整个修改过程，可以发现，设区的市立法权限一直是一个比较大的争议焦点，其内容曾经“三易其稿”。其中，2014年8月《立法法》修改草案第一稿中规定设区的市立法权限为：设区的市可以对“城市建设、市容卫生、环境保护等城市管理方面的事项”进行地方立法；❶ 2014年12月《立法法》修改草案第二稿中规定设区的市立法权限为：设区的市可以对“城市建设、城市管理、环境保护等方面的事项”进行地方立法；❷ 2015年3月《立法法》修改草案第三稿中才最终将设区的市

❶ 《地方立法权扩至全国282个设区的市》，《扬州晚报》2014年8月26日。

❷ 陈丽平：《进一步明确较大市立法权限——可对城市建设城市管理环境保护等立法》，《法制日报》2014年12月23日。

立法权限范围确定为“城乡建设与管理、环境保护、历史文化保护等方面事项”。[1] 之所以会有如此大的变化，除了前面所述的原因外，对“城市管理”一词范围大小的理解也是关键之一。[2] 例如，在《立法法》修改草案第一稿中，将“城市建设”“环境保护”等作为了“城市管理”的下位概念，将其纳入了“城市管理”的范围。这里无疑是对“城市管理”一词作了扩大解释，将其范围作了扩大。而在《立法法》修改草案第二稿、第三稿中，则将“城市建设”“环境保护”等作为了与“城市管理”并列的概念。这里无疑是对“城市管理”一词作了缩小解释，将其范围作了限制。但是，由于“城市管理”一词的范围可大可小，且差距明显，如果不对其加以明确详细的界定，将来必然会导致人们对设区的市立法权限范围产生歧义或争议。立法者之所以最终将“城市管理”“城市建设”修改成了“城乡建设与管理”，是因为考虑到设区的市作为一级行政区划单位，管辖的不仅有城市，更有广大的农村，因

---

[1] 《关于〈中华人民共和国立法法修正案（草案）〉的说明》，http：//news. xinhuanet. com/2015 - 03/08/c_1114563179. htm。

[2] 实际上全国人大常委会对“城市管理”一词范围的大小最初也没有明确的界定，据河北省邯郸市人大常委会法工委副主任张凤魁介绍，邯郸市在制定《邯郸市妇女权益保障条例》和《邯郸市居住证条例》过程中，恰逢全国人大常委会修改《立法法》出台时。当时，邯郸市的这两个条例草案已经分别于2014年8月22日和12月29日通过了一审和二审。也就是说，《立法法》修改前，这两个条例的立法程序，均已经走到了“半路”。《立法法》修改后，这两个条例草案是否还属于邯郸市的立法权限，还能不能继续进行审议、表决、通过，我们把握不准。经向省人大常委会、全国人大常委会法工委请示后，明确答复“可以”，因为“城乡管理除了包括对市容、市政等事项的管理，也包括对城乡人员、组织的服务和管理以及对行政管理事项的规范等。”笔者当时的理解是，妇女权益保护和居住证管理均属于“广义的城市管理”方面的事项，完全可以理解为“等外等”。于是，我们顺利完成了这两个条例的制定工作，并由省人大常委会报全国人大常委会和国务院备案。但在此以后，特别是在2016年，情况发生了重大变化。特别是中央和国务院相继出台了《关于深入推进城市执法体制改革改进城市管理工作的指导意见》（2015年12月24日）和《关于进一步加强城市规划建设管理工作的若干意见》（2016年2月6日），对城市管理的范围作了明确界定。文件明确，城市管理的主要职责是市政管理、环境管理、交通管理、应急管理和城市规划实施管理等，具体实施范围包括：市政公用设施运行管理、市容环境卫生管理、园林绿化管理等方面的全部工作；市县政府依法确定的，与城市管理密切相关、需要纳入统一管理的公共空间秩序管理、违法建设治理、环境保护管理、交通管理、应急管理等方面的部分工作。2016年8月16日，国务院又出台了《关于推进中央与地方财政事权和支出责任划分改革的指导意见》，意见明确划分了中央财政事权、地方财政事权和中央与地方共同财政事权，对不同的事权范围规定了不同的责任承担。直到2016年9月，时任全国人大常委会法工委主任李适时在第二十二次全国地方立法研讨会上的小结讲话中，当谈到对“城乡管理”如何解释时，未将“城乡人员、组织的服务和管理”列入设区的市立法范围，以防止刚刚拥有立法权的设区市“心血来潮、一哄而起”，搞立法大跃进，导致立法质量无法保障，影响国家法制统一。参见张凤魁：《设区的市立法权限问题刍议》，见河北省法学会立法学研究会2018年年会论文集，第231页。

而，不仅要考虑通过立法来保障城市建设与管理的问题，还要考虑通过立法来保障农村建设与管理的问题，所以，在《立法法》修改草案第三稿中相关部分增加了“乡”的规定，将第72条第2款中的“城市”修改成了“城乡”。这一点可以从全国人大常委会委员刘政奎所提的相关修改建议中得到印证，他指出：“立法权放开后，仅限定城市建设、城市管理、环境保护方面的事项，又显得范围太窄，设区的市不仅管城市，还要管乡村，所以建议将‘城市建设、城市管理’改为‘城乡建设、城乡管理’。”❶ 最终《立法法》修改草案第三稿采纳了其建议，将“城市建设”“城市管理”修改成了“城乡建设与管理”。

根据上述分析，从《立法法》修改草案这三稿的变化可以看出，《立法法》修改的原意尽管是对设区的市立法权限进行限制，但又不能对其限制得太死、太窄，否则，不利于调动设区的市的积极性和主动性，所以，在《立法法》修改过程中，《立法法》三次修改草案将设区的市立法权限不断予以扩大，最后将其限定在了“城乡建设与管理、环境保护、历史文化保护等方面的事项”。这也反映了立法者对于在多大范围和程度上对设区的市立法权限进行限定，并没有明确的、成熟的考虑和计划，多少显得有些随意。对此，有学者指出：“从初稿、二稿关于立法事项的规定来看，立法者对于立法权限的限制是比较‘随意’的。初稿的列举为‘城市建设、市容卫生、环境保护等城市管理方面的事项’，从其字面含义来看，城市建设、市容卫生和环境保护都属于城市管理的事项；二稿的列举为‘城市建设、城市管理、环境保护等方面的事项’，这样又将城市管理和环境保护并列起来。这种纵向的考察很难获知立法者真实意图，但是可以明晰的是，三个草案的修改过程中，地方立法权限的范围呈现一种扩大的趋势。”❷

那么，2015年《立法法》为什么最终将设区的市立法权限范围限定在了“城乡建设与管理、环境保护、历史文化保护等方面的事项”呢？首先，从整体上说，之所以将设区的市立法权限范围限定在了“城乡建设与管理、环境

---

❶ 刘政奎：《建议将设区的市地方立法权范围扩展为“城乡建设、城乡管理”》，http://www.npc.gov.cn/npc/lfzt/2014/2015-02/15/content_1900568.htm。

❷ 郭思源：《论设区的市立法权范围——兼评〈立法法〉修正案第31条》，《研究生法学》2015年第3期，第67~68页。

保护、历史文化保护等方面的事项”，是因为这三方面的事项与地方联系比较紧密，属于明确的地方性事务，不好由中央立法作出统一规定或只能作出原则性规定，只能或具体由各设区的市结合本地实际进行立法。其次，之所以将“城乡建设与管理”列入了设区的市立法权限范围，主要是考虑到各设区的市经济社会发展的需要。由于我国幅员辽阔、人口众多，各地差异巨大，区域发展极其不平衡，导致不同区域的城乡面临着不同的治理和发展问题，这就需要各地拥有城乡建设与管理方面的地方立法权，以便因地制宜地制定符合本地实际的地方立法，用立法的途径解决制约当地城乡建设与管理方面的难题，促进当地城乡建设与管理的法制化，保障当地经济社会的良好发展。再次，之所以将“环境保护”“历史文化保护”纳入了设区的市立法权限范围，主要是因为这两者具有公益性、非竞争性和非排他性等特性。下面我们以“环境保护”为例作出说明。由于我国幅员辽阔，各地自然环境多种多样，再加上各地自然环境污染和破坏的程度及其成因各异，因而，环境保护事务多属于地方性事务，国家或省级统一的环境立法并不能完全解决各地的环境保护问题，只能由各地结合本地实际制定环境保护方面的地方立法，以因地制宜地解决本地的环境问题。正如全国人大环境与资源保护委员会法案室副主任王凤春同志指出：“在国际上，环境事务多属地方性事务，地方政府立法和行政管辖权比较大，在我国，环境事务也多属中央地方共管和地方事权，加上有县级以上地方各级人民政府对本行政区域环境质量负责，并追究主要领导干部责任的法律规定，因此加大环境领域地方立法权是必要的。”❶ 而之所以将“历史文化保护”纳入设区的市立法权限范围，道理同上面差不多。正如有学者指出：“非物质文化遗产的最大特点就是区域性，因此针对它的立法尤其强调因地制宜。”❷ 最后，之所以将上述三方面事项纳入设区的市立法权限范围，还基于对较大的市立法实践与立法需求的总结。据有关资料统计，在2001年至2012年这段时期内，在较大的市立法中，上述三方面事项的立法占比达47%～63%，充分表明这三方面事项是地方立法的主要关注点和需求所在，也是地方立法的主要作

---

❶ 《地方立法权将扩至全国282个设区市，环境立法率先示范》，《中国环境报》2014年12月17日。

❷ 王立军、刘云升：《非物质文化遗产地方立法缺陷之检讨》，《河北法学》2016年第9期，第145页。

为空间所在（见表3－1）。❶ 所以，2015年《立法法》最终将设区的市立法权限范围界定为“城乡建设与管理、环境保护、历史文化保护等方面的事项”。❷ 但需要指出的是，这一统计数据与第十二届全国人民代表大会法律委员会关于《中华人民共和国立法法修正案（草案）》审议结果的报告中相关说法不太一致，即“从目前49个较大的市已制定的地方性法规涉及的领域看，修正案草案规定的范围基本上都可以涵盖。”❸

表3－1　部分较大的市地方性法规类别分析（2001—2012年）　　单位：件

事项类别	杭州市	青岛市	苏州市	郑州市
城乡规划与建设	6	7	2	9
房地产开发建设管理	4	3	4	6
市政、公用与环卫事项	13	14	10	14
交通运输	5	3	2	1
环境保护	9	7	8	5
历史文化保护	3	2	5	2
城市人口管理	2	0	0	0
社会治安管理	0	3	1	0
社会公共事业管理	8	9	4	0
劳动与社会保障	2	7	0	3
其他社会事务	6	6	3	2

❶ 程庆栋：《论设区的市的立法权：权限范围与权力行使》，《政治与法律》2015年第8期，第56页。

❷ 第十二届全国人大法律委员会关于《中华人民共和国立法法修正案（草案）》审议结果的报告中指出：“法律委员会经研究认为，‘城乡建设与管理、环境保护、历史文化保护等方面的事项’，范围是比较宽的。比如，从城乡建设与管理看，就包括城乡规划、基础设施建设、市政管理等；从环境保护看，按照环境保护法的规定，范围包括大气、水、海洋、土地、矿藏、森林、草原、湿地、野生生物、自然遗迹、人文遗迹等；从目前49个较大的市已制定的地方性法规涉及的领域看，修正案草案规定的范围基本上都可以涵盖。”

❸ 《第十二届全国人民代表大会法律委员会关于〈中华人民共和国立法法修正案（草案）〉审议结果的报告》，http：//www. npc. gov. cn/wxzl/gongbao/2015－05/07/content_1939079. htm。

续表

事项类别	杭州市	青岛市	苏州市	郑州市
公共经济管理	9	10	6	12
法制建设	3	5	3	4
其他	4	1	2	1
总计	74	77	50	59

资料来源：北大法宝数据库。转引自程庆栋：《论设区的市的立法权：权限范围与权力行使》，《政治与法律》2015 年第 8 期，第 55 页。

二、设区的市立法权限之规范内容

2015 年《立法法》第 72 条对设区的市立法权作了较完整的规定，其中，其第 2 款以列举方式对设区的市立法权限作了明确规定。[1] 根据上述规定，再结合 2015 年《立法法》其他相关规定，我们可以将设区的市立法权限之规范内容分为三类：一是设区的市立法主体禁止行使的立法权限，即设区的市立法权限之禁止；二是设区的市立法主体经授权可以行使的立法权限，即设区的市立法权限之授权；三是设区的市立法主体在行使立法权过程中受到的限制，即设区的市立法权限之限制。具体说来：

第一，设区的市立法权限之禁止。“法律保留是指宪法关于人民基本权利限制等专属立法事项，必须由立法机关通过法律规定，行政机关不得代为规定，行政机关实施任何行政行为皆必须有法律授权，否则，其合法性将受到质疑。”[2] 对于设区的市来说，其立法必须要遵循法律保留原则。因而，法律保

[1] 2015 年《立法法》第 72 条第 2 款规定：“设区的市的人民代表大会及其常务委员会根据本市的具体情况和实际需要，在不同宪法、法律、行政法规和本省、自治区的地方性法规相抵触的前提下，可以对城乡建设与管理、环境保护、历史文化保护等方面的事项制定地方性法规，法律对设区的市制定地方性法规的事项另有规定的，从其规定。设区的市的地方性法规须报省、自治区的人民代表大会常务委员会批准后施行。省、自治区的人民代表大会常务委员会对报请批准的地方性法规，应当对其合法性进行审查，同宪法、法律、行政法规和本省、自治区的地方性法规不抵触的，应当在四个月内予以批准。”

[2] 转引自姜明安主编：《行政法与行政诉讼法》，北京大学出版社、高等教育出版社 2011 年版，第 68 页。

留事项就是设区的市立法权限之绝对禁止事项。2015 年《立法法》第 8 条[1]对我国法律保留事项即国家专属立法权事项作了明确规定，即这 11 项事项只能由全国人大及其常委会以制定法律的形式作出规定，其中，第 6 个事项即“税种的设立、税率的确定和税收征收管理等税收基本制度”，属于 2015 年《立法法》新增的事项，其目的在于落实税收法定原则。[2] 但为了保证我国立法的适应性和灵活性，2015 年《立法法》第 9 条[3]又对上述 11 项法律保留事项作了区分，将其分为“法律绝对保留事项”和“法律相对保留事项”。其中，“法律绝对保留事项”是指有关犯罪和刑罚、对公民政治权利的剥夺和限制人身自由的强制措施和处罚、司法制度等事项，这些事项只能由全国人大及其常委会以制定法律的形式作出规定。而“法律相对保留事项”是指除上述事项之外的其他事项，这些事项一般也应由全国人大及其常委会以制定法律的形式作出规定，但是如果因立法条件不成熟而导致这些事项尚未制定法律的，全国

---

[1] 2015 年《立法法》第 8 条规定：“下列事项只能制定法律：（一）国家主权的事项；（二）各级人民代表大会、人民政府、人民法院和人民检察院的产生、组织和职权；（三）民族区域自治制度、特别行政区制度、基层群众自治制度；（四）犯罪和刑罚；（五）对公民政治权利的剥夺、限制人身自由的强制措施和处罚；（六）税种的设立、税率的确定和税收征收管理等税收基本制度；（七）对非国有财产的征收、征用；（八）民事基本制度；（九）基本经济制度以及财政、海关、金融和外贸的基本制度；（十）诉讼和仲裁制度；（十一）必须由全国人民代表大会及其常务委员会制定法律的其他事项。”

[2] 按照宪法和修改前《立法法》的规定，税收立法权属于全国人大及其常委会。但改革开放初期，考虑到税收制度的建立、完善面临错综复杂的情况，同时缺少相关经验，全国人大及其常委会先后出台了两个授权决定，授权国务院对经济体制改革和对外开放，包括税收制度改革，根据宪法，在同有关法律和全国人民代表大会及其常务委员会的有关决定的基本原则不相抵触的前提下，制定暂行的规定或者条例。从实际效果看，国务院根据授权制定税收条例，对我国基本形成多税种、多环节、多层次的税收体系发挥了重要作用；但与此同时，这一税收制度架构与税收法定原则有相当大的差距，也不符合法治精神，其缺陷和负面影响日益显现。目前，贯彻落实税收法定原则，加快税收立法进程，将现行税收条例上升为法律的时机已经成熟。经过慎重研究，修改决定将“税收基本制度”的表述修改为“税种的设立、税率的确定和税收征收管理等税收基本制度。”根据这一规定，制定单行税法时应当对税率作出规定，但对于不同税种，税率调整则有不同情形。有的税率调整需由法律规定，如个人所得税、企业所得税；有的税种如车船税，法律在规定税目税额的同时，相应也规定了幅度，并授权国务院或者地方可以在幅度内确定具体税额或者调整。《立法法》的上述修改，是落实“税收法定”原则的一大进步，对今后单行税收立法具有重要意义。参见乔晓阳主编：《〈中华人民共和国立法法〉导读与释义》，中国民主法制出版社 2015 年版，第 33 ~ 34 页。

[3] 2015 年《立法法》第 9 条规定：“本法第八条规定的事项尚未制定法律的，全国人民代表大会及其常务委员会有权作出决定，授权国务院可以根据实际需要，对其中的部分事项先制定行政法规，但是有关犯罪和刑罚、对公民政治权利的剥夺和限制人身自由的强制措施和处罚、司法制度等事项除外。”

人大及其常委会可以授权国务院根据实际需要，先行制定行政法规，等将来立法条件具备、立法经验积累后，再由全国人大及其常委会上升为法律。换言之，无论是“法律绝对保留事项”，还是“法律相对保留事项”，都是设区的市立法绝对禁止的事项，无论这些事项是否已经制定法律，设区的市立法权都绝不能染指。此外，有学者指出：“《立法法》第八条关于法律保留的规定中使用了一些模糊用词，如第七项、第八项规定的‘民事基本制度，基本经济制度以及财政、税收、海关、金融和外贸的基本制度’由法律规定。从逻辑上分析可得出两个结论：一是与基本制度相对应，应该存在一个‘非基本制度’的范畴，这个范畴内的事项不属于法律保留，地方性法规可以进行调整；二是虽为法律保留事项，但法律作出规定较为原则时，地方性法规可做实施性的规定。遗憾的是，这只是基于逻辑分析得出的‘空间’，在《立法法》其他条款中并未得到回应。”[1]

第二，设区的市立法权限之授权。如上所述，在地方立法主体大规模扩容的情况下，即从原49个较大的市享有地方立法权直接到284个设区的市、30个自治州、4个不设区的地级市全部享有地方立法权的情况下，2015年《立法法》第72条第2款以明确列举的方式对设区的市立法权限之内容作了规定，改变了2000年《立法法》对较大的市立法权限不作明确规定的状况。根据上述规定，设区的市立法权限较小，其立法事项范围仅限于“城乡建设与管理、环境保护、历史文化保护等方面”，这就使得今后设区的市立法的空间受到了很大限制。应该说，这与原较大的市立法权限形成了鲜明对比，因为根据2000年《立法法》第63条第2款的规定[2]，49个较大的市立法权限较大，权限范围比较完整，除了国家专属立法权的事项外，较大的市立法事项范围几乎没有太多限制，可以针对一切事项进行立法。而且，2000年《立法法》对省、自治区、直辖市与较大的市立法权限范围未作明确区分，即两者可以立法的事

[1] 向立力：《地方立法发展的权限困境与出路试探》，《政治与法律》2015年第1期，第70页。

[2] 2000年《立法法》第63条第2款规定：“较大的市的人民代表大会及其常务委员会根据本市的具体情况和实际需要，在不同宪法、法律、行政法规和本省、自治区的地方性法规相抵触的前提下，可以制定地方性法规，报省、自治区的人民代表大会常务委员会批准后施行。省、自治区的人民代表大会常务委员会对报请批准的地方性法规，应当对其合法性进行审查，同宪法、法律、行政法规和本省、自治区的地方性法规不抵触的，应当在四个月内予以批准。”

项范围几乎是完全一致的，除了国家专属立法权事项外，两者可以针对一切事项进行立法。而2015年《立法法》对省、自治区、直辖市与设区的市立法权限作了明显区分，即2015年《立法法》关于省、自治区、直辖市立法权限的规定延续了2000年《立法法》的相关规定，依然未作过多限制，使得省、自治区、直辖市的立法权限范围广泛，除了国家专属立法权的事项外，其可以针对一切事项进行立法。而2015年《立法法》对设区的市立法权限范围作了上述限制，使其明显不同于省、自治区、直辖市立法权限。当然，两者立法事项也有重复之处，即“城乡建设与管理、环境保护、历史文化保护等方面的事项”。正如有学者指出：“2000年《立法法》关于较大市制定地方性法规和地方政府规章的事项范围的规定与省、自治区、直辖市制定地方性法规和地方政府规章的事项范围的规定是一致的，未作明确区分。但是，2015年新修改的《立法法》在扩大享有立法权的设区市的数量的同时，在立法事项上却作了明确限定，即将设区市行使立法权的事项范围明确限定为‘城乡建设与管理、环境保护、历史文化保护等方面的事项’。”[1]

此外，2015年《立法法》第72条还对设区的市立法权限的一些特殊问题作了规定。一是设区的市立法权限范围的例外。根据2015年《立法法》第72条第2款的规定，设区的市立法权限范围虽被限制在“城乡建设与管理、环境保护、历史文化保护等方面的事项”，但是考虑到今后可能的情势变迁以及设区的市立法权的特殊性，2015年《立法法》第72条第2款中增加了“法律对设区的市制定地方性法规的事项另有规定的，从其规定”的兜底条款，规定了设区的市立法权限之例外情形，增强了相关立法的严谨性和适应性。正如有学者指出：“值得注意的是，新修改的《立法法》在将设区市制定地方性法规的事项明确限定为‘城乡建设与管理、环境保护、历史文化保护’三方面事项的同时，又规定‘法律对设区的市制定地方性法规的事项另有规定的，从其规定’。就二者之间的逻辑关系而言，后者应当是前者的例外规定，也就是说，设区市制定地方性法规的事项原则上应限于‘城乡建设与管理、环境保护、历史文化保护’三方面的事项，但是，在法律明确规定就某一事项设区市应当或可以制定地方性法规予以规范时，设区市则应当或可以就该事项制定

[1] 易有禄：《设区市立法权的权限解析》，《政法论丛》2016年第2期，第74页。

地方性法规。”[1] 例如，2015 年《立法法》第 77 条第 1 款[2]所规定的事项就属于“法律对设区的市制定地方性法规的事项另有规定的，从其规定”的情形，其实质上就赋予了设区的市人大制定设区的市立法程序规定的权力，这无疑扩大了设区的市立法权限的范围，属于一种例外情形。二是原较大的市立法的历史遗留问题。由于原较大的市立法权限范围广泛，几乎不受限制，其所立之法中超出“城乡建设与管理、环境保护、历史文化保护等方面的事项”的不在少数，因而，为了节省立法资源，维护较大的市立法的长期性和稳定性，实现较大的市立法权与设区的市立法权的衔接，2015 年《立法法》第 72 条第 6 款明确规定：“省、自治区的人民政府所在地的市，经济特区所在地的市和国务院已经批准的较大的市已经制定的地方性法规，涉及本条第二款规定事项范围以外的，继续有效。”这就解决了原较大的市立法的历史遗留问题，同时也无形中扩大了原 49 个较大的市立法主体现在的立法权限范围，使其区别于新扩容的设区的市，因为尽管目前尚无立法规定或立法解释予以明确授权，但可以预见的是，这些继续有效的、“越权”的较大的市地方性法规的修改、解释和废止问题必然要与原 49 个较大的市立法主体发生联系。

第三，设区的市立法权限之限制。由于设区的市人大及其常委会制定的地方性法规需经其所在地的省、自治区人大常委会批准后才能生效，因而，设区的市立法权限不仅范围小，也不完整，应该属于“半个立法权”。设区的市立法权应该是省级立法权的延伸。这一点与原较大的市立法权基本一样，因为原较大的市人大及其常委会制定的地方性法规也需经其所在地的省、自治区人大常委会审查批准后才能生效。但无论是原较大的市立法权还是设区的市立法权，都不是省级地方立法权的“附庸”，原 49 个较大的市、设区的市立法主体都有较强的独立性，只要其符合不抵触原则和标准，就可以独立自主地开展相关立法活动。因而，在维护社会主义法制统一的前提下，保证设区的市立法主体能够依法独立行使立法权，我们在对 2000 年《立法法》进行修改时，对此问题进行了充分考量，进行了制度上的相应设计。例如，2015 年《立法法》

---

[1] 易有禄：《设区市立法权的权限解析》，《政法论丛》2016 年第 2 期，第 75 页。

[2] 2015 年《立法法》第 77 条第 1 款规定：“地方性法规案、自治条例和单行条例案的提出、审议和表决程序，根据中华人民共和国地方各级人民代表大会和地方各级人民政府组织法，参照本法第二章第二节、第三节、第五节的规定，由本级人民代表大会规定。”

第72条第2款延续了2000年《立法法》的相关规定，明确指出，省级人大常委会只能对报批的设区的市人大及其常委会制定的地方性法规的合法性进行审查，而不能对其别的方面进行审查，且要在法定期限内进行，即在四个月内必须作出批准或不批准的决定。此外，有些法律如《中华人民共和国行政处罚法》（以下简称《行政处罚法》）、《中华人民共和国行政许可法》（以下简称《行政许可法》）、《中华人民共和国行政强制法》（以下简称《行政强制法》）等也对地方立法的调整手段有限制性规定（见表3－2）[1]，若这些规定与设区的市立法权限范围相关，也会对设区的市立法权限进行一定程度上的限制。

表3－2　相关法律对地方立法规定法律调整手段的限制性规定

法律名称	地方性法规可以设定	地方性法规不得设定	其他限制性规定
行政处罚法	警告、罚款、没收违法所得、没收非法财物、责令停产停业、暂扣或者吊销许可证、暂扣企业营业执照。（第11条）	1. 法律、行政法规规定的其他行政处罚。（第8条） 2. 行政拘留、吊销企业营业执照。（第11条）	法律、行政法规对违法行为已经作出行政处罚规定，地方性法规需要作出具体规定的，必须在法律、行政法规规定的给予行政处罚的行为、种类和幅度的范围内规定。（第11条）
行政许可法	本法第12条所列事项，尚未制定法律、行政法规的，地方性法规可以设定行政许可。（第15条）	1. 法律、行政法规规定可以设定行政许可的其他事项。（第12条第（6）项） 2. 地方性法规不得设定应当由国家统一确定的公民、法人或者其他组织的资格、资质的行政许可。（第15条） 3. 不得设定企业或者其他组织的设立登记及其前置性行政许可。（第15条） 4. 行政机关根据法律、行政法规的规定，对直接关系公共安全、人身健康、生命财产安全的重要设备、设施进行定期检验……（第62条第2款）	1. 设定的行政许可，不得限制其他地区的个人或者企业到本地区从事生产经营和提供服务，不得限制其他地区的商品进入本地区市场。（第15条） 2. 法规、规章对实施上位法设定的行政许可作出的具体规定，不得增设行政许可；对行政许可条件作出的具体规定，不得增设违反上位法的其他条件。（第16条）

[1] 向立力：《地方立法发展的权限困境与出路试探》，《政治与法律》2015年第1期，第69页。

续表

法律名称	地方性法规可以设定	地方性法规不得设定	其他限制性规定
行政强制法	尚未制定法律、行政法规，且属于地方性事务的，地方性法规可以设定查封场所、设施或者财物/扣押财物。（第9条）	1. 限制公民人身自由/冻结存款、汇款/其他强制措施。（第9条、第10条） 2. 行政强制执行由法律设定。（第13条）	1. 法律对行政强制措施的对象、条件、种类作了规定的，地方性法规不得作出扩大规定。（第11条） 2. 法律中未设定行政强制措施的，地方性法规不得设定行政强制措施。（第11条）

三、设区的市立法权限之不足

设区的市立法权限是设区的市立法权的核心内容所在，尽管2015年《立法法》试图对其作出一个尽可能明确的界定，但由于各种主客观原因，2015年《立法法》对其的规定还存在一些不足之处，导致其在理论上与实践中均产生了不少争议和问题，需要将其明确化。具体说来，设区的市立法权限之不足主要表现在：

（一）设区的市立法权限范围存在模糊之处

如上所述，2015年《立法法》第72条第2款以列举的方式明确了设区的市立法权限范围，即“城乡建设与管理、环境保护、历史文化保护等方面的事项”。这一点与原较大的市立法权限规定方式形成了鲜明对比。2000年《立法法》没有对较大的市立法权限作出明确规定，只是以排除方式对较大的市立法权限之禁止内容作了明确规定，即除了国家立法权专属的事项外，较大的市可以在一定条件下，针对任何事项制定地方立法，而无特殊限制。因而，从一般意义上说，设区的市立法权限范围理应是比较明确的，不应存在模糊之处。但是，实际情况却并不“尽如人意”，尽管2015年《立法法》明确列举了设区的市可以立法的事项，即“城乡建设与管理、环境保护、历史文化保护等方面的事项”，但其仍然具有高度概括性和不确定性，存在许多模糊之处。正如有学者指出：“新修改的我国《立法法》改变了过去对较大的市立法权限范围不作规定的做法，其第 72 条第二款规定，设区的市可以对城乡建设与管理、环境保护、历史文化保护等方面的事项制定地方性法规。但这一规定非常具有概括性和不确定性，‘城乡建设与管理、环境保护、历史文化保护’究竟包括哪些事项？尤其是其中的‘管理’一词应如何理解？我国《立法法》并没有明确。”❶

具体说来，设区的市立法权限范围存在的模糊之处主要有：一是“城乡建设与管理、环境保护、历史文化保护”这三方面事项的具体范围为何？对此，理论界与实务界争议都很大，因为如果从严格意义上界定，这三方面事项包括的范围并不大。而如果从宽泛意义上界定，这三方面事项包括的范围可以极广，几乎与原较大的市立法权限范围无实质差别。之所以会产生如此大的差别，主要原因在于，“城乡建设”“城乡管理”“环境保护”“历史文化保护”这几个词的范围都可大可小，不好准确界定。特别是“城乡建设”与“城乡管理”本身都是范围极广的词语，可包括的事项很多。第十二届全国人大法律委员会经研究后也认为：“‘城乡建设与管理、环境保护、历史文化保护等方面的事项’，范围是比较宽的。”❷ 因而，如果没有全国人大常委会的权威立法解释，设区的市人大及其常委会、设区的市政府必然会作扩大解释，以扩大自身的立法权限，但这恐与 2015 年《立法法》对设区的市立法权“限权”的立法原意不符。从立法工作实践情况来看，全国人大常委会法工委对这三方面事项范围的界定，也存在一定的争议或问题，亟待全国人大常委会作出权威的立法解释。❸ 二是对 2015 年《立法法》第 72 条第 2 款中的“等”字应如何理解？对此，理论上与实践中也有不少争议。因为根据《新华字典》对“等”

---

❶ 程庆栋：《论设区的市的立法权：权限范围与权力行使》，《政治与法律》2015 年第 8 期，第 54 页。

❷《第十二届全国人民代表大会法律委员会关于〈中华人民共和国立法法修正案（草案）〉审议结果的报告》，http：//www. npc. gov. cn/wxzl/gongbao/2015－05/07/content_1939079. htm。

❸ 浙江省人大常委会研究室副主任张国强指出：“最近，我们就义务献血、职业教育等事项请示全国人大常委会法工委，法工委电话答复该事项属于城市建设与管理事项。这种解释显然对城市管理作了广义解释，按照这种理解，预防腐败等事项也属于城市管理范围，且如果将城市管理作广义理解，那么包括立法法列举的环境保护、历史文化保护等事项在内的几乎所有事项都属于广义上的城市管理范围，立法法关于设区的市立法事项进行列举和限制将没有意义。建议全国人大常委会对此给予明确答复，同时列举哪些事项不属于该范围。”参见张国强：《关于设区的市行使地方立法权的有关问题》，http：//www. npc. gov. cn/npc/bmzz/llyjh/2016－06/06/content_1991138. htm。

字的解释，其有“等内等”即“用于列举煞尾”与“等外等”即“表示列举未尽”之分，而这两者的差别导致我们对设区的市立法权限范围的理解与界定有天壤之别。例如，如果我们按照“等内等”来理解，设区的市立法权限范围就仅限于上述三方面事项；而反之，如果我们按照“等外等”来理解的话，设区的市立法权限范围还可以包括其他方面事项，因为不能排除这是2015年《立法法》第72条第2款为设区的市立法权限预留的立法空间，以便将来可以随着经济社会的发展不断赋予设区的市新的立法权限。因此，为了避免因对“等”字理解不同而导致对设区的市立法权限范围认识的不同，全国人大常委会也应早日对2015年《立法法》第72条第2款中“等”字作出权威立法解释。正如有学者指出：“‘等方面的事项’是仅指这三方面的事项，还是可以包括其他事项，未作明确的界定，需要根据修改《立法法》的精神进行理解。”[1] 而从设区的市立法实践来看，正是由于各设区的市对这一“等”字理解的不一，严重影响了设区的市立法的积极性。据《人民日报》报道：“除了宜昌，去年8月广东佛山市人大向社会公布的立法计划中，也是历史文化街区和历史建筑等城市建筑管理领域最早分享到了立法体制改革的红利。此外，海南三亚、江苏镇江、浙江温州等地通过的地方性法规都涉及环境保护或市政管理。多地选择在类似领域打响‘立法第一枪’并非偶然，去年的立法法修改将设区的市的地方立法权限定为‘城乡建设与管理、环境保护、历史文化保护等’。事实上，由于这一限定中使用了‘等’的不完全列举的表述，多地曾对地方立法权是否仅限于法律列举的三个领域表达过自己的意见。”[2] 综上，设区的市立法权限范围存在的模糊之处，易于被扩大解释，也易于使设区的市人大及其常委会、设区的市政府陷入越权立法的困境，同时还可能导致立法资源的浪费。因而，必须由全国人大常委会尽快作出权威立法解释，以明确设区的市立法权限范围。

（二）设区的市与省、自治区在立法重叠领域权限划分不清

2015年《立法法》虽然明确规定了省、自治区以及设区的市立法权限，

[1] 王正斌：《〈立法法〉对设区的市一级地方立法制度的重大修改》，《中国法律评论》2015年第2期，第236页。

[2] 《地方立法周年 各地如何兑现》，《人民日报》2016年3月2日。

并对两者立法权限作了区分，但却出现了两者在立法重叠领域中的立法权限如何划分的问题。因为根据我国现行《宪法》、2015 年《立法法》以及相关法律的规定，省、自治区的地方立法权比较完整，权限范围比较广，除了国家专属立法权的事项外，其可以针对一切事项进行立法，而设区的市立法权限受到了很大限制，只限于“城乡建设与管理、环境保护、历史文化保护等方面的事项”。但上述三方面事项正是省、自治区与设区的市的立法重叠领域，即两者都可以对上述三方面事项进行立法。而 2015 年《立法法》并没有对设区的市与省、自治区在上述立法重叠领域的权限划分问题作出明确规定。这就导致，当实践中需要对上述三方面事项进行地方立法，且省、自治区与设区的市两者都有权制定时，何者优先呢？是优先适用省级地方立法权，由省、自治区立法主体制定省级地方立法呢？还是优先适用设区的市地方立法权，由设区的市立法主体制定设区的市地方立法呢？对于这一问题，并不好作出判断。有的人想当然地认为，由于省级立法权是更高位阶的立法权，因而，在立法重叠领域，应优先适用省级地方立法权，只有当不能适用省级地方立法权时，才考虑适用设区的市立法权。对此，笔者认为，此观点是明显站不住脚的，因为若如此，设区的市立法权就没有存在必要了，只需存在省级地方立法权即可。而且，从理论上讲，省、自治区立法权与设区的市立法权两者本身就各有优势，省级地方立法有利于统筹考虑本省、自治区的整体状况，为本省、自治区相关工作的开展提供统一的法制依据。而设区的市地方立法有利于充分考虑本地区的实际情况和立法需求，保证地方立法的针对性和可操作性。可以说，如果不解决好省、自治区与设区的市两者在立法重叠领域中的权限划分问题，就必然会发生两者针对同一事项的重复立法问题，既容易造成行政机关、司法机关执法适用上的混乱，也容易造成立法资源的浪费，更不利于调动两者各自的积极性和主动性。所以，我们应尽快明确在立法重叠领域中设区的市与省、自治区立法权限的划分，解决好两者的优先适用问题，以发挥好两者各自的优势。

（三）设区的市立法主体之间的立法权限划分不清

根据2015年《立法法》第72条第2款、第82条第1款[1]的规定，设区的市立法主体共分三类：设区的市人大、设区的市人大常委会、设区的市政府。尽管2015年《立法法》对这三者的立法权限作了明确规定，即这三者都可以对“城乡建设与管理、环境保护、历史文化保护等方面的事项”进行地方立法，设区的市人大及其常委会制定的是地方性法规，设区的市政府制定的是地方政府规章。但是，2015年《立法法》并没有对这三者之间的立法权限划分作出明确规定，特别是对设区的市人大与设区的市人大常委会之间的立法权限基本未作划分。比如，什么情况下应该制定地方性法规，什么情况下应该制定地方政府规章？什么情况下应该由设区的市人大立法，什么情况下应该由设区的市人大常委会立法？等等。对于这些问题，2015年《立法法》虽然作了一些规定，特别是对政府制定规章的权限进行了规范，但却不够明确完整，这就既容易导致何者优先适用的问题，也极易出现设区的市政府侵犯设区的市人大及其常委会立法权、设区的市人大常委会侵犯设区的市人大立法权的现象。这种担忧绝不是“杞人忧天”，因为“多年以来，行政部门主导立法以及由此形成的立法权的行政化、部门化，一直是影响我国立法民主性与公正性的显豁问题。实践当中，政府部门行使了相当重要和广泛的立法权，而人大立法职能却在相当程度上运作不到位。甚至在一些地方，人大好几年都不行使立法权。”[2]例如，北京市人大曾有13年之久未行使过立法权。当然，导致上述问题的原因很多，但人大及其常委会、政府之间立法权限长期划分不清无疑是重要原因之一。正如李林研究员指出：“受中央国家权力机关与行政机关的体制和职权划分的影响，地方性法规和政府规章的界限也不清楚，它们所调整的对象、范围、内容事项的许多方面是相同或交叉的。……如果不对它们的权限做适当划分，就可能引起立法混乱，损害地方法制的权威。”[3] 因而，为了避免今后在

---

[1] 2015年《立法法》第82条第1款规定：“省、自治区、直辖市和设区的市、自治州的人民政府，可以根据法律、行政法规和本省、自治区、直辖市的地方性法规，制定规章。”

[2] 封丽霞：《健全人大主导立法工作的体制机制》，《学习时报》2014年11月3日。

[3] 李林著：《立法理论与制度》，中国法制出版社2005年版，第347页。

设区的市立法过程中出现上述问题，我们应尽早对设区的市立法主体之间的立法权限进行明确划分。

（四）设区的市与原较大的市立法权限存在不衔接之处

随着2015年《立法法》赋予了所有设区的市立法权，较大的市立法权也就成为历史。但较大的市立法权毕竟存在了三十余年，且其立法权限范围广泛，立法数量众多，必然遗留不少问题，其中的核心问题是，在原49个较大的市变为49个一般的设区的市后，这49个设区的市立法权限与原49个较大的市立法权限却难以有效衔接。当然，对于此次新扩容的有立法权的设区的市来说，并不存在这方面的问题。由于原较大的市与省、自治区一样，立法权限范围比较广，几乎不受太多限制，除了国家专属立法权的事项外，其在一定条件下可以对一切事项进行地方立法，而设区的市立法权限范围较小，仅可以对上述三方面事项进行地方立法，这就决定了两者的立法权限难以做到有效衔接，从而导致了一系列问题的产生。

具体言之：一是对已经列入较大的市立法计划的立法项目，但却超出设区的市立法权限范围的，是否还有必要继续进行？二是正在制定过程中的原较大的市地方立法，特别是已经进入原较大的市人大常委会审议环节的地方立法，但却超出设区的市立法权限范围的，是否有必要继续进行？三是对已经由原较大的市人大或其常委会表决通过，正在提请省、自治区人大常委会审查批准的较大的市地方性法规，但却超出设区的市立法权限范围的，是否有必要继续进行？四是对超出设区的市立法权限范围的原较大的市地方立法，由于2015年《立法法》规定其继续有效，那么，在其有效期限内，究竟应由谁对其进行解释、修改或废止？其中，后者的问题更为突出，影响更为长远。因为随着经济社会的快速发展，原较大的市立法必然会滞后于社会实践，或者因上位法变迁而被迫修改，故而对这些超出设区的市立法权限范围的原较大的市立法的解释、修改或废止就必不可免。但2015年《立法法》并没有对这些超出设区的市立法权限范围的原较大的市立法的解释、修改或废止问题作出明确规定，导致了“两难”问题的产生。因为如果由作为原较大的市继任者的现设区的市立法主体对其进行解释、修改或废止的话，显然超出了其现有立法权限范围。正如有学者指出："修改后的《立法法》第72条第6款规定三类较大市制定的涉及前述规定事项之外的地方性法规继续有效，虽然维护了法律体系的稳定性，但是，由于对这些地方性法规的修改和废止问题却未作出规定，从而使得三类较大市的立法权限规定呈现出明显的不完整性。因为随着社会情势的变化，这些地方性法规也可能存在修改或废止之必要，如此一来，则必然面临原制定主体有无相应立法权限的问题。"[1] 而如果由省、自治区对其进行解释、修改或废止的话，显然违背了"谁制定、谁解释、谁修改"的立法原理，也大大增加了省、自治区立法主体的立法负担，也不太切合实际。

四、设区的市立法权限之完善

设区的市立法权限存在的上述种种不足之处，极易影响设区的市立法权的行使，因而，亟待全国人大常委会对2015年《立法法》的相关条款作出权威立法解释。但在全国人大常委会通过对2015年《立法法》相关条款的权威解释之前，我们可以从法理上和逻辑上进行分析探讨，提出相关完善建议，以促进设区的市立法权限的完善。

（一）通过科学列举来厘清设区的市立法权限范围

如上所述，2015年《立法法》以列举的方式明确了设区的市立法权限的范围，这较2000年《立法法》是个巨大的进步，但由于上述三方面事项的范围都可大可小，致使设区的市立法权限范围仍存在一些模糊之处。而要有效解决这一问题，我们就应采取肯定式列举兼否定式排除的方式来厘清设区的市的立法权限范围。具体就是以肯定式列举的方式来明确上述三方面事项的具体涵盖范围，以否定式排除的方式来列举设区的市立法权不能"染指"的事项。此外，我们还要对2015年《立法法》第72条第2款中的"等"字作出明确界定。

---

[1] 易有禄：《设区市立法权的权限解析》，《政法论丛》2016年第2期，第76页。

第一，要肯定式列举“城乡建设与管理、环境保护、历史文化保护等方面的事项”的具体涵盖范围。因为这三方面事项的范围可大可小，必须要对其进行明确界定，但对这三方面事项范围的界定既不能过小，也不能过大，而要在这两者之间找到一个平衡点。因为如果设区的市立法权限范围过小，无疑会影响设区的市立法主体积极性和主动性的发挥，导致难以实现 2015 年《立法法》赋予设区的市立法权的目的；而如果设区的市立法权限范围过大，则与 2015 年《立法法》对设区的市立法权“限权”的初衷相违背，也易于导致设区的市立法权的滥用。因而，必须要在“赋权”与“限权”之间找到一个“黄金分割点”。正如苏力教授指出：“中国的立法体制应当在统一性和多样性这两个同样值得追求的极端之间保持一种必要的张力，寻找黄金分割点。”[1]但要找到这一“黄金分割点”，就不能从纯粹的理论或学理出发，而应该从立法的原意出发。可以考虑借鉴《第十二届全国人民代表大会法律委员会关于〈中华人民共和国立法法修正案（草案）〉审议结果的报告》中的有关说法，[2]因为其代表着官方的表态，而且也是迄今为止官方唯一的关于设区的市立法权限范围的表态。这样，便于我们从立法原意出发来寻找这一“黄金分割点”，自然也就便于我们详细列举上述三方面事项的具体范围。

具体言之，根据《第十二届全国人民代表大会法律委员会关于〈中华人民共和国立法法修正案（草案）〉审议结果的报告》中的有关说法，以及其他法律的相关规定，可以将上述三方面事项的涵盖范围具体列举为：①城乡建设与管理方面事项范围，具体包括城乡规划、房地产开发、征地拆迁补偿、基础

---

[1] 苏力：《当代中国的中央与地方分权——重读毛泽东〈论十大关系〉第五节》，《中国社会科学》2004 年第 2 期，第 50 页。

[2] 即“法律委员会经研究认为，‘城乡建设与管理、环境保护、历史文化保护等方面的事项’，范围是比较宽的。比如，从城乡建设与管理看，就包括城乡规划、基础设施建设、市政管理等；从环境保护看，按照环境保护法的规定，范围包括大气、水、海洋、土地、矿藏、森林、草原、湿地、野生生物、自然遗迹、人文遗迹等。”参见《第十二届全国人民代表大会法律委员会关于〈中华人民共和国立法法修正案（草案）〉审议结果的报告》，http：//www. npc. gov. cn/wxzl/gongbao/2015 －05/07/content_1939079. htm。

设施建设、公共设施建设、市容、市政管理等事项。[1] ②环境保护方面事项范围，具体包括大气、水、海洋、土地、矿藏、森林、草原、湿地、野生生物、自然遗迹、人文遗迹、自然保护区、风景名胜区、城市和乡村等方面的保护事项。《第十二届全国人民代表大会法律委员会关于〈中华人民共和国立法法修正案（草案）〉审议结果的报告》中对环境保护方面事项范围的界定，稍微不同于《环境保护法》第2条[2]对环境事项的界定，少了“自然保护区、风景名胜区、城市和乡村”。对此，考虑到《第十二届全国人民代表大会法律委员会关于〈中华人民共和国立法法修正案（草案）〉审议结果的报告中》要求“按照环境保护法的规定”界定环境保护方面的事项范围，因而，这里我们按照《环境保护法》第2条的规定，对环境保护方面的事项范围作了上述界定。③历史文化保护方面事项范围。对此，首先需要说明的是，无论是《第十二

---

[1] 2015年9月，全国人大常委会法制工作委员会主任李适时在第二十一次全国地方立法研讨会上对一些模糊焦点做了解释说明，强调指出《立法法》中的“城乡建设”既包括城乡道路交通、水电气热市政管网等市政基础设施建设，也包括医院、学校、文体设施等公共设施建设。法条中的“城乡管理”除了包括对市容、市政等事项的管理，也包括对城乡人员、组织的服务和管理以及对行政管理事项的规范等。但是，2016年9月，全国人大常委会法制工作委员会主任李适时在第二十二次全国地方立法研讨会上的小结中则未将“对城乡人员、组织的服务和管理”纳入“城乡管理”的范围，即“去年底以来，中央和国务院相继出台了《关于深入推进城市执法体制改革改进城市管理工作的指导意见》和《关于进一步加强城市规划建设管理工作的若干意见》，对城市管理的范围作了明确界定。文件明确，城市管理的主要职责是市政管理、环境管理、交通管理、应急管理和城市规划实施管理等，具体实施范围包括：市政公用设施运行管理、市容环境卫生管理、园林绿化管理等方面的全部工作；市、县政府依法确定的，与城市管理密切相关、需要纳入统一管理的公共空间秩序管理、违法建设治理、环境保护管理、交通管理、应急管理等方面的部分工作。根据文件精神，出于城市管理需要而延伸的吸引社会力量和社会资本参与城市管理，建立健全市、区（县）、街道（乡镇）、社区管理网络，推动发挥社区作用，动员公众参与，提高市民文明意识等相关举措，也属于城市管理范畴，涉及的这些领域都是《立法法》规定的设区的市可以制定地方性法规的范畴。不久前，国务院又出台了《关于推进中央与地方财政事权和支出责任划分改革的指导意见》，意见明确划分了中央财政事权、地方财政事权和中央与地方共同财政事权，对不同的事权范围规定了不同的责任承担。我们要在吃透上述文件精神基础上，严格遵循立法法的规定，坚持在立法权限范围内确定什么法能立、什么法不能立，科学确定立法项目，而不能定指标、画框框。对遇到确实可能超越地方立法权限的问题，要向地方党委汇报清楚，必要时可与省、自治区沟通，取得指导；仍不清楚的，还可以通过省级人大常委会同全国人大常委会法工委沟通。”参见《人大法工委主任李适时：全面贯彻实施修改后的立法法》，http://www.china.com.cn/legal/2015-09/17/content_36613016.htm；李适时：《在第二十二次全国地方立法研讨会上的小结》，http://www.npc.gov.cn/npc/lfzt/rlyw/2016-09/18/content_1997525.htm。

[2] 《环境保护法》第2条规定：“本法所称环境，是指影响人类生存和发展的各种天然的和经过人工改造的自然因素的总体，包括大气、水、海洋、土地、矿藏、森林、草原、湿地、野生生物、自然遗迹、人文遗迹、自然保护区、风景名胜区、城市和乡村等。”

届全国人民代表大会法律委员会关于〈中华人民共和国立法法修正案（草案）〉审议结果的报告》，还是其他有关《立法法》修改草案的说明，都没有对历史文化保护方面的事项范围有所提及，导致我们缺乏相应的参考。对此，笔者认为，可以借鉴易有禄教授的观点，即根据《中华人民共和国文物保护法》（以下简称《文物保护法》）第 2 条❶和《中华人民共和国非物质文化遗产保护法》（以下简称《非物质文化遗产保护法》）第 2 条❷等的相关规定，先分别对物质类的历史文化保护事项范围和非物质类的历史文化事项保护范围作出界定，再将两者综合在一起，从而最终将历史文化保护事项范围界定为：文物保护、历史文化遗址、历史文化遗迹、传统艺术、传统工艺、风俗习惯、风景名胜、历史文化名城保护、历史文化保护区管理等方面的事项。❸ 最后，这里需要指出的一个问题是，上述环境保护方面事项范围与历史文化保护事项范围有交叉或重复之处，即两者都包括了“人文遗迹、风景名胜区”，这似乎有不妥之处，因为按照立法语言和立法逻辑的要求，并列的两个事项是不应该有交集的。正如有学者指出：“按照立法技术规范，被列举事项之间在内涵和外延上不能有包含和被包含关系，否则易造成逻辑混乱。我们注意到，新《立法法》第 72 条第 2 款是采取城乡建设与管理、环境保护、历史文化保护并行列举方式的立法技术规范，导致环境保护、历史文化保护这两个被列举事项之间在内涵和外延上有包含和被包含关系，其中有关‘人文遗迹、风景名胜区’

---

❶ 《文物保护法》第 2 条规定：“在中华人民共和国境内，下列文物受国家保护：（一）具有历史、艺术、科学价值的古文化遗址、古墓葬、古建筑、石窟寺和石刻、壁画；（二）与重大历史事件、革命运动或者著名人物有关的以及具有重要纪念意义、教育意义或者史料价值的近代现代重要史迹、实物、代表性建筑；（三）历史上各时代珍贵的艺术品、工艺美术品；（四）历史上各时代重要的文献资料以及具有历史、艺术、科学价值的手稿和图书资料等；（五）反映历史上各时代、各民族社会制度、社会生产、社会生活的代表性实物。文物认定的标准和办法由国务院文物行政部门制定，并报国务院批准。具有科学价值的古脊椎动物化石和古人类化石同文物一样受国家保护。”

❷ 《非物质文化遗产保护法》第 2 条规定：“本法所称非物质文化遗产，是指各族人民世代相传并视为其文化遗产组成部分的各种传统文化表现形式，以及与传统文化表现形式相关的实物和场所。包括：（一）传统口头文学以及作为其载体的语言；（二）传统美术、书法、音乐、舞蹈、戏剧、曲艺和杂技；（三）传统技艺、医药和历法；（四）传统礼仪、节庆等民俗；（五）传统体育和游艺；（六）其他非物质文化遗产。属于非物质文化遗产组成部分的实物和场所，凡属文物的，适用《中华人民共和国文物保护法》的有关规定。”

❸ 易有禄：《设区市立法权的权限解析》，《政法论丛》2016 年第 2 期，第 75 页。

等部分内容存在交叉、重叠。”❶ 对此，虽然从表面上看，我国2015年《立法法》规定的环境保护方面事项范围与历史文化保护方面事项范围存在交集或重复之处，但是，两者保护的内容却是不一样的，一个保护的是“人文遗迹、风景名胜区”中的环境，一个保护的是“人文遗迹、风景名胜区”中的历史文化，是可以截然分开的，不应视为一回事。这一点从《环境保护法》与《文物保护法》《非物质文化遗产保护法》不同的立法目的也可以得到印证。

第二，要以否定式排除的方式来列举设区的市立法权不能“染指”的事项。根据2015年《立法法》关于我国立法权限的划分，2015年《立法法》第8条规定的国家立法权专属的事项是包括设区的市立法权在内的地方立法权绝不能“染指”的事项，这些事项应由全国人大及其常委会通过制定法律的形式予以规定。此外，“城乡建设与管理、环境保护、历史文化保护”之外的其他事项，也是设区的市立法权不能“染指”的事项，这是依法立法原则的基本要求。这些事项主要包括：①“政治”方面的事项；②社会管理方面的事项；③经济管理方面的事项。这其中，最主要的是“政治”方面的事项，其具体包括政权建设类事项、政法类事项、社会权益类事项等三类。因为“政治”方面的事项在我国过去地方立法涉及的事项中占了相当部分比例，是地方立法的“重头戏”所在。据有关人员对1979—1991年约2000件地方性法规的统计研究显示，其中，地方政权建设类约占地方性法规总数的22%，政法类约占地方性法规总数的14%，社会权益类约占地方性法规总数的11%，三项总计占地方性法规的47%。❷

第三，要对2015年《立法法》第72条第2款中的“等”字进行明确界定。对2015年《立法法》第72条第2款中“等”字的理解与界定，应从2015年《立法法》立法的原意和精神出发，而不能“妄加臆断”。2015年《立法法》之所以对设区的市立法权限的规定不同于原较大的市立法权限，其目的就在于对设区的市立法权限范围进行限制，以避免其滥用。因而，将2015年《立法法》第72条第2款中的“等”字理解和界定为“等内等”即

---

❶ 《新〈立法法〉对设区的市立法权限规定存在的不足及完善》，http：//www.ahfzb.gov.cn/content/detail/57ec85fecfd9f3d009000012.html。

❷ 唐孝葵主编：《地方性法规比较研究》，中国民主法制出版社1992年版，第26页以下。转引自李林著：《立法理论与制度》，中国法制出版社2005年版，第334页。

“用于列举煞尾”更为符合2015年《立法法》既“赋权”又“限权”的原意和精神，即设区的市立法权限范围应严格限定在上述三方面事项范围内。而反之，如果我们将2015年《立法法》第72条第2款中的“等”字理解和界定为“等外等”即“表示列举未尽”的话，则将使设区的市立法权限范围处于一个不确定的状态，将无异于原较大的市立法权限范围，这显然与2015年《立法法》既“赋权”又“限权”的原意和精神不符。另外，“在规范上，《立法法》第72条第6款存在‘涉及本条第二款规定事项范围以外的，继续有效’的表述；相应地，第82条第3款亦存在‘涉及上述事项范围以外的，继续有效’的表述。既然有‘范围以外’的提法，则意味着‘范围’本身的明确性，即仅限于三项列举的事项。”❶ 此外，2015年《立法法》第72条第2款在列举完设区的市立法权限范围后，又增加了“法律对设区的市制定地方性法规的事项另有规定的，从其规定”的规定，这就为未来设区的市立法权限的扩大预留了广阔的立法空间，因而，这里的“等”只能是“等内等”，而不可能是“等外等”。否则，这一规定就没有任何存在的价值和意义了。正如2015年9月，全国人大常委会法制工作委员会主任李适时同志在第二十一次全国地方立法研讨会上指出：“‘城乡建设与管理、环境保护、历史文化保护’三个事项后的‘等’，从立法原意讲，应该是等内，不宜再做更加宽泛的理解。”❷

对此，也有人表示异议，认为把2015年《立法法》第72条第2款中的“等”字界定为“有限制的等外”更为适合。理由主要在于，考虑到“立法语言文字要做到严谨、规范，还要做到同样的词汇、概念表达同样的含义，不同的词汇、概念表达不同的含义。”❸ 因而，2015年《立法法》第72条第2款中的“等”字应与2015年《立法法》其他地方的“等”字含义相同，即都为“等外等”，但这又明显与2015年《立法法》对设区的市“限权”的立法原意不符。又考虑到2015年《立法法》第72条第2款在列举上述三方面事项后，

---

❶ 郑毅：《对我国〈立法法〉修改后若干疑难问题的诠释与回应》，《政治与法律》2016年第1期，第53页。

❷ 《人大法工委主任李适时：全面贯彻实施修改后的立法法》，http：//www.china.com.cn/legal/2015-09/17/content_36613016.htm。

❸ 周旺生著：《立法学教程》，北京大学出版社2006年版，第517页。

增加了“法律对设区的市制定地方性法规的事项另有规定的，从其规定”的条款，这就意味着只有在法律另有规定的情况下，才能将设区的市立法权限扩充到上述三方面事项之外，因而，将2015年《立法法》第72条第2款中“等”字界定为一种“有限制的等外等”更为准确。[1] 对此，笔者认为，上述观点不无道理，但既然2015年《立法法》第72条第2款中的“法律对设区的市制定地方性法规的事项另有规定的，从其规定”，已经为未来设区的市立法权限的扩大预留了立法空间，那么，对其前面的“等”字作严格解释和界定，即将之明确界定为“等内等”，就自然不过了。否则，2015年《立法法》第72条第2款中的“法律对设区的市制定地方性法规的事项另有规定的，从其规定”的内容，就没有任何存在意义了。此外，“等”字不同于一般的立法词汇，对其作不同界定，一般不会导致立法言语歧义或立法逻辑不通。且在缺乏全国人大常委会权威立法解释的情况下，除了一些比较明显的地方外，如2015年《立法法》第36条[2]中的“等”字明显为“等外等”，很难说2015年《立法法》中的其他“等”字都为“等内等”或“等外等”。

（二）明确设区的市与省、自治区在立法重叠领域的权限划分

我们要想明确设区的市与省、自治区在立法重叠领域的权限划分，首先就必须从这一问题产生的根源着手。之所以我国设区的市与省、自治区会存在立法重叠领域，主要原因就在于我国各级人大及其常委会、政府之间存在严重的“职责同构化”现象，即各级人大及其常委会、政府的职责大体相同，管理的事项大体相同，机构设置上下对口，只是不同级别人大及其常委会、政府管辖

[1] 郭思源：《论设区的市立法权范围——兼评〈立法法〉修正案第31条》，《研究生法学》2015年第3期，第67页。

[2] 2015年《立法法》第36条规定：“列入常务委员会会议议程的法律案，法律委员会、有关的专门委员会和常务委员会工作机构应当听取各方面的意见。听取意见可以采取座谈会、论证会、听证会等多种形式。法律案有关问题专业性较强，需要进行可行性评价的，应当召开论证会，听取有关专家、部门和全国人民代表大会代表等方面的意见。论证情况应当向常务委员会报告。法律案有关问题存在重大意见分歧或者涉及利益关系重大调整，需要进行听证的，应当召开听证会，听取有关基层和群体代表、部门、人民团体、专家、全国人民代表大会代表和社会有关方面的意见。听证情况应当向常务委员会报告。常务委员会工作机构应当将法律草案发送相关领域的全国人民代表大会代表、地方人民代表大会常务委员会以及有关部门、组织和专家征求意见。”

的行政区域大小不同。[1] 因而，设区的市与省、自治区可以立法的事项大体差不多，所以两者必然存在立法重叠领域。但由于设区的市立法权限受到了极大限制，导致设区的市与省、自治区立法重叠的领域就比较少，仅限于上述三方面事项。那么，在两者立法重叠领域，究竟应优先适用设区的市立法权还是省、自治区立法权呢？这就应从各级人大、人大常委会、政府“职责同构化”现象产生的原因谈起。根据我国现行《宪法》《地方组织法》等的相关规定及其精神，我国各级人大、人大常委会、政府之所以会存在“职责同构化”现象，除了因其管理的事项大体相同外，最主要的原因在于调动各自的积极性和主动性，发挥各自在地方治理中的优势。《立法法》之所以赋予不同主体立法权，并合理划分不同主体之间的立法权限，其目的也在于调动不同主体各自的积极性和主动性。正如李林研究员指出：“划分中央和地方的立法权限，基本思路是发挥‘两个积极性’，中央和地方都应拥有必要的立法职权。”[2] 因而，从这一目的出发，在立法重叠领域，就应优先适用设区的市立法权，由设区的市立法主体优先立法，以发挥设区的市立法权的积极性和主动性，除非因该事项具有跨区域性或涉及省级管理部门权限而导致设区的市无相应的立法权限，否则，如果在两者立法重叠领域，优先适用省、自治区立法权，由省、自治区立法主体优先立法，则2015年《立法法》赋予所有设区的市立法权就无实质意义，也无法充分调动设区的市立法主体积极性和主动性。正如有学者指出：“首先，省、设区市之间重叠的立法权应当优先由设区市行使，在设区市能够较好地实行规制时，省级立法主体不应行使立法权；其次，只有在设区市依靠自身能力无法解决或者省级立法主体进行立法效果更好的情形下，才应由省级立法主体行使立法权。这不仅可以调动设区市的工作积极性和主动性，而且可以节省资源，使省级立法主体将更多的时间和精力投入到设区市地方性法规的批准、备案和审查上，提高地方立法质量。”[3]

（三）明确设区的市立法主体之间的立法权限划分

如前所述，由于设区的市立法主体包括设区的市人大、设区的市人大常委

[1] 张志红著：《当代中国政府间纵向关系研究》，天津人民出版社2005年版，第270页。
[2] 李林著：《立法理论与制度》，中国法制出版社2005年版，第320页。
[3] 方明：《正确理解设区市地方立法的权限范围》，《新华日报》2016年10月25日。

会、设区的市政府三类，因而，只有在明确这三者之间的立法权限划分之后，才能既避免因这三者“相互推诿”而导致的立法不作为现象，又避免因这三者越权立法而导致的立法乱作为现象。而要明确这三个设区的市立法主体之间的立法权限划分，我们就应根据我国现行《宪法》、2015 年《立法法》、《地方组织法》等相关规定，并结合全国人大常委会法制工作委员会主任李适时同志的相关讲话[1]，从以下方面着手：

第一，要明确设区的市人大及其常委会与设区的市政府之间的立法权限划分。这实质上就是明确地方性法规与地方政府规章之间的立法事项划分，即解决什么情况下应制定地方性法规、什么情况下应制定地方政府规章的问题。之所以要首先明确地方性法规与地方政府规章之间的权限划分，是考虑到“法律对地方性法规和政府规章两者立法权限的规定，原则上是清楚的，但在实践中又往往界限模糊，不易区分。”[2] 但要回答这一问题，首先就必须要回答另一个问题，即如前所述，2015 年《立法法》赋予设区的市人大及其常委会的地方性法规制定权是不完整的，其所制定的地方性法规必须要报请其所在地的省、自治区人大常委会审查批准后才能生效，而 2015 年《立法法》赋予设区的市政府的地方政府规章制定权却是完整的，其所制定的地方政府规章不需经有关机关审查批准就可以直接生效，且设区的市地方政府规章制定权也没有宪法依据，也不是宪法赋予的，因为我国现行《宪法》只是赋予了国务院各部委部门规章制定权，并没有赋予省、自治区、直辖市政府以及设区的市政府地方规章制定权，这就引出了一个有争议的问题，即为什么设区的市人大及其常委会制定的地方性法规需经其所在地的省、自治区人大常委会审查批准后才能生效，而作为其下一级立法主体的设区的市政府制定的地方政府规章却可以直接生效？正如有学者指出：“《宪法》没有规定设区的市一级人大及其常委会地方立法权，《地方组织法》与《立法法》需要规定设区的市一级人大及其常委会制定的地方性法规需要报省级人大常委会批准。而地方政府规章制定权，《宪法》同样没有规定，《地方组织法》和《立法法》却可以规定其完整的制

---

[1] 《人大法工委主任李适时：全面贯彻实施修改后的立法法》，http：//www. china. com. cn/legal/2015 -09/17/content_36613016. htm。

[2] 周实主编：《地方立法权限与立法程序研究》，东北大学出版社 2011 年版，第 47 页。

定权，无须报批。这是理论上值得探讨的问题，涉及如何理解规章和地方性法规的制定权的区别。”❶

对此，之所以会产生如此问题，主要原因在于地方性法规和地方政府规章与上位法的关系不一样，或者说制定地方性法规和地方政府规章时遵循的原则不一样。根据我国现行《宪法》《地方组织法》《立法法》等的规定，我国地方性法规制定时，必须要遵循不抵触原则，即地方性法规不能与我国宪法、法律、行政法规相抵触，对于设区的市地方性法规来说，还不能与其所在地的省、自治区地方性法规相抵触。换言之，只要地方性法规不与上位法相抵触，即使没有上位法依据，也可以由地方人大及其常委会制定并生效。再加上设区的市立法权本身是省级地方立法权的延伸，所以，设区的市地方性法规必须要经省、自治区人大常委会审查批准后才能生效，以避免设区的市地方性法规存在与上位法相抵触的地方。而我国地方政府规章制定时，遵循的是“根据”原则，即地方政府规章的制定，不仅不能与上位法相抵触，还必须要有明确的上位法依据，要根据法律、行政法规等上位法的规定进行，没有上位法规定作为依据的，一律不得制定地方政府规章。❷ 换言之，因为设区的市地方政府规章的制定，已经有了明确的法律、行政法规和本省、自治区地方性法规的依据，所以，就不需要再由有关机关审查批准了，可以直接生效。这也可以说明，为什么设区的市地方政府规章制定权并不需要宪法赋予，只需法律赋予即可。而对于设区的市地方政府规章可能存在的与上位法相抵触的问题，可以在

❶ 王正斌：《〈立法法〉对设区的市一级地方立法制度的重大修改》，《中国法律评论》2015 年第 2 期，第 234 页。

❷ 根据《立法法》第 82 条的规定，制定地方政府规章的“依据说”即“根据说”包含两个方面的内容：一是根据第 1 款的规定，制定地方政府规章要根据法律、行政法规和本省、自治区、直辖市的地方性法规。即制定地方政府规章持“依据说”，没有上位法依据，不得制定地方政府规章。这一点与制定地方性法规所持的“职权说”有明显区别。《宪法》第 100 条规定：“省、直辖市的人民代表大会和它们的常务委员会，在不同宪法、法律、行政法规相抵触的前提下，可以制定地方性法规。”只要不与上位法相抵触，无须上位法依据，也可以制定地方性法规。二是没有法律、行政法规、地方性法规的依据，地方政府规章不得设定减损公民、法人和其他组织权利或者增加其义务的规范。这是 2015 年修改《立法法》增加的内容。这涉及行政机关的管理权与创制权的区别。有规章制定权，并不意味着该规章必然具有权利义务的设定权。根据这一规定，没有上位法的明确授权，地方政府规章没有权利义务的设定权。这一点也与制定地方性法规所持的“职权说”有明显区别，地方性法规只要不与上位法相抵触，无须上位法依据，也可以设定权利义务。以上两个方面，是制定地方性法规与制定地方政府规章的关键区别。参见王正斌：《〈立法法〉对设区的市一级地方立法制度的重大修改》，《中国法律评论》2015 年第 2 期，第 234 ~ 235 页。

设区的市地方政府规章生效后，由国务院、省、自治区政府、设区的市人大及其常委会等有权主体按照《立法法》《中华人民共和国各级人民代表大会常务委员会监督法》（以下简称《监督法》）等的规定对其进行立法监督。

根据上述分析，特别是考虑到“从宪法和立法法规定来看，地方性法规与其上位法的关系适用‘不抵触’原则，规章与其上位法的关系应当遵循‘根据’原则，两者是有区别的”[1]，2015年《立法法》对地方政府规章的权限作了明确的规范和限制：一是设区的市政府在制定地方政府规章时，如果没有法律、行政法规、地方性法规的依据，不得设定减损公民、法人和其他组织权利或者增加其义务的规范。这就说明，没有上位法作为依据，地方政府规章不能就公民、法人和其他组织的权利义务问题作出规定。当然，在2015年《立法法》颁布实施之前，原49个较大的市地方政府规章对公民、法人和其他组织的权利义务问题作了不少规定，尽管根据2015年《立法法》的相关规定，即“省、自治区的人民政府所在地的市，经济特区所在地的市和国务院已经批准的较大的市已经制定的地方性法规，涉及本条第二款规定事项范围以外的，继续有效”[2]，但其显然已经不符合2015年《立法法》的立法精神和规定了，有权机关应尽快对其进行修改或废止。二是应当由设区的市人大及其常委会制定地方性法规但条件尚不成熟的，如果确因行政管理迫切需要，设区的市政府可以先制定地方政府规章，但其有效期限最长两年。如果过了两年之后，依然需要继续实施该地方政府规章所规定的行政措施的，就应当由设区的市政府在两年期限结束前提请本级人大或者其常委会制定地方性法规对其作出规定。[3] 这就坚持了原则性与灵活性的有机统一，既适应了设区的市政府行政管理的迫切需要，又避免了设区的市政府对设区的市人大及其常委会立法权的

---

[1] 乔晓阳主编：《〈中华人民共和国立法法〉导读与释义》，中国民主法制出版社2015年版，第35页。

[2] 《中华人民共和国立法法》，http：//www. npc. gov. cn/npc/dbdhhy/12_3/2015 – 03/18/content_1930713. htm。

[3] 需要注意的是，凡文件上升为规章，规章上升为法规的，原文件、规章一定要同时废止，否则会造成冲突和混乱，也会为以后的清理带来麻烦。不少起草部门是原规则上升了，但仍强烈要求保留它，说里面还有一条或两条有用，法制机构不答应，他们就去找他们的分管领导，领导一说话，就给保留了。今后要形成制度，约束这种行为。参见陈公雨著：《地方立法十三讲》，中国法制出版社2015年版，第134页。

侵犯。正如全国人大常委会法制工作委员会李适时同志指出："考虑到地方行政管理的实际需要，《立法法》第82条第5款对制定地方政府规章作出授权性规定。根据该款规定，法律对地方政府提请制定地方性法规规定了两年时限，如果地方政府未在两年内提出议案，规章所规定的有关行政措施即相应失效；如地方政府规章实施满两年，需要继续实施规章所规定行政措施的，不宜由人大常委会授权其继续实施，而应当在满二年时限前提请同级人大及其常委会制定地方性法规，在审议阶段如果超过两年的，该行政措施可以继续实施，以保证行政管理的连续性。"❶

综合上述分析，根据相关法律的规定，以及设区的市人大及其常委会、设区的市政府职权的特点，设区的市人大及其常委会与设区的市政府之间的立法权限应划分如下：①在保证上位法实施方面，上位法授权设区的市人大及其常委会作出规定的事项，由设区的市人大及其常委会制定地方性法规作出规定。上位法授权设区的市政府作出规定的事项，则由设区的市政府制定地方政府规章作出规定。当然，如果是为了执行设区的市地方性法规，就只能由设区的市政府制定规章作出规定。②在自主解决地方性事务方面，如果该地方性事务属于由设区的市人大及其常委会讨论决定的本行政区域内的重大事项，就应由设区的市人大及其常委会制定地方性法规作出规定。如果该地方性事务属于本行政区域内的具体行政管理事项，就应由设区的市政府制定地方政府规章作出规定。③在先行立法方面，对于不属于国家立法权专属的事项，且其尚未由国家制定法律或者行政法规时，只能由设区的市人大及其常委会根据本地方的具体情况和实际需要，先制定地方性法规对其作出规定。④如果没有法律、行政法规、地方性法规的依据，设定减损公民、法人和其他组织权利或者增加其义务的规范时，只能由设区的市人大及其常委会制定地方性法规，而不能由设区的市政府制定地方政府规章。⑤在授权立法方面，要根据授权决定的不同要求，分别由设区的市人大及其常委会制定地方性法规作出规定，或者由设区的市政府制定地方政府规章作出规定。❷

---

❶ 《人大法工委主任李适时：全面贯彻实施修改后的〈立法法〉》，http://www.china.com.cn/legal/2015-09/17/content_36613016.htm。

❷ 李林著：《立法理论与制度》，中国法制出版社2005年版，第348~349页。

第二，要明确设区的市人大与其常委会之间的立法权限划分。“事实上，除了全国人大及其常委会（中央立法）与地方人大及其常委会（地方立法）之间在某些事项上的立法权限可作出一个大致的划分外，其他的划分在现有立法体制的框架和现有条件之下，是很难作出具有可操作性的划分。这种困难主要来自立法涉及的事项和体制两个方面。”❶ 对于设区的市人大和其常委会来说，更是如此，要将这两者之间的立法权限作一个明确的划分绝非易事。一方面，两者的职权大体相同，即“职权同构化”现象十分严重；另一方面两者的立法权限范围基本一致，即都“可以对城乡建设与管理、环境保护、历史文化保护等方面的事项制定地方性法规”。但是，毕竟设区的市人大、设区的市人大常委会是两个不同的立法主体，且设区的市人大常委会只是设区的市人大的常设机关，不能与设区的市人大相提并论，因而，对两者之间的立法权限作出明确的划分，还是十分必要的。

那么，应如何对设区的市人大与其常委会之间的立法权限作出明确划分呢？对此，要明确设区的市人大与其常委会之间的立法权限划分，必须要把握住两点，一是要牢记两者地位不同，设区的市人大常委会只是设区的市人大的常设机关，因而，重要事项的立法应由设区的市人大制定；二是要充分考虑设区的市人大常年闭会的现实，只应将少数立法事项专门“保留”给设区的市人大，而应将大部分立法权赋予设区的市人大常委会行使，以保证设区的市立法权的常态化运行。正如有学者指出：“鉴于代表大会较少行使立法权的现实，除少数事项保留外，可将大部分立法权授予常委会行使。”❷ 根据这两点，可以得出结论，设区的市人大与其常委会之间的立法权限大部分都是重合的，只有下列事项仅能由设区的市人大通过制定地方性法规予以规定：一是先行立法的事项，即除了国家专属立法权的事项外，其他事项尚未由国家制定法律或者行政法规的，设区的市可以根据本地方的具体情况和实际需要，先以制定地方性法规的形式予以规定。考虑到先行立法的事项，本应是由国家制定法律或者行政法规予以规定的事项，属于中央立法权范畴，十分重要，所以，笔者建议此类事项只能由设区的市人大以制定地方性法规的形式予以规定。二是由设

---

❶ 李林著：《立法理论与制度》，中国法制出版社 2005 年版，第 351 页。

❷ 李林著：《立法理论与制度》，中国法制出版社 2005 年版，第 354 页。

区的市人大讨论决定的本行政区域的重大事项。尽管设区的市人大与其常委会都有重大事项决定权，但相较而言，设区的市人大讨论决定的本行政区域的重大事项更具有全局性、长期性和稳定性，因而，这些重大事项只能由设区的市人大在其立法权限范围内，通过制定地方性法规的形式予以规定。例如，我国2015年《立法法》第76条中明确指出："规定本行政区域特别重大事项的地方性法规，应当由人民代表大会通过。"2017年1月25日颁布实施的《忻州市地方立法条例》第3条第2款明确规定："立法权限内规定本市特别重大事项的，规范代表大会活动的，规定代表履行职务的，应当由市人民代表大会通过。"[1] 尽管"对于什么属于'特别重大事项'，《立法法》没有作出明确规定。一般来说，凡涉及本地区全局的重要事项或者涉及较多数群众切身利益或较多群众关心的事项，都可以认为属于特别重大事项。"[2] 从实践情况来看，许多设区的市出台了地方人大常委会讨论决定本行政区域重大事项办法，对设区的市人大常委会讨论决定的重大事项范围作了列举，[3] 有助于我们准确界定设区的市人大讨论决定的本行政区域特别重大事项的范围。三是授权机关专门授权设区的市人大制定地方性法规予以规定的事项。四是属于设区的市人大职权范围内的事项，需要由设区的市人大制定地方性法规的，设区的市人大可以在其权限范围内制定地方性法规予以规定。从立法实践情况来看，许多地方立法条例对设区的市人大及其常委会的立法权限作了明确规定，体现了笔者上述建议，也为我们明确划分设区的市人大与其常委会之间的立法权限提供了一定

---

[1] 《忻州市地方立法条例》，http：//law. npc. gov. cn/FLFG/flfgByID. action? flfgID = 36338964&keyword = %E9%87%8D%E5%A4%A7%E4%BA%8B%E9%A1%B9&zlsxid = 03。

[2] 乔晓阳主编：《〈中华人民共和国立法法〉导读与释义》，中国民主法制出版社2015年版，第258页。

[3] 例如，《广州市人民代表大会常务委员会讨论决定重大事项办法》第3条规定："本行政区域内的下列重大事项，应当提请市人民代表大会常务委员会审议，并作出相应的决议、决定：（一）贯彻执行宪法、法律、法规和市人民代表大会的决议、决定的重大措施；（二）推进依法治市，加强社会主义民主与法制建设的重要决策和部署；（三）教育、科学、文化、卫生、体育等事业的发展规划；（四）根据市人民政府的建议对国民经济和社会发展计划的部分变更；（五）根据市人民政府的建议对市本级财政预算的部分变更；（六）涉及人口、环境、资源等方面的重大措施；（七）市人民检察院检察长在重大问题上不同意检察委员会多数人的决定而提请决定的事项；（八）决定授予或者撤销广州市荣誉市民等地方荣誉称号；（九）市人民代表大会交由常务委员会审议并作出决定的重大事项；（十）市人民政府提请或者市中级人民法院、市人民检察院建议市人民代表大会常务委员会审议交作出决定的其他重大事项；（十一）法律、法规规定应当由市人民代表大会常务委员会审议并作出决定的其他重大事项。"

的借鉴思路。[1]

（四）实现设区的市立法权限与较大的市立法权限的有效衔接

如上所述，由于设区的市立法权限与较大的市立法权限存在较大差异，导致49个较大的市立法权限与作为其继任者的49个设区的市立法权限存在不衔接之处，出现了上述四方面问题，亟待解决。对此，要想实现设区的市立法权限与较大的市立法权限的有效衔接，对于上述四方面问题就应区别对待。虽然这些问题的解决最终依赖于全国人大常委会的权威立法解释，但在全国人大常委会出台相关立法解释之前，我们可以参考借鉴全国人大常委会法制工作委员会主任李适时同志的相关讲话[2]，提出一个解决思路和方案。因为其毕竟属于一种官方表态，在某种程度上代表着全国人大常委会的未来立法解释态度。

具体说来，对于上述第一个问题，即对已经列入较大的市立法计划的立法项目，但却超出设区的市立法权限范围的，是否有必要继续进行？根据全国人大常委会法制工作委员会主任李适时同志的相关讲话，即“设区的市已经列入立法计划的立法项目，应当按照修改后的立法法关于设区的市立法权限范围，对立法计划进行调整，对超出其立法权限范围的立法项目，不再提请审议，如确需立法，可提请省区人大常委会制定相关法规。”[3] 当然，对于上述立法项目的处理应具体情况具体分析，不能“一刀切”，如果这些立法项目中超出设区的市立法权限的部分可以“剥离”的话，就可以在“剥离”相关部分后，对立法计划进行调整，将其重新列入立法计划。否则，就应直接调整立法计划，将这些立法项目予以删除，不再继续后续立法程序。对于那些超出设

---

[1] 例如，《邯郸市制定地方性法规条例》第5条规定：“市人民代表大会可以就下列事项制定地方性法规：（一）本行政区域内特别重大的事项；（二）属于市人民代表大会职权范围内的事项；（三）需要由市人民代表大会规定的其他事项。”第6条规定：“市人民代表大会常务委员会可以就下列事项制定地方性法规：（一）本条例第四条规定的事项中，除应当或只能由市人民代表大会制定地方性法规以外的其他事项；（二）市人民代表大会授权常务委员会制定地方性法规的事项；（三）在市人民代表大会闭会期间，对市人民代表大会制定的地方性法规，在不同法规基本原则相抵触的前提下，进行部分补充和修改的事项。”

[2] 《人大法工委主任李适时：全面贯彻实施修改后的立法法》，http：//www. china. com. cn/legal/2015 –09/17/content_36613016. htm。

[3] 《人大法工委主任李适时：全面贯彻实施修改后的立法法》，http：//www. china. com. cn/legal/2015 –09/17/content_36613016. htm。

区的市立法权限，但又确实需要立法的立法项目，设区的市可以提请省、自治区制定相关立法。

对于上述第二个问题，即正在制定过程中的较大的市地方立法，特别是已经进入较大的市人大常委会审议环节的地方立法，但却超出设区的市立法权限范围的，是否有必要继续进行？根据全国人大常委会法制工作委员会李适时同志的相关讲话，即“设区的市已经提请市人大常委会审议但尚未通过的地方性法规，涉及其权限范围外的事项，是否应当继续审议。设区的市已经提请市人大常委会审议，但尚未通过的地方性法规，应当符合修改后立法法关于设区的市立法权限范围的事项。如果涉及《立法法》规定的设区的市地方立法权限范围以外的事项，应当对草案的相关规定进行修改，或者停止对该草案的审议，由提案人撤回。”❶ 笔者认为，对于正在制定过程中的原较大的市地方立法，只要其有超出设区的市立法权限范围的内容，就应当对其草案进行修改，再继续后面的立法程序。如果确实无法修改的，就应停止一切后续立法程序，废止该立法项目。

对于上述第三个问题，即对已经由原较大的市人大或其常委会表决通过，正在提请其所在地的省、自治区人大常委会审查批准的地方性法规，但却超出现设区的市立法权限范围的，是否有必要继续进行？由于原较大的市地方性法规需要经省、自治区人大常委会审查批准后才能生效，因而，无论是正在制定过程中的还是已经获表决通过的原较大的市地方性法规，只要其超出现设区的市立法权限，且未经省、自治区人大常委会审查批准通过，其就不能生效，就不应再继续下面的程序环节。虽然，这可能会导致一些立法资源的浪费，但为了维护 2015 年《立法法》权威，实现 2015 年《立法法》赋予所有设区的市立法权的目的，却又是必要的。当然，如果上述立法中超出设区的市立法权限的内容可以修改或删除的话，在作为原较大的市人大或其常委会继任者的设区的市人大或其常委会对其进行相应的修改或删除后，可以重新提请其所在地的省、自治区人大常委会对其进行审查批准。

对于上述第四个问题，即对超出设区的市立法权限范围的原较大的市地方

❶ 《人大法工委主任李适时：全面贯彻实施修改后的立法法》，http：//www.china.com.cn/legal/2015－09/17/content_36613016.htm。

立法，应该由哪一个立法主体对其进行解释、修改或废止？根据全国人大常委会法制工作委员会李适时同志的相关讲话，即“对这些法规，如因为上位法修改或者实际情况发生变化，可以对地方性法规进行必要的修改，但是不得再增加立法法关于设区的市立法权限范围以外的事项，防止出现‘旧瓶装新酒’的现象。如果必须要增加立法权限范围以外的事项，可以考虑由原制定机关废止现行法规，提请省、自治区人大常委会就设区的市的有关事项重新制定相关地方性法规。如果上位法的修改十分详细具体，又具有较强的可操作性，也可考虑适时废止该项法规。”❶ 对此，笔者建议全国人大常委会应通过授权立法的途径，授权作为原49个较大的市立法主体继任者的49个设区的市立法主体可以继续对其超出设区的市立法权限的地方性法规或地方政府规章进行相应的解释、修改或废止。因为毕竟这些地方立法是由原49个较大的市立法主体制定的，作为其继任者的49个设区的市立法主体可以更好地了解这些立法的原意，有利于保证相关解释、修改或废止工作的针对性和可操作性。此外，这些原较大的市地方性法规或地方政府规章实施的范围正是原较大的市行政区域范围，由省、自治区立法主体进行解释、修改或废止存在明显的等级不对等问题，而由作为原49个较大的市立法主体继任者的49个设区的市立法主体进行相应的解释、修改或废止工作显然再合适不过。但是，这49个设区的市立法主体在对这些立法进行解释或修改时，不得增加超出设区的市立法权限范围的内容。如果确需增加的，这49个设区的市立法主体就应废止该地方性法规或地方政府规章，提请其所在地的省、自治区人大常委会或省、自治区政府重新制定相关地方性法规或地方政府规章。此外，由于原49个较大的市地方性法规也是由其所在地的省、自治区人大常委会审查批准的，具有省级地方性法规的效力，因而，作为其继任者的现49个设区的市立法主体对原较大的市地方性法规作出的解释、修改或废止，也需要报请其所在地的省、自治区人大常委会审查批准。

综上所述，我国2015年《立法法》在赋予所有设区的市立法权的同时，又对设区的市立法权限作了明确“限定”，但其规定得不太具体明确，亟待全

❶ 《人大法工委主任李适时：全面贯彻实施修改后的立法法》，http：//www. china. com. cn/legal/2015 –09/17/content_36613016. htm。

国人大常委会对设区的市立法权限范围作出权威界定。而且，从我国设区的市立法权运行的实践来看，虽然大量的设区的市地方性法规被制定，初步实现了2015年《立法法》赋权的目的。但在这一过程中，暴露出来的问题也同样不容小觑，而这些问题产生的根源之一就在于设区的市立法权限不清，导致各设区的市在理解和贯彻中发生了混乱。因而，全国人大常委会应尽早通过立法解释的途径对设区的市立法权限范围作出明确的界定，以正视听。但需要指出的是，“假若全国人大常委会对此权限范围进行狭义的理解，设区的市立法权限必然受到限制。而假若对其进行广义的理解，便在一定程度上有违限缩立法权限的初衷。当然，假若全国人大常委会对此‘置若罔闻’，不进行任何解释，那么在实践中的景象便可能是地方对此作任意的理解与‘理解’，进而肆意扩大其立法权限。”[1] 同时，为了避免设区的市立法主体滥用立法权或越权立法，我们还应加强对设区的市立法权的监督，其中关键之一是建立健全设区的市地方性法规的审查批准制度。

[1] 秦前红、刘怡达：《地方立法权主体扩容的风险及其控制》，《海峡法学》2015年第3期，第45页。

第四章

设区的市地方性法规审查批准制度

“立法批准制度是当今世界许多国家普遍采行的一种立法制度。实行这种制度，就意味着相关立法主体所制定的法律、法规或其他规范性法律文件，须报请或送请别的主体审查定夺，由后者决定其能否成为正式有效的法律、法规或其他规范性法律文件。”[1] 设区的市地方性法规审查批准制度作为我国仅有的两种立法批准制度之一（另一个是民族自治地方立法批准制度），既是设区的市立法权的重要内容，也是设区的市立法权的“特色”所在，并关系到设区的市地方性法规的最终生效与否。因而，必须要对其进行深入研究，以充分了解这一制度的内容、功能、性质等基本问题。

一、设区的市地方性法规审查批准制度的基本内容

尽管在 2000 年《立法法》修改过程中，对于要不要授予设区的市完整的立法权、要不要规定设区的市地方性法规审查批准制度发生了很大的争议，但

[1] 阮荣祥等主编：《地方立法的理论与实践》，社会科学文献出版社 2011 年版，第 174 页。

基于前述理由，2015 年《立法法》第 72 条第 2 款❶还是对设区的市地方性法规的审查批准问题作出了明确规定，建立了设区的市地方性法规的审查批准制度。必须要说明的是，设区的市地方性法规审查批准制度并非由 2015 年《立法法》所首创，而是由较大的市地方性法规审查批准制度发展而来。早在 1986 年《地方组织法》首次赋予较大的市立法权时，为了加强对较大的市立法权的监督，同时解决较大的市立法权合宪性问题，其第 7 条第 2 款❷就明确规定较大的市地方性法规需经其所在地的省、自治区人大常委会审查批准后才能生效，从而初步建立了较大的市地方性法规审查批准制度。而基于上述同样目的，在经过各种争论之后，制定 2000 年《立法法》时基本上沿袭了上述规定，并对其进行了进一步的细化和完善，正式确立了较大的市地方性法规审查批准制度。例如，与 1986 年《地方组织法》第 7 条第 2 款的规定相比，2000 年《立法法》第 63 条第 2 款、第 3 款❸的规定，不仅延续了较大的市地方性法规必须报请省级人大常委会审查批准的规定，而且增加了省级人大常委会对较大的市地方性法规如何审查、审查期限、对审查结果如何处理等内容，从而使较大的市地方性法规的审查批准制度更加完善，也更加具有可操作性。而 2015 年第十二届全国人大三次会议对 2000 年《立法法》进行修改时，延续了

---

❶ 2015 年《立法法》第 72 条第 2 款规定："设区的市的人民代表大会及其常务委员会根据本市的具体情况和实际需要，在不同宪法、法律、行政法规和本省、自治区的地方性法规相抵触的前提下，可以对城乡建设与管理、环境保护、历史文化保护等方面的事项制定地方性法规，法律对设区的市制定地方性法规的事项另有规定的，从其规定。设区的市的地方性法规须报省、自治区的人民代表大会常务委员会批准后施行。省、自治区的人民代表大会常务委员会对报请批准的地方性法规，应当对其合法性进行审查，同宪法、法律、行政法规和本省、自治区的地方性法规不抵触的，应当在四个月内予以批准。"

❷ 1986 年《地方组织法》第 7 条第 2 款规定："省、自治区的人民政府所在地的市和经国务院批准的较大的市的人民代表大会根据本市的具体情况和实际需要，在不同宪法、法律、行政法规和本省、自治区的地方性法规相抵触的前提下，可以制定地方性法规，报省、自治区的人民代表大会常务委员会批准后施行，并由省、自治区的人民代表大会常务委员会报全国人民代表大会常务委员会和国务院备案。"

❸ 2000 年《立法法》第 63 条第 2 款、第 3 款规定："较大的市的人民代表大会及其常务委员会根据本市的具体情况和实际需要，在不同宪法、法律、行政法规和本省、自治区的地方性法规相抵触的前提下，可以制定地方性法规，报省、自治区的人民代表大会常务委员会批准后施行。省、自治区的人民代表大会常务委员会对报请批准的地方性法规，应当对其合法性进行审查，同宪法、法律、行政法规和本省、自治区的地方性法规不抵触的，应当在四个月内予以批准。省、自治区的人民代表大会常务委员会在对报请批准的较大的市的地方性法规进行审查时，发现其同本省、自治区的人民政府的规章相抵触的，应当作出处理决定。"

2000年《立法法》对较大的市地方性法规审查批准制度的相关规定，只是将“较大的市”修改为了“设区的市”，从而正式建立了设区的市地方性法规审查批准制度。根据2015年《立法法》第72条第2款的规定，设区的市地方性法规审查批准制度的基本内容主要包括：

第一，审查批准的主体。设区的市地方性法规的审查批准主体是其上一级立法主体，即其所在地的省、自治区人大常委会。原因主要在于设区的市立法权不是完整的，其属于省级地方立法权的延伸，因而，设区的市人大及其常委会制定的地方性法规无法自行生效，只能由省、自治区人大常委会赋予设区的市地方性法规生效的效力。另外，从立法监督的制度设计上说，对设区的市立法权的监督，也只能由其上一级的立法主体即省、自治区人大常委会来进行。而之所以没有将省、自治区人大也作为审查批准的主体，主要是为了保证对设区的市地方性法规审查批准工作的经常性和有效性。

第二，审查批准的客体。设区的市地方性法规审查批准的客体仅限于设区的市人大及其常委会制定的地方性法规，而不包括设区的市政府制定的地方政府规章。之所以如此，是考虑到“制定地方政府规章采用‘依据说’，没有上位法依据，不得制定地方政府规章。这一点与制定地方性法规采用的‘不抵触说’有明显区别。宪法第一百条规定，‘省、直辖市的人民代表大会和它们的常务委员会，在不同宪法、法律、行政法规相抵触的前提下，可以制定地方性法规’。只要不与上位法相抵触，无需上位法依据，也可以制定地方性法规。”❶ 且根据我国立法监督制度的设计，国务院、省、自治区政府、设区的市人大及其常委会等就足以对设区的市政府制定的地方政府规章进行有效监督。这里有个问题是，设区的市人大常委会对设区的市地方性法规的解释，是否需要报请其所在地的省、自治区人大常委会审查批准？对此，笔者认为，由于设区的市人大常委会对设区的市地方性法规的解释具有和设区的市地方性法规一样的效力，因而，如果设区的市人大常委会对设区的市地方性法规进行扩大解释或缩小解释，就可能改变设区的市地方性法规的立法原意，达到事实上修改设区的市地方性法规的效果，所以，必须要加强对设区的市人大常委会解

---

❶ 乔晓阳主编：《〈中华人民共和国立法法〉导读与释义》，中国民主法制出版社2015年版，第275页。

释设区的市地方性法规的监督和控制，应该将设区的市人大常委会对设区的市地方性法规作出的解释报请省、自治区人大常委会审查批准。例如，《邯郸市制定地方性法规条例》第48条明确规定："地方性法规的规定需要进一步明确具体含义，或法规制定后出现新的情况需要明确适用法律依据的，应当由市人民代表大会常务委员会适时作出解释，报请省人民代表大会常务委员会批准。"❶ 当然，设区的市人大常委会对设区的市地方性法规的修改，必须要报请其所在地的省、自治区人大常委会审查批准。

第三，审查批准的标准。省、自治区人大常委会对报批的设区的市地方性法规审查批准的标准为合法性标准或不抵触标准，即省、自治区人大常委会只能对报批的设区的市地方性法规的合法性进行审查，审查其是否存在同宪法、法律、行政法规和本省、自治区的地方性法规相抵触的地方，而不能对报批的设区的市地方性法规的其他方面进行审查。但有的学者却认为，省、自治区人大常委会不仅可以对报批的设区的市地方性法规的合法性进行审查，也可以对报批的设区的市地方性法规的合理性等方面进行审查。如"有的人认为，合法性审查并不是只能机械地对照上位法来审查，还应当就其是否符合宪法精神、是否合理、立法技术是否规范进行审查。批准权也是省级人大常委会行使立法权的一种方式。因此，省级人大常委会在批准较大的市地方性法规时，不仅要审查其内容是否与上位法相抵触，还要对其合理性进行审查。"❷ 对此，2015年《立法法》第72条第2款规定得非常明确，即省、自治区人大常委会只能对报批的设区的市地方性法规的合法性进行审查，而不能对报批的设区的市地方性法规的合理性等方面进行审查，即"对于地方性法规的规定是否适当、立法技术是否完美、文字表述是否优美，不作审查。"❸ 否则，就会使省、自治区人大常委会的审查批准工作日益复杂，也会破坏设区的市人大及其常委会立法的相对独立性。且这与设区的市地方性法规审查批准制度建立的初衷也

---

❶ 《邯郸市制定地方性法规条例》，http：//law. npc. gov. cn/FLFG/flfgByID. action？flfgID =45269&keyword =% E6% B2% B3% E5% 8C% 97% E7% 9C% 81% E5% 9C% B0% E6% 96% B9% E7% AB% 8B% E6% B3% 95% E6% 9D% A1% E4% BE% 8B&zlsxid =03。

❷ 阮荣祥等主编：《地方立法的理论与实践》，社会科学文献出版社2011年版，第175页。肖迪明：《问题与对策：设区的市行使立法权探析》，《地方立法研究》2017年第1期，第28~34页。

❸ 乔晓阳主编：《〈中华人民共和国立法法〉导读与释义》，中国民主法制出版社2015年版，第246页。

不相符。早在1986年对《地方组织法》进行修改时，全国人大常委会副委员长王汉斌同志就曾指出："建议省、自治区简化审批程序，只要同宪法、法律、行政法规和本省、自治区的地方性法规没有抵触，原则上应尽快批准。"❶

第四，审查批准的期限。为了保证省、自治区人大常委会审查批准工作的及时性和常态性，2015年《立法法》明确规定，省、自治区人大常委会对报批的设区的市地方性法规审查批准的最长期限为四个月，即只要报批的设区的市地方性法规符合合法性标准，省、自治区人大常委会在四个月内就必须予以批准。当然，即使报批的设区的市地方性法规存在与上位法相抵触的情形，省、自治区人大常委会也应当在四个月内作出不批准的决定。这四个月的起算时间应是省、自治区人大常委会正式接到报批的设区的市地方性法规的当日。但也有实务部门工作同志认为："该规定不甚科学合理。既然提请省级人大常委会批准，就会出现批准通过或者未通过两种情形，特别是当其合法性不存在问题时，当出现提请批准未通过的情形时，是否意味着省级人大常委会违法？对此，《立法法》未就后续程序作出规定，是缺失的。建议应当修改为：'应当在四个月内予以表决。'这也从反面进一步印证了对报请批准的地方性法规进行的合法性审查，并非唯一标准，应当只是其主要标准、必备标准。"❷ 对此，笔者认为，省、自治区人大常委会只能对报批的设区的市地方性法规进行合法性审查，而不能进行其他方面的审查，无论其是否符合合法性标准，省、自治区人大常委会都应当在四个月内作出批准或不批准的决定。但在过去较大的市立法实践中，经常发生因其所在地的省、自治区人大常委会工作繁忙，而没有在四个月内及时对原较大的市报批的地方性法规进行审查批准的情形。这与2000年《立法法》的规定相违背，属于违法行为。因而，在今后设区的市立法过程中，省、自治区人大常委会应在四个月的法定期限内对设区的市报批的地方性法规进行合法性审查，并依法作出批准或不批准的决定，坚决避免"超期限"的违法问题。

第五，审查批准的方式。设区的市地方性法规审查批准的方式属于报请批

---

❶ 《中华人民共和国人民代表大会文献资料汇编》（1949—1990年），中国民主法制出版社1991年版，第196页。

❷ 肖迪明：《问题与对策：设区的市行使立法权探析》，《地方立法研究》2017年第1期，第32页。

准方式，而不属于送请批准方式。因为前者适用于上下级立法主体之间，而后者适用于同级立法主体之间。这一点从2015年《立法法》第72条第2款中的“报”字，也可以得到印证。这也决定了，设区的市人大及其常委会只能主动将其审议通过的地方性法规报请其所在地的省、自治区人大常委会审查批准，而不是被动接受省、自治区人大常委会对其审议通过的设区的市地方性法规的审查批准。

第六，审查结果的处理。省、自治区人大常委会根据对报批的设区的市地方性法规合法性审查的结果，可以作出相应的批准或不批准的决定。但是，对于设区的市地方性法规存有与上位法相抵触情形的，省、自治区人大常委会是否只能作出不批准的决定？2015年《立法法》并没有作出明确规定。此外，如果设区的市地方性法规存在与其所在地的省、自治区政府规章相抵触情形的，根据2015年《立法法》相关规定，省、自治区人大常委会应当对此作出处理决定。但是，对于省、自治区人大常委会应当作出什么样的处理决定，2015年《立法法》并没有作出明确规定，留下了一定的立法缺陷。

第七，为了更好地理解设区的市地方性法规审查批准制度，我们有必要将其与另一个立法批准制度即民族自治地方立法批准制度做下简单对比。两者的区别主要在于：一是两者的功能定位不完全一致。尽管两者的功能定位存在一致之处，即维护社会主义法制统一，但设区的市地方性法规审查批准制度的功能定位还存在独特之处，即解决设区的市立法权的合宪性问题。因为设区的市立法权当时并不是由我国宪法赋予的，设区的市地方性法规只有经过省、自治区人大常委会审查批准，赋予其生效的效力，才能解决其合宪性问题。当然，随着2018年修宪，设区的市立法权载入了我国宪法，已经不存在合宪性问题，但这一制度设计之初确有解决设区的市立法权合宪性之考量，故这里保留了上述内容。而民族自治地方立法权是由我国宪法赋予的，并不存在合宪性问题。二是两者的审查批准主体不一致。由于自治区、自治州、自治县人大都有民族自治地方立法权，因而，对不同民族自治地方立法的批准主体不同，即自治区人大制定的自治条例和单行条例，报全国人大常委会批准后生效。自治州、自治县人大制定的自治条例和单行条例，报省、自治区、直辖市人大常委会批准后生效。而对于设区的市地方性法规来说，其审查批准的主体只有其所在地的省、自治区人大常委会。三是两者的审查批准标准不一致。省、自治区人大常委会审查批准报批的设区的市地方性法规的标准只有一个即合法性标准或不抵触标准。而由于民族自治地方享有立法变通权[1]，可以依照当地民族的特点，对法律和行政法规作出变通规定，因而，全国人大常委会审查批准自治区自治条例和单行条例的标准以及省、自治区、直辖市人大常委会审查批准自治州、自治县自治条例和单行条例的标准，就不能是合法性标准或不抵触标准，只能是“符合当地民族特点”标准和“不得违背法律或者行政法规的基本原则，不得对宪法和民族区域自治法的规定以及其他有关法律、行政法规专门就民族自治地方所作的规定作出变通规定”标准。四是两者的审查批准期限不一致。2015年《立法法》对省、自治区人大常委会审查批准报批的设区的市地方性法规的期限作了明确规定，即省、自治区人大常委会在四个月内必须根据合法性审查结果作出批准或不批准的决定。而2015年《立法法》对全国人大常委会审查批准自治区自治条例和单行条例的期限，以及对省、自治区、直辖市人大常委会审查批准自治州、自治县自治条例和单行条例的期限，都没有作出明确规定。五是两者的审查批准效力不一致。由于设区的市立法权是省级地方立法权的延伸，因而，省、自治区人大常委会对设区的市地方性法规的审查批准，不仅赋予了其生效的效力，而且赋予了其省级地方性法规的效力，但其只能在该设区的市行政区域范围内施行。而无论是全国人大常委会对自治区自治条例和单行条例的批准，还是省、自治区、直辖市对自治州、自治县自治条例和单行条例的批准，只是赋予其生效的效力，并不能赋予其与批准主体立法一样的效力。此外，还需要说明的是，由于自治州同时拥有两种立法权，即民族自治地方立法权和设区的市立法权，因而，当自治州人大行使设区的市立法权

[1] 一般来说，自治条例和单行条例在以下两个方面，对法律、行政法规作出变通规定：一是国家法律明确授权可以变通的事项。如婚姻法等法律中明确规定民族自治地方可以根据该法的基本原则制定变通或补充规定。二是国家立法虽未明确授权，但是不完全适合本民族自治地方实际情况的规定。我国幅员辽阔，地区间解决、文化发展不平衡，特别是自治地方与沿海发达地区相比，差距很大，国家立法是面向全国的，难以完全照顾到民族自治地方的特殊情况，因此，有些规定可能存在不完全适合自治地方的情况。在这种情况下，自治条例和单行条例依法可以对有关规定予以变通。另外，自治条例和单行条例不能作变通规定的范围包括以下几个方面：一是自治条例和单行条例不得对法律和行政法规的基本原则作出变通规定；二是自治条例和单行条例不得对宪法和民族区域自治法作出变通规定；三是自治条例和单行条例不得对其他有关法律、行政法规专门就民族自治地方所作的规定作出变通规定。参见乔晓阳主编：《〈中华人民共和国立法法〉导读与释义》，中国民主法制出版社2015年版，第255~257页。

时，其所制定的地方性法规就必须履行和设区的市地方性法规一样的报批程序，由其所在地的省、自治区人大常委会对其合法性进行审查，经批准后生效，并赋予其省级地方性法规的效力，在自治州范围内实施。

二、设区的市地方性法规审查批准制度的功能定位

如前所述，对于设区的市地方性法规的审查批准制度是否应设立的问题，理论界与实务界均存在不少争议。反对者认为，这一制度的设立，使得设区的市立法权成了“不完全立法权”或“半个立法权”，这就难以实现2015年《立法法》赋予设区的市立法权的目的。而支持者则认为，这一制度的设立，具有科学性和合理性，体现了2015年《立法法》对设区的市既“授权”又“限权”的立法目的。笔者赞同后者观点，认为这一制度的设立非常必要，具有重要的功能，具体说来：

第一，维护社会主义法制统一功能。随着2015年《立法法》赋予了所有设区的市立法权，我国地方立法主体得到了大规模扩容，使我国立法体制有了重大调整，立法格局发生了重大变革，维护社会主义法制统一的任务更加繁重，设区的市地方性法规审查批准制度的设立就显得更加重要。“在此次修改立法法的过程中，也还有许多已经有立法权的较大的市的人大常委会的同志建议，将省、自治区批准较大的市的地方性法规的程序改为备案程序，但是考虑到全面赋予设区的市地方立法权后，立法主体大量增加，为了维护法制统一，还是有必要由省级人大常委会对设区的市的地方性法规进行批准。”[1] 这是因为，维护社会主义法制统一，是我国现行《宪法》规定的重要原则，其“包括三层意思：一是一切法的形式都不能与宪法相抵触；二是下位阶的法不能与上位阶的法相抵触；三是同位阶的法相互之间不能抵触。这三个层次结合起来，就能保证我国法律体系的内部和谐一致，从而保证国家法制的统一。”[2] 由此可知，坚持不抵触原则，是维护社会主义法制统一的必然要求。而设区的

[1] 乔晓阳主编：《〈中华人民共和国立法法〉导读与释义》，中国民主法制出版社2015年版，第246页。

[2] 乔晓阳：《九届全国人大常委会法制讲座第四讲——完善我国立法体制维护国家法制统一》，http://www.npc.gov.cn/npc/xinwen/1998-10/20/content_1459904.htm。

市地方性法规审查批准制度的设立，其目的之一就在于保证设区的市立法权的行使必须贯彻落实不抵触原则。这表现在，省、自治区人大常委会要对报批的设区的市地方性法规进行合法性审查，只有在其不与宪法、法律、行政法规和本省、自治区的地方性法规相抵触时才批准其生效，这就保证了法律体系内部的和谐一致，维护了社会主义法制的统一。正如有学者指出："虽然'批准后施行'所指向的市级地方立法的性质与效力在法理上尚有争论，《立法法》亦未明确省级地方性法规与市级地方性法规的法律效力等级关系，但是，由省级人大常委会对省内的市级地方性法规进行合法性审查仍然是保障法制统一的重要制度设计。"❶

第二，监督制约功能。孟德斯鸠曾说过："一切有权力的人都容易滥用权力，这是一条万古不变的经验。有权力的人使用权力一直到遇有界限的地方才休止。"❷ 对于立法权来说，尽管其有"民主性"的特质，但其如同行政权、司法权等其他公权力一样，依然存在滥用的可能。正如麦迪逊指出："立法部门由于其他情况而在我们政府中获得优越地位。其法定权力比较广泛，同时又不易受到明确的限制，因此立法部门更容易用复杂而间接的措施掩盖它对同等部门的侵犯。在立法机关中一个并非罕见的实在微妙的问题是：某一个措施的作用是否会扩展到立法范围之外。……这还不算，因为立法部门单独有机会接近人民的钱袋。在某些宪法中，对于在其他部门任职者的金钱酬报有全部决定权，这在所有宪法中有极大影响，于是在其他部门造成一种依赖性，这就为立法部门对它们的侵犯提供更大的便利。"❸ 而且，从立法工作实践情况来看，立法权滥用的危害绝不亚于行政权的专制，甚至更为严重。正如李林研究员指出："任何公权力都会产生腐败，立法权也不例外。相对于行政权、司法权和监督权而言，立法权及其立法的腐败是更加严重、危害更大的腐败，因为立法权及其立法是创制规范制度、赋予权力和权利、设定责任和义务的公权力与活

❶ 刘小妹著：《省级地方立法研究报告——地方立法双重功能的实现》，中国社会科学出版社2016年版，第172～173页。

❷ ［法］孟德斯鸠著：《论法的精神》（上册），张雁深译，商务印书馆1961年版，第154页。

❸ ［美］汉密尔顿、杰伊、麦迪逊著：《联邦党人文集》，程逢如等译，商务印书馆1980年版，第253～254页。

动，是其他公权力获得与行使的前提和依据。”[1] 因而，必须要建立一定的监督制约机制，以加强对立法权的监督制约，避免立法权的滥用。正如有学者认为，立法必须要遵循“权力制约原则，即立法上每授出一项权力，同时就要有相应的控权与限权的规定，使权力与权力和权利与权力之间的得到制衡。”[2] 对于设区的市立法权来说，亦是如此。在 2015 年《立法法》一次性赋予所有设区的市立法权、地方立法主体大规模扩容的情况下，如何有效防范设区的市立法权滥用就成为当务之急。为此，2015 年《立法法》规定了一系列的监督制约措施，一是明确限定了设区的市立法权限，即改变了过去对较大的市立法权限不作限制的状况，通过明确列举的方式对设区的市立法权限范围进行了界定，即设区的市只能对“城乡建设与管理、环境保护、历史文化保护等方面的事项”进行地方立法。二是建立了设区的市开始行使立法权批准制度，即 2015 年《立法法》在赋予所有设区的市立法权的同时，为了避免因设区的市立法能力的不足而导致地方立法质量下降，明确作出规定，建立了设区的市开始行使立法权批准制度，即除了原有的 49 个较大的市外，其他设区的市开始行使立法权的具体步骤和时间由其所在地的省、自治区人大常委会综合考虑设区的市的人口数量、地域面积、经济社会发展情况以及立法需求、立法能力等因素确定，这就避免了新扩容的设区的市“一哄而上”地开展地方立法。三是建立了备案审查制度，即设区的市地方性法规必须经由省、自治区人大常委会报全国人大常委会和国务院备案，设区的市地方政府规章要同时报设区的市人大常委会、省、自治区人大常委会和省、自治区政府、国务院备案。2015 年《立法法》对备案审查制度进行了完善[3]，加大了备案审查力度，增强了备案审查制度的有效性。四是建立了设区的市地方性法规审查批准制度。其中，

[1] 李林主编：《立法过程中的公共参与》，中国社会科学出版社 2009 年版，“代序”，第 6 ~ 7 页。

[2] 肖巧平著：《地方人大与其常委会立法权限划分研究》，法律出版社 2015 年版，第 13 页。

[3] 按照党的十八届四中全会决定关于加强备案审查制度和能力建设的要求，根据各方面的意见，修改决定增加规定：一是全国人大有关的专门委员会和常委会工作机构可以对报送备案的规范性文件进行主动审查。二是全国人大有关的专门委员会和常委会工作机构可以将审查、研究情况向提出审查建议的国家机关、社会团体、企业事业组织以及公民反馈，并可以向社会公开。三是民族自治地方制定的自治条例、单行条例和经济特区法规报送备案时，应当说明对法律、行政法规、地方性法规作出变通的情况。参见乔晓阳主编：《〈中华人民共和国立法法〉导读与释义》，中国民主法制出版社 2015 年版，第 36 ~ 37 页。

设区的市地方性法规审查批准制度最为重要，因为其属于省、自治区人大常委会立法权对设区的市立法权的直接监督制约，是对设区的市是否滥用立法权的一种直接监督制约，也是设区的市地方性法规生效前的最后一道“把关”环节，关系到设区的市地方性法规能否最终生效。因而，如果这一制度能够发挥应有功效，必然有利于避免设区的市立法权的滥用。

第三，合宪性保障功能。首先需要说明的是，由于2018年修宪时，我们已经将设区的市立法权载入我国现行《宪法》，解决了设区的市立法权的合宪性问题，因而，设区的市地方性法规审查批准制度的合宪性保障功能就不复存在了。但设区的市地方性法规审查批准制度设计之初的功能之一就有合宪性保障功能，而且其在2018年修宪之前确实一直发挥了合宪性保障功能。基于此，下面我们对设区的市地方性法规审查批准制度的合宪性保障功能予以论述，以便我们更好地认识和理解设区的市地方性法规的审查批准制度的功效。

“合宪性的概念最早是作为对国会立法是否具有宪法上的依据以及是否符合宪法的要求提出的，合宪性不仅要求立法机关在制定法律、法规时需要有宪法上所规定的立法权限，同时，立法机关在依据宪法所规定的立法职权进行立法活动时必须以宪法的规定为依据，不能超越立法职权或者滥用职权来制定侵犯宪法所确立的各项基本宪法制度的法律和法规。”[1] 因而，合宪性是设区的市立法权存在和运行的重要基础。但如前所述，我国设区的市立法权当时却面临着缺乏合宪性的危机。原因主要在于，我国现行《宪法》当时只是将地方立法权赋予了省一级，并未将地方立法权赋予设区的市一级。因而，无论是原较大的市立法权，还是现在的设区的市立法权，当时都不是来自宪法赋予，都没有宪法依据。特别是在1986年《地方组织法》赋予较大的市立法权之后的几次修宪过程中，也没有将原较大的市立法权列入宪法文本中。那么，这是否就意味着较大的市立法权或设区的市立法权就一定违宪呢？实际上并非如此，主要原因就是因为我国《地方组织法》和《立法法》在赋予较大的市或设区的市立法权的同时，建立了较大的市地方性法规审查批准制度和设区的市地方性法规审查批准制度，解决了较大的市立法权和设区的市立法权的合宪性问

[1] 李林、莫纪宏主编：《中国宪法三十年：1982—2012》（下卷），社会科学文献出版社2012年版，第371页。

题。根据《立法法》的相关规定，无论是原较大的市制定的地方性法规，还是设区的市制定的地方性法规，都不能直接生效，只有经过其所在地的省、自治区人大常委会合法性审查批准后，才能生效，并具有省级地方性法规的效力，但只限于在该设区的市本行政区域范围内实施。这就说明，原较大的市立法权和设区的市立法权当时都不是宪制意义上的地方立法权，而是一种“不完全的立法权”或者说“半个立法权”，属于省级地方立法权的延伸，是省级地方立法权的派生物，这就没有突破我国现行《宪法》当时的规定。正如有学者指出：“设区的市一级人大及其常委会并不具有省级人大及其常委会一样完整的地方立法权，其立法权是省级人大地方立法权所派生的。根源就在于《宪法》赋予省级人大及其常委会地方立法权，但没有赋予设区的市一级人大及其常委会地方立法权。设区的市一级人大及其常委会制定的地方性法规，在未经省级人大常委会批准之前，是没有生效的，其制定的地方性法规的效力，是由省级人大常委会赋予的。”❶ 所以，原较大的市地方性法规审查批准制度和设区的市地方性法规审查批准制度的存在，消除了原较大的市立法权和设区的市立法权当时的违宪嫌疑，保障了原较大的市立法权和设区的市立法权当时的合宪性。换言之，在我国现行《宪法》没有明确赋予设区的市立法权的情况下，设区的市地方性法规的审查批准制度就不可能被废止，就会一直存在下去，在2000年《立法法》修改过程中，全国人大之所以会“力排众议”，最终保留了这一审查批准制度，主要目的之一就是解决设区的市立法权的合宪性问题。当然，在今天设区的市立法权已经载入宪法的情况下，设区的市地方性法规审查批准制度也不会被废止，因为其除了合宪性保障功能外，还有上述其他重要功能。2018年修宪时，我们之所以在依宪赋予设区的市立法权的同时，依然保留了设区的市地方性法规审查批准制度，其原因就是考量到了该制度还具有上述其他重要功能。

三、设区的市地方性法规审查批准制度性质之探讨

设区的市地方性法规审查批准制度之所以备受争议，在2000年《立法

❶ 邓世豹主编：《立法学：原理与技术》，中山大学出版社2016年版，第179页。

法》制定和修改过程中均存在“存废之争”，主要原因之一就是，无论是理论界还是实务界对这一制度的性质和功能的认识分歧很大，始终不能达成共识。由于上文中已对这一制度的功能定位进行了分析，现对其性质进行探讨，以便于后文对设区的市地方性法规的审查批准制度存在的问题以及完善的建议提供基础和依据。

（一）设区的市地方性法规审查批准制度性质之争议

目前理论界和实务界对设区的市地方性法规审查批准制度的性质认定，主要有两种分歧：一是认为这一制度属于一种监督性制度，主要依据是，省、自治区人大常委会享有的这一审查批准权属于一种监督性权力，其目的在于保证设区的市地方性法规不与宪法、法律、行政法规和本省、自治区地方性法规相抵触。因而，只要设区的市地方性法规不违反上位法的规定，与上位法不抵触，省、自治区人大常委会就应当在法定期限内作出批准决定。这样也有利于尊重设区的市人大及其常委会的立法权，因为设区的市立法权不是省级地方立法权的“附庸”，而是一种独立层级的立法权。二是认为这一制度属于一种决定性制度，主要依据是，省、自治区人大常委会享有的这一审查批准权是一种决定性权力，决定着设区的市地方性法规的最终生效与否。由于设区的市立法权是省级地方立法权的延伸，因而，设区的市地方性法规不能自行生效，只有经其所在地的省、自治区人大常委会批准后才能生效，且由于省、自治区人大常委会的批准，使设区的市地方性法规具有了省级地方性法规的效力。据此，省、自治区人大常委会享有的审查批准权是一种实质性权力，其不仅仅掌握着设区的市地方性法规的“生死大权”，还应能左右设区的市地方性法规的内容。即省、自治区人大常委会既要对报批的设区的市地方性法规进行合法性审查还要进行合理性审查，甚至除了作出批准与否的决定之外，还可以对其进行修改。

（二）设区的市地方性法规审查批准制度性质之界定

对于上述说法，客观来说，两者均有一定的合理性，有利于我们对设区的市地方性法规审查批准制度性质的理解。那么，设区的市地方性法规审查批准制度的性质究竟如何呢？笔者认为，将设区的市地方性法规审查批准制度界定为一种监督性制度更为适宜和准确，也更符合2015年《立法法》第72条第2款的立法原意，也更符合2015年《立法法》设计这一制度的初衷和目的。

第一，从地方立法权的发展历程来看，这一制度应属于一种监督性制度。如上所述，整体而言，我国地方立法权经历了从省级地方立法权到较大的市立法权、从较大的市立法权到设区的市立法权两个阶段。而从较大的市立法权到设区的市立法权，又经历了两个小阶段。第一阶段（1982—1986年）：1982年《地方组织法》修改时，对较大的市立法权作了开创性的规定，赋予了较大的市人大常委会对地方性法规的拟定权，即此时较大的市人大常委会只能拟定本市需要的地方性法规草案交由省、自治区人大常委会审议制定，并不是完整意义上的立法主体。1986年再次修改《地方组织法》时，不仅将较大的市人大常委会“拟定权”升格为了“制定权”，且赋予了较大的市人大地方性法规制定权，但较大的市人大及其常委会制定的地方性法规必须报其所在地的省、自治区人大常委会审查批准，这就改变了原来的“审议制定”规定。至此，原49个较大的市拥有了较完整的地方立法权，改变了地方立法主体格局。第二阶段（1986—2015年）：2015年修改《立法法》时，正式赋予了所有设区的市立法权，实现了从较大的市立法权到设区的市立法权的过渡，但又规定设区的市人大及其常委会制定的地方性法规必须报请其所在地的省、自治区人大常委会审查批准，即由省、自治区人大常委会对其进行合法性审查，再根据审查结果作出批准或不批准的决定。综上，从“拟定权”到“制定权”，从“审议制定”到“审查批准”，可以看出，立法权不断下放、地方立法权限不断完整是大势所趋。此时，若认为省、自治区人大常委会的审查批准权不仅可以对报批的设区的市地方性法规进行合法性审查，还可以对其进行合理性审查，甚至还能对其进行其他方面的审查，无异于将省、自治区人大常委会的审查批准权等同于了其过去享有的“审议制定权”，这不能不说是一种历史的倒退。据此，我们应将省、自治区人大常委会享有的这一审查批准权界定为一种监督性权力，将设区的市地方性法规审查批准制度的性质界定为一种监督性制度。

第二，从立法目的来看，这一制度应属于一种监督性制度。随着我国城镇化建设的发展，设区的市土地、人口规模不断扩大，在环境、城乡建设与管理、社会治理等方面发生了巨大的变化。而“管理这样一个人口众多的区域当然要依靠法治，发挥立法的引领和推动作用，除了国家的法律法规、省一级的法规，还有一些具有本行政区域特点和特别需要的事项，国家和省级不可能专门立法，所以有必要按照依法治国的要求赋予其地方立法权。”❶ 2015 年《立法法》赋予所有设区的市立法权的目的正在于此。因而，为了更好地发挥设区的市的主动性和积极性，以立法推动设区的市地方治理的法治化，将设区的市地方性法规审查批准制度定位为一种监督性制度更为合适。因为若将省、自治区人大常委会享有的审查批准权定位为一种决定权，省、自治区人大常委会将会过多地干预设区的市立法权，不仅会遏制设区的市立法的主动性和积极性，降低地方立法的特色性和可操作性，还有可能将新赋予的设区的市立法权架空。且将设区的市地方性法规审查批准制度界定为一种监督性制度，也更符合 2015 年《立法法》对设区的市既“赋权”又“限权”的立法目的。因为在赋予所有设区的市立法权的情况下，就存在滥用设区的市立法权的风险，就易于危及社会主义法制统一。这时如果将设区的市地方性法规审查批准制度界定为一种监督性制度，就有利于发挥省、自治区人大常委会对设区的市地方性法规的合法性审查作用，加强对设区的市立法权的监督。正如有学者指出：“省级人大常委会行使批准立法权，是一个立法机关制定法案后由另一个立法机关对该法案加以认可，更多地属于监督性质，目的是为了维护法制统一，避免地方性法规与法律、上位阶法规相抵触，只要内容不违法，就应当批准，尊重设区的市人大及其常委会的立法权。”❷

第三，从立法权行使实践来看，这一制度应属于一种监督性制度。根据有关法律法规的规定，具有立法权的主体每年度都会制订自身立法工作计划，也会审议下一级立法主体的立法工作计划。在过去的立法实践中，省、自治区人大常委会对原较大的市的立法工作计划进行审议，一方面是增强较大的市立法的计划性，确保较大的市的立法质量；另一方面也会为减轻省、自治区人大常委会自身工作而对原较大的市立法计划进行一些压缩和精简。而随着 2015 年

❶ 全国人大常委会法制工作委员会编：《中华人民共和国立法法释义》，法律出版社 2015 年版，第 7 页。

❷ 阮荣祥等主编：《地方立法的理论与实践》，社会科学文献出版社 2011 年版，第 174～175 页。

《立法法》赋予了所有设区的市立法权，地方立法主体急剧增加，设区的市地方性法规的数量必然也会大量增加。这时，如果省、自治区人大常委会对设区的市地方性法规的审查批准工作不仅仅是一种监督性工作，还包括其他实质性审查事项，他们的工作量就会可想而知，也根本难以承受，设区的市立法质量自然也会大打折扣。因而，设区的市地方性法规审查批准制度只能是一种监督性制度。

第四，从设区的市立法权与省级地方立法权的关系来看，这一制度应属于一种监督性制度。从性质上说，只有省、自治区、直辖市享有的地方立法权才是完整意义上的地方立法权，而设区的市享有的立法权并不是完整意义上的地方立法权，其只是省级地方立法权的延伸。尽管设区的市立法权是省级地方立法权的延伸，但这并不意味着设区的市立法权是省级地方立法权的“附庸”，也不意味着省级地方立法权可以涵盖或领导设区的市立法权。因为设区的市立法权是具有独立法律地位的地方立法权，是我国最低层级的地方立法权，是与省级地方立法权相并列的一种地方立法权（尽管两者层级不同，但都属于地方立法权的一种），其具有相当大的独立性和完整性，只要其严格遵循不抵触原则，就可以独立自主地开展立法，其所在地的省、自治区人大常委会也不能随意干涉其立法活动。因而，如果将设区的市地方性法规审查批准制度界定为一种决定性制度，就会使设区的市立法权沦为省级地方立法权的“附庸”，就会使设区的市立法权丧失独立法律地位，也会使设区的市立法权没有任何存在价值。而如果将设区的市地方性法规审查批准制度界定为一种监督性制度的话，就会理顺省级地方立法权与设区的市立法权的关系，既发挥省级地方立法权对设区的市立法权的监督作用，避免设区的市立法权的滥用，又尊重设区的市立法权的相对独立性，调动设区的市在立法中的积极性和主动性。所以，从省级地方立法权与设区的市立法权的关系来看，应将设区的市地方性法规审查批准制度界定为一种监督性制度。

综上所述，设区的市地方性法规审查批准制度不应是一种决定性制度，而应是一种监督性制度。这就要求省、自治区人大常委会只应依照不抵触原则对设区的市报批的地方性法规进行合法性审查，若其与上位法不抵触，又在设区的市相应立法权限范围内的，就应在四个月内对其作出批准决定。这与 2015

年《立法法》第72条第2款的规定也是相符合的。❶《中华人民共和国立法法释义》也明确指出:“对于地方性法规的规定是否适当、立法技术是否完美、文字表述是否优美,不作审查”。❷此外,设区的市地方性法规审查批准制度还是一种程序性制度。因为省、自治区人大常委会对设区的市地方性法规的审查批准,是设区的市人大及其常委会制定地方性法规的一个必经程序,且是最后一个程序环节,“对这些立法主体而言,报请或送请批准,是不能不履行的程序,对请求批准的主体和实施批准的主体来说,都是一种法定职责。在立法程序这个整体中,立法批准属于后位程序,它是在报请或送请批准的立法主体完成了相关立法的其他程序之后,才来履行的一道程序。设区的市地方性法规必须经批准才生效,这是其产生效力的必需程序。”❸因而,从性质上说,设区的市地方性法规审查批准制度既是一种监督性制度,也是一种程序性制度。正如周旺生教授指出:“就立法批准的性质而言,它既属于某些立法活动的一道程序,亦属于某些立法活动的一种监督形式,是兼具立法程序和立法监督两重性质的立法活动。”❹

四、设区的市地方性法规审查批准制度之不足

尽管2015年《立法法》试图从立法上建立一个完善的设区的市地方性法规审查批准制度,以充分发挥其应有功能,但不可避免的是,设区的市地方性法规审查批准制度依然存在一些不足,且随着设区的市立法实践的不断开展和深化,这一制度存在的不足日益显露,主要表现在:

(一)审查的标准不够明确

根据2015年《立法法》第72条第2款的规定,省、自治区人大常委会要

---

❶ 2015年《立法法》第72条第2款中规定:“省、自治区的人民代表大会常务委员会对报请批准的地方性法规,应当对其合法性进行审查,同宪法、法律、行政法规和本省、自治区的地方性法规不抵触的,应当在四个月内予以批准。”

❷ 全国人大常委会法制工作委员会编:《中华人民共和国立法法释义》,法律出版社2015年版,第7页。

❸ 阮荣祥等主编:《地方立法的理论与实践》,社会科学文献出版社2011年版,第175页。

❹ 转引自阮荣祥等主编:《地方立法的理论与实践》,社会科学文献出版社2011年版,第175页。

对报批的设区的市地方性法规进行合法性审查，其审查依据的标准就是“不抵触”，即通过合法性审查，判断报批的设区的市地方性法规是否同宪法、法律、行政法规和本省、自治区的地方性法规相抵触。但是，对于“不抵触”的具体审查判断标准，2015 年《立法法》并没有作出明确规定。且从立法实践来看，许多省、自治区人大常委会工作人员对“不抵触”的具体判断标准也理解不一，在对报批的设区的市地方性法规审查批准时也“尺度不一”，导致出现了不少问题。[1] 正如有学者指出：“《立法法》虽然规定了不相抵触的要求，却没有规定不相抵触的内涵究竟是什么，因而并没有消解人们在这个问题上的分歧和困惑。在这种情况下，如何正确理解不相抵触，或者说如何正确分辨是否抵触，仍然是非常现实的难题。”[2] 因而，我们应尽快明确“不抵触”的具体判断标准，以适应省、自治区人大常委会对报批的设区的市地方性法规审查批准工作日益繁重的需要。

具体言之，第一，尽管根据 2015 年《立法法》第 96 条[3]的相关规定，立法中的相抵触情形一共包括三项，即超越权限的、下位法违反上位法规定的、违背法定程序的。但这些规定仍然较为抽象、笼统，实践中并不好理解和把握。例如，什么属于超越权限的情形？什么属于下位法违反上位法规定的情形？什么属于违背法定程序的情形？并没有明确的标准和判断依据，难以为省、自治区人大常委会开展设区的市地方性法规审查批准工作提供明确的标准依据，有待于进一步细化。正如有学者指出：“对于‘何谓不抵触’？及‘如

---

[1] 在如何认识和理解“不相抵触”原则方面，有不同看法。一种观点认为，不相抵触，就是制定某一地方性法规必须以宪法、法律或行政法规对某一事项已有相关规定为前提，以这种相关规定为根据。按这种观点，凡超出宪法、法律、行政法规的内容范围的，或是宪法、法律、行政法规没有规定某项内容而地方性法规却规定了的，就构成相抵触。另一种观点认为，不相抵触，就是地方性法规不得作出与宪法、法律或行政法规已有的明文规定相冲突、相矛盾、不一致甚或相反的规定。还有一种观点认为，不相抵触，就是地方性法规除了不得作出与宪法、法律或行政法规的明文规定相抵触的规定外，还不得作出与宪法、法律或行政法规的基本精神、原则相抵触的规定。这种分歧的存在，直接影响地方立法的开展。究竟应当如何认识和理解“不相抵触”原则，实际上是法的解释问题。法定有权解释的机关是全国人大常委会。但迄今全国人大常委会没有对此作出立法解释。参见周旺生著：《立法学教程》，北京大学出版社 2006 年版，第 306 ~ 307 页。

[2] 阮荣祥等主编：《地方立法的理论与实践》，社会科学文献出版社 2011 年版，第 179 页。

[3] 2015 年《立法法》第 96 条规定：“法律、行政法规、地方性法规、自治条例和单行条例、规章有下列情形之一的，由有关机关依照本法第九十七条规定的权限予以改变或者撤销：（一）超越权限的；（二）下位法违反上位法规定的；（三）规章之间对同一事项的规定不一致，经裁决应当改变或者撤销一方的规定的；（四）规章的规定被认为不适当，应当予以改变或者撤销的；（五）违背法定程序的。”

何判断下位法与上位法之间构成抵触'？不仅是《立法法》本身未予明确，全国人大常委会亦未通过立法解释予以明晰。"[1] 第二，根据2015年《立法法》第72条第2款、第3款[2]、第73条第4款[3]等的规定，为了贯彻落实不抵触原则，设区的市人大及其常委会制定地方性法规时，必须要从四个方面入手，一要立足于本地方的具体情况和实际需要；二要符合自身的立法权限；三要与法律、行政法规、省级地方性法规等上位法相一致；四要对上位法已经明确规定的内容，一般不作重复性规定。以上四个方面看似明确，但对于省、自治区人大常委会来说，依然面临标准不明、操作难的问题。重要原因之一就是，由于立法技术、立法水平的缺陷，重复立法一直是地方立法长期存在的主要弊病之一。"在2000年立法法通过后，十几年来，在地方立法中确实出现了不少重复立法的情况。特别是在为了执行上位法而制定的具体实施性的地方性法规中，存在片面贪大求全的情况，为了在体例上与上位法一致，照搬照抄上位法的规定。"[4] 而重复立法实质上是立法的怠惰，只重复上位法而不因地制宜地开展地方立法，不仅不能解决任何实际问题，发挥地方立法权应有的作用，还会造成立法资源的大量浪费。[5] 那么，重复立法是否应纳入合法性审查的范围？重复立法是否属于与上位法相抵触的情形？目前立法上并未明确规定，上述的三个相抵触情形也不包括这一情形。且更为矛盾的是，2015年《立法法》第73条第4款规定的是，一般不对上位法作重复性规定。那么，什么属于"一般"情况？什么属于"特殊"情况？如何判断"一般"情况与"特殊"情况这两

---

[1] 易有禄：《设区市立法权的权限解析》，《政法论丛》2016年第2期，第77页。

[2] 2015年《立法法》第72条第2款、第3款规定："设区的市的人民代表大会及其常务委员会根据本市的具体情况和实际需要，在不同宪法、法律、行政法规和本省、自治区的地方性法规相抵触的前提下，可以对城乡建设与管理、环境保护、历史文化保护等方面的事项制定地方性法规，法律对设区的市制定地方性法规的事项另有规定的，从其规定。设区的市的地方性法规须报省、自治区的人民代表大会常务委员会批准后施行。省、自治区的人民代表大会常务委员会对报请批准的地方性法规，应当对其合法性进行审查，同宪法、法律、行政法规和本省、自治区的地方性法规不抵触的，应当在四个月内予以批准。省、自治区的人民代表大会常务委员会在对报请批准的设区的市的地方性法规进行审查时，发现其同本省、自治区的人民政府的规章相抵触的，应当作出处理决定。"

[3] 2015年《立法法》第73条第4款规定："制定地方性法规，对上位法已经明确规定的内容，一般不作重复性规定。"

[4] 乔晓阳主编：《〈中华人民共和国立法法〉导读与释义》，中国民主法制出版社2015年版，第250～251页。

[5] 吕新华：《论重复立法之克服》，《湖北警官学院学报》2014年第7期，第36～41页。

者之间的界限和适用范围？而在这两者之间的界限与适用范围不能明确界定的情况下，就容易为重复立法重开口子。

（二）审查批准程序的缺失

2015年《立法法》只是笼统地对设区的市地方性法规审查批准制度作了规定，而没有对具体的审查批准程序作出明确的规定，导致实践中各地无章可循、无法可依。尽管各省、自治区在地方立法条例中对此作了规定，但做法不一，差异较大，严重影响了这一制度功效的发挥。实际上，设区的市地方性法规审查批准程序应包括两部分：第一，报请审查批准程序，即由设区的市人大及其常委会报请省、自治区人大常委会对其制定的地方性法规进行审查的程序，这里面的问题主要有，一是报请审查批准的主体是谁？由于设区的市人大及其常委会都能制定地方性法规，那么，究竟由谁来报请其所在地的省、自治区人大常委会审查批准呢？是设区的市人大及其常委会各报各的？还是由设区的市人大常委会统一报请？目前尚无明确规定。二是在多长时间内报请审查批准？2015年《立法法》只是规定了省、自治区人大常委会审查批准的时间，即四个月内，而没有规定设区的市人大及其常委会报请省、自治区人大常委会审查批准的时间。三是报请审查批准的材料都包括什么？是否需要提交除了设区的市地方性法规草案以外的其他材料？目前也缺乏明确规定。第二，审查批准程序，即省、自治区人大常委会对设区的市地方性法规审查批准的具体程序，这里面的问题主要有，一是省、自治区人大常委会开展审查批准工作的具体步骤包括哪些？二是省、自治区人大常委会审查批准的方式为何？是书面审查还是需要召开一个专门的审查会议？需不需要由设区的市人大及其常委会派人参加并作出必要的说明和答疑？这些目前也无明确的规定。第三，审查批准之后的公布程序，即设区的市地方性法规在被省、自治区人大常委会审查批准后，应由谁公布？是省、自治区人大常委会还是设区的市人大常委会？应当在多长期限内公布？这些问题目前也没有明确规定。

（三）审查之后的处理办法规定不明

从2015年《立法法》第72条第2款和第3款规定的内容来看，似乎其对省、自治区人大常委会审查设区的市地方性法规之后的处理办法作了明确规定，但细究之下，其还存有许多不明之处：第一，尽管2015年《立法法》明确规定，只要设区的市地方性法规不存在与上位法相抵触的情形，省、自治区人大常委会就应当在四个月内作出批准的决定，但如果设区的市地方性法规存在与上位法相抵触的情形，是不是省、自治区人大常委会只能作出不批准的决定？还有没有其他处理办法？要不要根据与上位法抵触情形的不同，分别作出处理决定？这些都处于一个不明确的状态，亟待明确。第二，2015年《立法法》只是笼统规定，如果设区的市地方性法规与本省、自治区政府规章存在相抵触的情形，省、自治区人大常委会“应当作出处理决定”，但是对于省、自治区人大常委会应当作出哪些处理决定？2015年《立法法》并没有作出明确规定，导致实践中无章可循，各地做法不一。第三，如果设区的市地方性法规中存在与上位法相抵触的情形，省、自治区人大常委会有无权力对其进行修改？如果有权进行修改，有无相应限制？2015年《立法法》对此也没有作出明确规定，导致理论上与实践中对此争议很大，在很大程度上影响了省、自治区人大常委会审查批准工作的开展。实际上，在过去省、自治区人大常委会对较大的市地方性法规审查批准实践中，就一直存在这方面问题，即“一直以来，在立法批准实践中，省级人大常委会究竟有无权力对报请批准的较大的市地方性法规进行修改呢？如果有权修改，如何修改是好？或者说，可以修改到什么程度？都成了有争议的问题。”[1] 遗憾的是，这一问题长期未得到应有的重视和处理，而在2015年《立法法》赋予所有设区的市立法权的大背景下，这一问题应早日予以解决。

五、健全设区的市地方性法规审查批准制度

设区的市地方性法规审查批准制度存在的上述问题，凸显了设区的市地方性法规审查批准制度设计上的不足，也影响了设区的市地方性法规审查批准制度应有功效的发挥。因而，我们应采取相应措施，健全设区的市地方性法规审查批准制度。考虑到2015年《立法法》颁布实施不久，因而，从尽可能保持立法的稳定性角度出发，不宜轻易修改《立法法》，可以考虑通过立法解释或由各省、自治区人大常委会制定配套性法规的途径予以解决。

---

[1] 阮荣祥等主编：《地方立法的理论与实践》，社会科学文献出版社2011年版，第184页。

（一）明确审查的标准

为了保证省、自治区人大常委会能够有效行使对设区的市地方性法规的审查批准权，首先需要明确合法性的审查标准，即判断“不抵触”或“抵触”的具体标准。目前，各省、自治区根据2015年《立法法》的有关规定，通过制定或修改地方立法条例的形式，对“不抵触”或“抵触”的具体判断标准作了细化❶，为省、自治区人大常委会开展审查批准工作提供了明确依据。根据这些规定，我们可以将“不抵触”或“抵触”的具体判断标准概括如下：一是报批的设区的市地方性法规是否在设区的市人大及其常委会立法权限范围内？由于2015年《立法法》对设区的市立法权限作了明确规定，因而，设区的市人大及其常委会只能在其立法权限范围内制定地方性法规，否则，越权无效，自然就与上位法相抵触。二是报批的设区的市地方性法规是否与上位法的原则、精神、规定相抵触？设区的市地方性法规既不能与上位法的规定相抵触，也不能与上位法的原则、精神相抵触，而民族自治地方立法可以依照当地民族的特点，对法律和行政法规的规定作出变通规定，但不得违背法律或者行政法规的基本原则，不得对宪法和民族区域自治法的规定以及其他有关法律、行政法规专门就民族自治地方所作的规定作出变通规定。一般说来，经济特区立法也可以与法律、行政法规的规定相抵触，只要不与宪法的规定、法律或者行政法规的基本原则相抵触即可。❷ 这就引出了另外一个问题，即设区的市地

---

❶ 例如，《贵州省地方立法条例》第41条规定：“报请批准的地方性法规有下列情形之一的，为抵触：（一）超越立法权限；（二）违反上位法规定；（三）设定的行政处罚超出法律、行政法规规定给予行政处罚的行为、种类和幅度范围；（四）其他违反法律、法规规定的。”《河南省地方立法条例》第六十五条规定：“报请批准的地方性法规的规定有下列情形之一的，为抵触：（一）超越立法权限；（二）上位法有明确规定的，违反该规定；（三）上位法没有明确规定的，违反上位法的基本原则。”

❷ 《立法法》是我国第一部规范立法活动的基本法，其首次对民族自治地方与经济特区的立法变通权分别作出了规定，使民族自治地方和经济特区立法主体行使立法变通权有了明确的法的依据。至于立法变通权的权限范围的规定，《立法法》对民族自治地方立法变通权的权限范围作出了较为明确的规定，这主要体现在《立法法》在明确规定自治条例和单行条例可以对法律、行政法规的规定进行变通的同时，对不能变通的范围作了明确规定，但对于经济特区立法变通权的权限范围仍未作明确的规定，这不能不影响到经济特区立法主体行使立法变通权的合法性与合理性。《立法法》公布实施前，正是因为我国有关授权法中对经济特区立法主体的立法变通权及其权限范围未作明确的规定，所以我国经济特区授权立法中法规冲突现象得以存在和漫延。参见《立法变通权》，https：//baike. baidu. com/i-tem/%E7%AB%8B%E6%B3%95%E5%8F%98%E9%80%9A%E6%9D%83/1304876？fr = aladdin。

方性法规如果没有上位法依据，属于不属于与上位法相抵触？换言之，即设区的市人大及其常委会在没有上位法依据的情况下，能不能制定地方性法规？对此，有观点认为，如果没有上位法依据，设区的市人大及其常委会就不能制定地方性法规，否则，就属于与上位法相抵触的情形。如前所述，这种观点实际上是错误的，因为2015年《立法法》第73条[1]明确赋予了地方性法规“先行先试”权，即只要不属于国家立法权专属事项，在没有法律、行政法规作出规定的情况下，地方性法规就可以先作出规定，先行先试，为中央立法积累经验，因而，在这一情况下，即使没有上位法的规定，设区的市人大及其常委会也可以制定地方性法规，其并不属于与上位法相抵触的情形。

然而，虽然上述省、自治区地方立法条例对“不抵触”或“抵触”的具体判断标准规定得比较明确，但也存在一些模糊和抽象之处，缺乏可操作性，需要进一步予以细化明确。例如，对于什么属于“违反上位法规定”的情形？实践中并不好判断，需要进一步予以细化。对此，我们可以借鉴苗连营教授的观点，将其进一步细化为四种情形，具体如下，即“1. 宪法、法律、行政法规允许的，而地方性立法却作出禁止性规定；或明文禁止的却作出允许性规定。2. 增加、减少或变更法律责任的种类、幅度、适用范围或适用条件。3. 增加、减少或变更了执法主体、执法主体的执法权限或执法程序。4. 增加、减少或变更了宪法、法律规定的公民、法人或其他组织的权利和义务，或者改变了履行义务、行使权利的原则、条件或程序”。[2] 这样，就便于省、自治区人大常委会在对设区的市地方性法规进行合法性审查时，有所遵循和依据。

此外，对于重复立法是否能作为判断“不抵触”或“抵触”的具体标准的问题。笔者认为，尽管重复立法造成了大量的立法资源浪费，也缺乏针对性和可操作性，但重复立法仅仅是下位法对上位法的重复规定，并不违反上位法

---

[1] 2015年《立法法》第73条规定：“地方性法规可以就下列事项作出规定：（一）为执行法律、行政法规的规定，需要根据本行政区域的实际情况作具体规定的事项；（二）属于地方性事务需要制定地方性法规的事项。除本法第八条规定的事项外，其他事项国家尚未制定法律或者行政法规的，省、自治区、直辖市和设区的市、自治州根据本地方的具体情况和实际需要，可以先制定地方性法规。在国家制定的法律或者行政法规生效后，地方性法规同法律或者行政法规相抵触的规定无效，制定机关应当及时予以修改或者废止。设区的市、自治州根据本条第一款、第二款制定地方性法规，限于本法第七十二条第二款规定的事项。”

[2] 苗连营：《论地方立法工作中“不抵触”标准的认定》，《法学家》1996年第5期，第42页。

的规定，不属于“抵触”的情形。而且，如果省、自治区人大常委会对设区的市地方性法规是否属于重复立法都要进行审查的话，则会大大增加其负担，使其不堪重负，导致其审查批准工作无法正常开展。且这也与2015年《立法法》的相关规定相违背，即：一方面，2015年《立法法》第72条第2款的立法原意就是，省、自治区人大常委会只能对设区的市地方性法规进行合法性审查，而不能进行别的方面审查；另一方面，2015年《立法法》第73条第4款的立法目的，就在于解决我国地方立法主体过去长期存在的重复立法问题，而不是解决我国地方立法中存在的“抵触”问题。即“在修改立法法过程中，许多方面担心在赋予所有设区的市和自治州立法权以后，会进一步加剧重复立法的情况，严重浪费立法资源。因此，修改后的立法法在本条中又增加了一款，进一步强调制定地方性法规，对上位法已经明确规定的内容，一般不作重复性规定”。[1] 而2015年《立法法》之所以没有绝对禁止地方重复立法，原因在于地方立法分为创制性地方立法和实施性地方立法两种，如果要求创制性地方立法不得重复立法，那是自然不过的事情。而如果要求实施性地方立法绝对不得重复立法，则难以做到，因为实施性地方立法本身就是对上位法的细化，有内容重复属于自然而然的事情。换言之，重复立法有“必要”和“非必要”之分。那么，什么情形属于“非必要”重复立法呢？对此，我们可以借鉴有关学者的观点对其进行界定，即“地方立法机关在制定法律规则时，上位法对行为模式和法律后果都有明确的规定，而地方性法规进行重复表述的；或者没有改变上位法法律规则中权利、义务的实质性分配，只是在文字表述上稍有差异的，都属于不必要的重复。”[2]

（二）细化审查批准的程序

为了保证省、自治区人大常委会有效开展对设区的市地方性法规的审查批准工作，必须要建立细致的程序规则，以为其提供程序保障。目前，各地已经通过地方立法进行了探索，建立了一套比较完善的程序机制，为我们提供了可

[1] 乔晓阳主编：《〈中华人民共和国立法法〉导读与释义》，中国民主法制出版社2015年版，第251页。

[2] 汤善鹏、严海良：《地方立法不必要重复的认定与应对——以七个地方固废法规文本为例》，《法制与社会发展》2014年第4期，第160页。

资借鉴的思路。

第一，要建立完善的设区的市地方性法规报请审查程序。一是关于报请审查的主体。尽管按照“谁制定、谁报批”的原理，应该由设区的市人大及其常委会分别对自己制定的地方性法规进行报批，但考虑到设区的市人大每年仅召开一次会议，会期为七天左右，再加上会务繁重，因而，由设区的市人大对其制定的地方性法规进行报批显然是不太符合实际的，再加上设区的市人大制定的地方性法规大多是由设区的市人大常委会起草或组织完成的，对其内容比较熟悉。且大多数设区的市地方性法规都是由设区的市人大常委会制定的。因此，为了方便开展工作，应由设区的市人大常委会统一对设区的市人大及其常委会制定的地方性法规进行报批审查。从立法工作实践来看，目前各地立法均采纳了这一主张。例如，《邯郸市制定地方性法规条例》第 41 条规定：“地方性法规草案经市人民代表大会会议或常务委员会会议通过后，常务委员会应当及时报请省人民代表大会常务委员会审查批准。呈报事宜由常务委员会法制工作委员会具体办理。”❶ 二是关于报请审查的时间。为了保证立法的及时性，在设区的市地方性法规被设区的市人大或其常委会表决通过后，应在一个月内将设区的市地方性法规报请省、自治区人大常委会审查批准。例如，《唐山市地方立法条例》第 37 条规定：“市人民代表大会及其常务委员会通过的地方性法规，应当自通过之日起三十日内，报请省人民代表大会常务委员会审查批准。”❷ 但考虑到设区的市地方性法规在表决通过后，如若提请审查被省、自治区人大常委会否决，会造成极大的立法资源浪费，因而，我们建议可以提前将设区的市地方性法规草案提交给省、自治区人大常委会法制工作机构审议，及时征询其对该设区的市地方性法规草案的意见，以避免“抵触”条款的出台，节省立法资源。三是关于报请审查的材料。为了保证省、自治区人大常委会有效地对设区的市地方性法规进行审查，设区的市人大常委会报请审查的材

---

❶ 《邯郸市制定地方性法规条例》，http：//law. npc. gov. cn/FLFG/flfgByID. action? flfgID = 45269&keyword = % E6% B2% B3% E5% 8C% 97% E7% 9C% 81% E5% 9C% B0% E6% 96% B9% E7% AB% 8B% E6% B3% 95% E6% 9D% A1% E4% BE% 8B&zlsxid = 03。

❷ 《唐山市地方立法条例》，http：//law. npc. gov. cn/FLFG/flfgByID. action? flfgID = 45610&keyword = % E6% B2% B3% E5% 8C% 97% E7% 9C% 81% E5% 9C% B0% E6% 96% B9% E7% AB% 8B% E6% B3% 95% E6% 9D% A1% E4% BE% 8B&zlsxid = 03。

料除了包括地方性法规草案外，还应当包括制定该设区的市地方性法规的详细说明、参考资料、专家意见、会议记录、调研报告，以及其他相关材料等。

第二，要建立完善的设区的市地方性法规审查批准工作的配套程序机制。由于设区的市地方性法规审查批准工作的重要性和权威性，省、自治区人大常委会不能“贸然”行使这一审查批准权，必须做好前期准备工作，这就要建立完善的设区的市地方性法规审查批准工作的配套程序机制：一要建立提前介入程序机制。为了避免设区的市地方性法规因存在与上位法相抵触的情形，而不被省、自治区人大常委会批准，造成立法资源的巨大浪费，省、自治区人大常委会可以提前介入，对设区的市立法计划进行把关，从源头上杜绝与上位法相抵触的地方性法规出台，也可以派人参加设区的市人大及其常委会立法工作会议，对设区的市地方性法规的草案进行审议，对存有与上位法相抵触情形的，提出修改意见以供设区的市人大及其常委会参考。当然，省、自治区人大常委会要充分尊重设区的市人大及其常委会的立法权，不能干涉其正常的立法活动。二要建立沟通协调程序机制。设区的市人大及其常委会要建立与省、自治区人大常委会的沟通协调机制，将设区的市立法的进程及其存在的难点、疑点问题及时与省、自治区人大常委会沟通协调，听取省、自治区人大常委会的相关意见、建议，以对设区的市地方性法规草案进行进一步的修改和完善。特别是当设区的市人大及其常委会在制定地方性法规的过程中，对某些立法或某些立法中的条款是否与上位法相抵触不好定夺时，可以向省、自治区人大常委会提出咨询，请其帮忙“把关”，以避免与上位法相抵触的设区的市地方性法规的出台。三要建立广泛征求意见程序机制。省、自治区人大常委会在收到设区的市人大常委会报批的地方性法规后，在正式审查批准前，要广泛征求省人大有关专门委员会、省人大常委会有关工作机构、省人大部分代表、省人大常委会部分委员、省直有关部门、专家学者等意见，并由省、自治区人大常委会法工委汇编整理，以集思广益，为省、自治区人大常委会开展审查批准工作提供参考。四要建立调研论证程序机制。省、自治区人大常委会除了可以书面征求有关机关或个人的意见外，还可以组织立法调研组到该设区的市进行深入调研，了解当地的实际情况，同时广泛征求有关单位和个人对该地方性法规的意见和建议，重点是组织调研会议对该地方性法规的合法性进行论证，以了解和掌握一手材料，为省、自治区人大常委会开展审查批准工作提供实证材料支撑。

第三，要建立完善的省、自治区人大常委会审查批准程序。一是关于省、自治区人大常委会开展审查批准工作的具体步骤。借鉴地方立法的有益经验，其具体应包括：先由省、自治区人大常委会法制工作机构审查后，向主任会议提交审议情况报告，再由主任会议决定是否列入省、自治区人大常委会会议议程，最后由省、自治区人大常委会审议后作出是否批准的决定。二是关于省、自治区人大常委会审查批准的方式。考虑到省、自治区人大常委会行使职权的特点，以及审查批准工作的重要性，我们建议，应通过召开专门审查会议的形式对设区的市地方性法规进行审查，报请审查该设区的市地方性法规的设区的市人大常委会负责人应当到会作出解释说明，并回答询问，听取各种意见建议。从立法工作实践情况来看，有的地方已经明确立法，要求设区的市人大常委会负责人必须到会作出说明，听取审查意见。例如，《邯郸市制定地方性法规条例》第42条规定："省人民代表大会常务委员会会议审查本市报请批准的地方性法规时，市人民代表大会常务委员会主任或副主任应当到会作说明，听取审查意见。"[1]

第四，要明确设区的市地方性法规审查批准之后的公布程序。对于设区的市地方性法规被审查批准之后，究竟由谁来公布的问题，一直存有争议。有的人认为，既然设区的市地方性法规由省、自治区人大常委会审查批准，且其具有省级地方性法规的效力，因而，在省、自治区人大常委会对设区的市地方性法规审查批准之后，由其公布更为合适。而有的人认为，公布权是设区的市人大及其常委会享有的地方性法规制定权的组成部分，虽然设区的市地方性法规要经过省、自治区人大常委会审查批准，且其具有省级地方性法规效力，但设区的市地方性法规毕竟是设区的市人大或其常委会制定的，且在该设区的市本行政区域范围内实施，因而，由设区的市人大常委会公布更为合适，且这样也有利于尊重设区的市人大及其常委会的立法权。尽管两者观点都有合理之处，但笔者认为，相较之下，后者的观点更为合理。因为省、自治区人大常委会享有的审查批准权不能代替设区的市人大及其常委会享有的制定权，而公布权是

[1] 《邯郸市制定地方性法规条例》，http://law.npc.gov.cn/FLFG/flfgByID.action?flfgID=45269&keyword=%E6%B2%B3%E5%8C%97%E7%9C%81%E5%9C%B0%E6%96%B9%E7%AB%8B%E6%B3%95%E6%9D%A1%E4%BE%8B&zlsxid=03。

制定权的重要组成部分，且公布是设区的市立法的最后一个程序环节，因而，由设区的市人大常委会将设区的市地方性法规公布更为合适，也更符合立法原意。至于设区的市地方性法规在审查批准之后，设区的市人大常委会应在多长期限内公布的问题？为了保证立法的时效性，使其早日施行，设区的市人大常委会应尽快将设区的市地方性法规予以公布，以不超过 15 日为宜。例如，《邯郸市制定地方性法规条例》第 44 条规定："报经批准的地方性法规，应当在本市人民代表大会常务委员会公报上刊登，并从批准之日起 15 日内在本市公开发行的报纸上刊登。在本市人民代表大会常务委员会公报上刊登的地方性法规文本为标准文本。"[1]

（三）明确审查之后的处理办法

对于省、自治区人大常委会审查设区的市地方性法规之后的处理办法，应综合考虑各种情况，分别予以明确，而不能"一刀切"。但这里我们首先需要明确一个问题，即当设区的市地方性法规存在与上位法相抵触情形时，省、自治区人大常委会是否有权对其进行修改？因为只有解决了这一问题，才能对省、自治区人大常委会对设区的市地方性法规审查之后的处理办法作出明确界定。对于上述问题，理论界与实务界争议都很大。支持者一方认为，由于设区的市立法权是省级地方立法权的一种延伸，设区的市地方性法规的效力源于省、自治区人大常委会的赋予，且设区的市地方性法规能否生效取决于省、自治区人大常委会的批准与否，因而，当设区的市地方性法规存在与上位法相抵触情形时，省、自治区人大常委会便有权对其进行相应的修改，且这样也可以提高立法效率，节省立法成本，免得设区的市人大及其常委会修改后再次将该地方性法规报请省、自治区人大常委会审查批准。反对者一方则认为，省、自治区人大常委会享有的对设区的市地方性法规的审查批准权属于一种监督权，其目的是为了避免设区的市地方性法规存在与上位法相抵触的情形，保证社会主义法制统一，而不是制定权，也不能代替设区的市人大及其常委会对设区的

---

[1] 《邯郸市制定地方性法规条例》，http://law.npc.gov.cn/FLFG/flfgByID.action?flfgID=45269&keyword=%E6%B2%B3%E5%8C%97%E7%9C%81%E5%9C%B0%E6%96%B9%E7%AB%8B%E6%B3%95%E6%9D%A1%E4%BE%8B&zlsxid=03。

市地方性法规的制定权，因而，省、自治区人大常委会只能根据对设区的市地方性法规合法性审查的结果，作出批准或不批准的决定，而不能对存有与上位法相抵触情形的设区的市地方性法规进行修改，否则，就是侵犯了设区的市人大及其常委会的制定权。对此，笔者认为，尽管省、自治区人大常委会享有的审查批准权不等于设区的市人大及其常委会享有的制定权，但其包含着设区的市人大及其常委会享有的部分制定权的内容，因为设区的市人大及其常委会享有的制定权并不是完整的，其所缺失的部分制定权包含在省、自治区人大常委会享有的审查批准权之中，离开了省、自治区人大常委会的审查批准，设区的市地方性法规就不能生效，也不能具有省级地方性法规的效力，据此，省、自治区人大常委会有权对存有与上位法相抵触情形的设区的市地方性法规进行修改。但是，审查批准毕竟不等于制定权，如果省、自治区人大常委会可以随意对设区的市地方性法规进行修改的话，就会侵犯设区的市人大及其常委会享有的制定权，也会侵犯设区的市立法权的独立法律地位，所以，必须要对省、自治区人大常委会享有的这一“修改权”进行限制，将其限制在一定范围内，即“凡涉及重大问题的修改，比如，涉及报请批准法规的基本原则、基本制度和其他重大事项的修改，应当由设区的市立法机关自己进行。省级人大常委会可以提出修改意见，但不能代替设区的市立法机关修改”。[1] 而“非重大问题的修改，亦即不涉及法规的基本原则、基本制度和其他重大事项的修改，一般都可以由省级人大常委会直接进行”。[2]

综上所述，我们可以根据不同情形，将省、自治区人大常委会对设区的市地方性法规审查之后的处理办法明确如下：第一，当设区的市地方性法规不存在与上位法相抵触的情形时，省、自治区人大常委会就应在四个月内对其作出批准的决定，赋予其生效的效力。第二，当设区的市地方性法规存在与上位法相抵触的情形时，省、自治区人大常委会理应作出不批准的决定，并将相关理由告之该设区的市人大常委会。但考虑到具体情况比较复杂，可以进一步予以细化，视情况作出不同决定，即：一是当设区的市地方性法规某些条款存在与上位法相抵触的情形，且与整部地方性法规不可分割，又属于设区的市地方性

---

❶ 阮荣祥等主编：《地方立法的理论与实践》，社会科学文献出版社 2011 年版，第 186 页。

❷ 阮荣祥等主编：《地方立法的理论与实践》，社会科学文献出版社 2011 年版，第 187 页。

法规中的“重大问题”时，省、自治区人大常委会就只能作出不批准的决定，由设区的市人大或其常委会重新制定或做重大修改，再依照程序重新报批。二是当设区的市地方性法规某些条款存在与上位法相抵触的情形，且可与整部地方性法规分割，又不属于设区的市地方性法规中的“重大问题”时，省、自治区人大常委会可以直接对其进行修改，再作出批准的决定；也可以在作出不批准决定的同时，附上修改意见，建议设区的市人大或其常委会对这些“抵触”条款进行修改，再报请省、自治区人大常委会对其进行审查批准，由省、自治区人大常委会依据修改情况作出相应处理决定。第三，当设区的市地方性法规存在与省、自治区地方政府规章相抵触的情形时，省、自治区人大常委会应当根据不同情况，分别作出相应的处理决定。这里首先需要对设区的市地方性法规与省、自治区地方政府规章的效力高低问题作出说明，因为两者的效力很难说孰高孰低。[1] 由于设区的市地方性法规具有省级地方性法规的效力，理应比省、自治区地方政府规章的效力高。但是，从行政级别上讲，省、自治区地方政府规章的效力理应高于设区的市地方性法规的效力，且省、自治区地方政府规章的适用范围是整个省、自治区，而设区的市地方性法规的适用范围仅限于本设区的市行政区域范围。因而，很难对两者的效力高低问题作出判断。所以，2015 年《立法法》笼统规定，当设区的市地方性法规存在与省、自治区地方政府规章相抵触情形时，省、自治区人大常委会“应当作出处理决定”。那么，此时省、自治区人大常委会应当作出何种处理决定呢？一般说来，应视情况作出如下决定：一是如果省、自治区人大常委会认为省、自治区地方政府规章不适当的，省、自治区人大常委会应当批准该设区的市地方性法规，同时视情况撤销省、自治区地方政府规章或责成省、自治区政府修改该地方政府规章；二是如果省、自治区人大常委会认为设区的市地方性法规不适当的，但又不存在与上位法相抵触情形的，省、自治区人大常委会可以作出批准

---

[1] 曾有一种意见认为，设区的市制定的地方性法规不能同省、自治区人民政府制定的规章相抵触。理由是：省、自治区、直辖市制定的地方性法规不能同国务院制定的行政法规相抵触，设区的市作为省、自治区的下级地方政权，其制定的地方性法规也不得同省、自治区的政府规章相抵触。立法机关经过研究，考虑到设区的市制定的地方性法规是经省、自治区人大常委会批准的，因此，其法律效力应当同省、自治区的地方性法规相同，因此，不宜要求设区的市的地方性法规不得同省、自治区政府规章相抵触。参见乔晓阳主编：《〈中华人民共和国立法法〉导读与释义》，中国民主法制出版社 2015 年版，第 247 页。

决定，同时附条件提出修改意见交由设区的市人大常委会修改，也可以自己直接修改，再作出批准决定。当然，如果设区的市人大常委会不按照省、自治区人大常委会提出的修改意见对设区的市地方性法规进行修改时，或者对省、自治区人大常委会的直接修改表示异议时，设区的市地方性法规就不能生效。三是如果省、自治区人大常委会认为两者都不适当的，省、自治区人大常委会就可根据上述两种情况，分别作出相应处理决定。❶

❶ 据河北省邯郸市人大常委会法工委副主任张凤魁介绍，实践上，如果设区的市法规与上级规章相冲突，那么市级法规难以撼动上级规章，尽管设区的市法规非常符合本地实际、比如，2016 年 9 月省人大常委会批准实施的《邯郸市居住证条例》就出现了与《河北省流动人口服务管理规定》（河北省人民政府令［2011］第 20 号）个别规定不一致的情况。邯郸市条例规定，从峰峰矿区（国务院批准的“市中心城区”以外）到市中心城区（丛台区、邯山区、复兴区）居住半年以上的，只要具有合法稳定就业、合法稳定住所和合法连续就读情形之一的，本人及其共同居住生活的配偶、子女、夫妻双方父母等，可以在居住地自愿申领居住证，并享受乘坐公交、子女就读等 18 项权益、服务和便利。而《河北省流动人口服务管理规定》明确规定，流动人口不包括“离开户籍所在地的市辖区到本市其他市辖区居住地的人员”。按照此规定，从市中心城区以外的峰峰矿区到市中心城区的丛台区、邯山区、复兴区居住的，不在申领居住证之列，不能享受子女片内就读等 18 项待遇。当时，鉴于全省办理软件没有联网或者其他原因，法规与规章平安相处，丝毫没有影响我市居住证的办理工作。但是随着全省人口登记网络软件的升级，软件操作系统由全省统一控制，不但峰峰矿区到市内三区不能办理居住证（软件系统根本打印不出居住证），而且原肥乡县、永年县“撤县设区”后，也不能按原规定办理居住证，被全省统一安装的软件完全“锁死”。肥乡县、永年县等“撤县设区”后，鉴于它们仍在市中心区以外，特别是永年区与邢台接壤，其北部乡村距离市中心城区非常遥远，如按市中心城区对待，既不公平，又不符合我市实际。经向省人大常委会法工委请示，并与省公安厅沟通协调，终因困难重重，我们自愿放弃了原来的主张，完全按照省公安厅人口登记网络系统软件的现实情况，对《邯郸市居住证条例》进行了修改，现已公布实施。笔者认为，省政府规章的制定时间已经八年，不少条款已经难以适应现实需要，急需修改。特别是部分条款形同虚设，有的甚至违反上位法的规定。例如，《河北省流动人口服务管理规定》第 9 条规定：“流动人口应当自到达居住地之日起 3 个工作日内，持本人居民身份证或者户口簿等有效身份照明，向居住地公安派出所办理居住登记。”难道异地就医的病人及其陪护人员也“应当”办理居住登记吗？再如，《河北省居住证实施办法（试行）》（2017 年 1 月 22 日省政府第 73 次常务会议通过）第 9 条规定：“公民离开常住户口所在地，在居住地实际居住并办理居住登记已满半年，符合有合法稳定就业、合法稳定住所、连续就读条件之一的，可申领居住证。”根据此办法，如果流动人口申领居住证，就必须在 6 个月前在暂住地派出所办理居住登记，否则软件系统就打印不出来居住证。笔者认为，这是违反上位法规定的，是在国务院《居住证暂行条例》（2015 年 10 月 21 日国务院第 109 次常务会议通过，2015 年 11 月 26 日国务院第 633 号公布）申领程序的基础上，擅自增加了一项“登记”许可。国务院《居住证暂行条例》规定：“申领居住证，应当向居住地公安派出所或者受公安机关委托的社区服务机构提交本人居民身份证、本人相片以及居住地住址、就业、就读等证明材料。”此处的“等”不但是“等内等”，而且整个暂行条例的内容也未见有“居住登记”的前置许可。只要“住地住址、就业、就读”等证明材料能够证明居住证申请人能够居住半年以上，并符合有合法稳定就业、合法稳定住所、连续就读条件之一的，就可以申领居住证，无须进行居住登记。目前，举国上下，从中央到地方，都在大力推进“放管服”改革，而省政府规章却与上位法的规定有抵触，望尽早予以修改。参见张凤魁：《设区的市立法权限问题刍议》，见河北省法学会立法学研究会 2018 年年会论文集，第 234 ~ 235 页。

第五章

设区的市立法权扩容的风险及其防控

2015 年《立法法》赋予了我国所有设区的市立法权，实现了有史以来最大规模的地方立法主体扩容，使我国进入了“设区的市立法”时代。但任何事物都有双面性，尽管赋予所有设区的市立法权适应了全面推进依法治国和推进地方治理法治化的需求，但因地方立法主体大规模扩容而带来的风险也不可避免地存在。正如秦前红教授指出：“地方立法权主体此次大规模扩容无疑有其正当性基础，然而，在当前的法制环境和现实条件之下，此项举措伴随有诸多风险。”[1] 这就要求我们对此予以重点关注，以正视设区的市立法权扩容带来的风险，并采取有效的措施予以防控，以实现设区的市立法权扩容的目的。

一、问题的提出

在 2015 年《立法法》颁布实施之后，随着绝大多数新扩容的设区的市已经被其所在地的省、自治区人大常委会批准开始行使立法权，大量的设区的市地方性法规、地方政府规章被制定出来，且日益增多，截止到 2016 年年底，

---

[1] 秦前红、刘怡达：《地方立法权主体扩容的风险及其控制》，《海峡法学》2015 年第 3 期，第 38 页。

新扩容设区的市人大及其常委会就已经制定了 272 件地方性法规[1]，这还不包括新扩容的设区的市政府制定的地方政府规章。应该说，大量的设区的市地方性法规、地方政府规章的出台，有效填补了我国地方立法的空白，保证了上位法的良好实施，推进了地方治理的法治化，基本实现了 2015 年《立法法》赋予设区的市立法权的目的。但在这一过程中，因设区的市立法主体大规模扩容而导致的风险也暴露无遗，印证了理论界与实务界之前的担忧。实际上，早在 2000 年《立法法》修改过程中，许多人就反对一次性赋予所有设区的市立法权，主要理由就是担忧因设区的市立法权扩容而导致的风险。正如第十二届全国人民代表大会法律委员会主任委员乔晓阳同志指出："赋予地方立法权需要理顺四个问题：一是，立法主体增多，在普遍开花的情况下，给一个省范围内的法制统一就会带来新挑战；二是，普遍开花以后，各市都执行本市的地方性法规，省级地方性法规还有什么作用？三是，许多设区的市立法力量还远远不够，还没有条件制定地方性法规；四是，较大的市制定的地方性法规要报省人大常委会批准，目前一般一个省只有两三个较大的市报批准，对省级人大常委会负担不大，将来如果有十几个、二十个较大的市的地方性法规要报批准，省级人大常委会如何完成这个任务？"[2] 在 2015 年《立法法》赋予所有设区的市立法权后，理论界与实务界更是表达了强烈的担忧，认为在地方立法权主体如此大规模扩容的情况下，必然会导致一系列问题，必须要予以防控。正如有学者指出："扩大地方立法主体范围将带来地方法制繁荣的表象背后，这一地方立法扩权的合宪性、合理性、必要性，在现实国情下如何防范设区的市立法的行政化、部门化，地方立法扩权对维护国家法制统一，对于提升我国整体立法

[1] 据统计，从 2015 年 3 月《立法法》修改至 2016 年 12 月底，可以开始行使地方立法权的 268 个设区的市、自治州和不设区的地级市中，已有 174 个市州经审议通过并经批准地方性法规 270 件（实为 272 件），其中，立法条例 124 件，其他方面的地方性法规 146 件（实为 148 件）。65% 的市州已经有了自己的法规，在 146 件"城乡建设与管理、环境保护、历史文化保护"事项的法规中，江苏、浙江、安徽、山东、湖北、广东中东部 6 省在前领跑，共批准 89 件（每省批准超过 10 件），占到了 61%。有的市已出台了多部法规，镇江、盐城、泰州、济宁等已各有 4 部法规入账。不仅发达地区积极推进地方立法工作，位于西部的一些市州也先后出台了首部法规。例如新疆的《博尔塔拉蒙古自治州立法程序规定》、西藏的《日喀则市市容和环境卫生条例》、甘肃的《武威市人民代表大会及其常务委员会立法程序规则》等，贵州省黔南布依族苗族自治州更是已先后出台了《黔南布依族苗族自治州 500 米口径球面射电望远镜电磁波宁静区环境运行保护条例》等 3 部地方性法规。总体而言，设区的市立法正在有序进行、全面推进。参见郭佳法：《地方立法这两年：设区的市行使地方立法权全面推进》，《中国人大》2017 年第 1 期，第 35 页。

[2] 彭东昱：《赋予设区的市地方立法权》，《中国人大》2014 年第 19 期，第 26 页。

的科学性、民主性和提高立法质量的影响和风险也是我们必须认真加以思考的。”[1] 而从目前新扩容的设区的市地方立法的实践来看，上述担忧不无道理，这些问题已经在新扩容的设区的市地方立法中显露出来。例如，对于理论界与实务界普遍担忧的新扩容的设区的市立法能力问题，尽管新扩容的设区的市在2015年《立法法》颁布实施之后的两年多里，对其不断进行了提升，但依旧存在不少严重的问题，这一点已为实证材料所印证和支持。2016年7~10月，在陕西省人大常委会法工委、陕西省政府法制办大力支持下，西北政法大学调研组对陕西省10个设区的市地方立法能力状况进行了调研，指出了陕西省10个设区的市在立法能力方面存在的问题，即“一是立法机构设置与人员配备有待于加强；二是立法需求意见征集与处理机制不够规范；三是对立法规划与立法计划制定与实施存在认识分歧或者偏差；四是立法工作制度建设亟待完备；五是立法专家顾问没有发挥应有的作用；六是委托第三方参与立法的实践尚未充分展开；七是立法培训的针对性不强”。[2] “窥一斑而知全豹”，其他新扩容的设区的市立法中也存有类似问题。这些问题的存在，严重影响了新扩容设区的市立法权的行使，必须要予以正视，并采取相应的防控措施。

二、设区的市立法权行使的实证分析

自2015年3月15日第十二届全国人民代表大会第三次会议通过《关于修改〈中华人民共和国立法法〉的决定》以来，设区的市立法权已经存在和运行一段时间。那么，在这一期限内，设区的市立法权行使的整体状况如何？利弊如何？特别是2015年《立法法》预设的设区的市立法权监督制度运行得如何？等等，这些都需要我们进行相应的实证研究，以发现其中存在的问题，为未来设区的市立法权的完善提供建议和参考。

（一）省、自治区人大常委会批准新扩容设区的市开始行使立法权状况分析

如前所述，为了避免新扩容的设区的市在各项条件不具备的情况下，就

[1] 庞凌：《依法赋予设区的市立法权应注意的若干问题》，《学术交流》2015年第4期，第88页。

[2] 西北政法大学法治陕西建设协同创新研究中心等编：《陕西省设区的市地方立法状况蓝皮书》（2016年），知识产权出版社2016年版，第10~16页。

“贸然”行使地方立法权，危及社会主义法制统一，2015年《立法法》规定了新扩容的设区的市开始行使立法权的批准制度，即“除省、自治区的人民政府所在地的市，经济特区所在地的市和国务院已经批准的较大的市以外，其他设区的市开始制定地方性法规的具体步骤和时间，由省、自治区的人民代表大会常务委员会综合考虑本省、自治区所辖的设区的市的人口数量、地域面积、经济社会发展情况以及立法需求、立法能力等因素确定，并报全国人民代表大会常务委员会和国务院备案”。[1] 根据这一规定，在2015年《立法法》开始实施之后，各新扩容的设区的市在加强自身立法能力建设的同时，纷纷向其所在地的省、自治区人大常委会提出申请，请求省、自治区人大常委会尽快批准其开始行使立法权。各省、自治区人大常委会也根据2015年《立法法》的上述规定，并结合本省、自治区的实际情况，按照一定的标准，采用了不同方式，逐步批准新扩容的设区的市开始行使立法权，其中，安徽省人大常委会于2015年5月21日在全国率先批准宿州、蚌埠、阜阳、宣城、池州、安庆6个设区的市可以行使立法权[2]，其后各地省、自治区人大常委会加快了批准新扩容设区的市开始行使立法权的步伐，截止到2016年12月底，除了西藏、新疆外，其他各省、自治区人大常委会已经全部批准本辖区内新扩容的设区的市开始行使立法权（见表5-1）。[3]

---

[1] 《中华人民共和国立法法》，http：//www.npc.gov.cn/npc/dbdhhy/12_3/2015-03/18/content_1930713.htm。

[2] 《安徽省16个市全部可以行使立法权》，http：//ah.people.com.cn/n2/2016/0202/c358266-27681031.html。

[3] 这就违背了2015年《立法法》“成熟一个、赋权一个”，逐步放开设区的市立法权的立法原意。即：立法法修改后，从法律层面全面赋予所有设区的市地方立法权。但是考虑到设区的市数量较多，地区差异较大，立法水平也参差不齐，这一工作必须本着积极稳妥的精神予以推进。因此，全面赋权并不是意味着在修改立法法的决定通过后，所有设区的市即可以开始制定地方性法规。立法法规定设区的市、自治州开始制定地方性法规的具体步骤和时间，都要由所在省、自治区人大常委会综合考虑人口数量、地域面积、经济社会发展情况以及立法需求、立法能力等因素确定，还要报全国人大常委会和国务院备案。立法法确定了人口数量、地域面积、经济社会发展情况以及立法需求、立法能力等因素，主要是考虑主客观相统一。通常而言，人口数量较多、地域面积较大、经济社会发展情况相对较好的设区的市，在城市治理方面需要立法的事项相对更多。但这一标准也并不绝对，有的地方可能虽然人口多、面积大，但是本地方却没有很强的制定地方性法规的需求；而有的地方虽然人口不多、经济社会发展水平一般，但是却有一些特殊问题需要通过立法解决。因此，省级人大常委会在确定时间和步骤时，还要综合考虑城市本身是否具有比较强烈的主观愿望，提出急切的立法需求，并且在立法机构设置、立法人才储备等方面是否满足了可以开始制定地方性法规的需要。由于立法法规定，设区的市、自治州的人大及其常委会制定的地方性法规，由省、自治区人大常委会报全国人大常委会和国务院备案，因此，立法法在本条中规定了设区的市、自治州开始制定地方性法规的具体步骤和时间，也要同时报全国人大常委会和国务院备案。参见乔晓阳主编：《〈中华人民共和国立法法〉导读与释义》，中国民主法制出版社2015年版，第247～248页。

表 5－1　各省、自治区确定设区的市、自治州开始制定地方性法规情况表

省、自治区	设区的市、自治州的数量	已批准的数量	批准时间	尚未批准的数量
河北	8	8	2015 年 7 月 24 日第一批 4 个 2016 年 3 月 29 日第二批 4 个	0
山西	9	9	2015 年 11 月 26 日一次性批准	0
内蒙古	7	7	2015 年 11 月 25 日一次性批准	0
辽宁	9	9	2015 年 9 月 25 日一次性批准	0
吉林	7	7	2015 年 7 月 30 日一次性批准	0
黑龙江	10	10	2016 年 6 月 17 日第一批 6 个 2016 年 12 月 16 日第二批 4 个	0
江苏	9	9	2015 年 7 月 31 日第一批 6 个 2016 年 1 月 15 日第二批 3 个	0
浙江	9	9	2015 年 7 月 30 日第一批 5 个 2015 年 9 月 25 日第二批 4 个	0
安徽	14	14	2015 年 5 月 21 日第一批 6 个 2015 年 9 月 24 日第二批 3 个 2016 年 2 月 2 日第三批 5 个	0
福建	7	7	2015 年 7 月 18 日一次性批准	0
江西	10	10	2015 年 11 月 20 日第一批 7 个 2016 年 4 月 1 日第二批 3 个	0
山东	14	14	2015 年 7 月 24 日一次性批准	0
河南	15	15	2015 年 7 月 30 日第一批 8 个 2015 年 11 月 26 日第二批 7 个	0
湖北	12	12	2015 年 7 月 30 日一次性批准	0
湖南	13	13	2015 年 12 月 4 日第一批 7 个 2016 年 3 月 30 日第二批 6 个	0
广东	17	17	2015 年 5 月 28 日第一批 9 个 2015 年 9 月 25 日第二批 6 个 2015 年 12 月 30 日第三批 2 个	0
广西	13	13	2015 年 7 月 24 日第一批 6 个 2015 年 12 月 10 日第二批 7 个	0

续表

<table>
<tr><th>省、自治区</th><th>设区的市、自治州的数量</th><th>已批准的数量</th><th>批准时间</th><th>尚未批准的数量</th></tr>
<tr><td rowspan="2">海南</td><td rowspan="2">2</td><td rowspan="2">2</td><td>2015 年 5 月 27 日第一批 1 个</td><td rowspan="2">0</td></tr>
<tr><td>2015 年 7 月 31 日第二批 1 个</td></tr>
<tr><td rowspan="2">四川</td><td rowspan="2">20</td><td rowspan="2">20</td><td>2015 年 12 月 3 日第一批 13 个</td><td rowspan="2">0</td></tr>
<tr><td>2016 年 7 月 23 日第二批 7 个</td></tr>
<tr><td>贵州</td><td>8</td><td>8</td><td>2015 年 9 月 25 日一次性批准</td><td>0</td></tr>
<tr><td rowspan="2">云南</td><td rowspan="2">15</td><td rowspan="2">15</td><td>2015 年 11 月 26 日第一批 7 个</td><td rowspan="2">0</td></tr>
<tr><td>2016 年 7 月 28 日第二批 8 个</td></tr>
<tr><td>西藏</td><td>4</td><td>3</td><td>2015 年 11 月 26 日第一批 3 个</td><td>1</td></tr>
<tr><td>陕西</td><td>9</td><td>9</td><td>2015 年 9 月 30 日一次性批准</td><td>0</td></tr>
<tr><td>甘肃</td><td>13</td><td>13</td><td>2015 年 11 月 27 日一次性批准</td><td>0</td></tr>
<tr><td rowspan="2">宁夏</td><td rowspan="2">4</td><td rowspan="2">4</td><td>2015 年 11 月 26 日第一批 1 个</td><td rowspan="2">0</td></tr>
<tr><td>2016 年 3 月 24 日第二批 3 个</td></tr>
<tr><td>青海</td><td>7</td><td>7</td><td>2016 年 6 月 3 日一次性批准</td><td>0</td></tr>
<tr><td rowspan="3">新疆</td><td rowspan="3">8</td><td rowspan="3">4</td><td>2016 年 3 月 31 日第一批 2 个</td><td rowspan="3">4</td></tr>
<tr><td>2016 年 5 月 27 日第二批 1 个</td></tr>
<tr><td>2016 年 12 月 1 日第三批 1 个</td></tr>
<tr><td>总计</td><td>273</td><td>268</td><td></td><td>5</td></tr>
</table>

资料来源：《各地推进赋予设区的市行使地方立法权工作情况表》，http：//www. calaw. cn/article/default. asp？ id＝11919。

纵观这一历程，可以发现各省、自治区人大常委会批准新扩容的设区的市开始行使立法权的做法并不一致，甚至差异较大：一是在批准方式上，有的省、自治区人大常委会采取了一次性批准的方式，如山西、内蒙古、辽宁、吉林、福建、山东、湖北、贵州、陕西、甘肃、青海，而有的省、自治区采取了分批次批准的方式，如河北、黑龙江、江苏、浙江、安徽、江西、河南、湖南、广东、广西、海南、四川、云南、西藏、宁夏、新疆等。其中，分批次最多的是新疆维吾尔自治区人大常委会，其已经通过四批次（除表 5－1 中的三批次外，2017 年 1 月 3 日增加第四批 1 个）批准了新疆维吾尔自治区 5 个新扩容的设区的市开始行使立法权，至 2017 年 1 月尚余 3 个新扩容的设区的市未被批准开始行使立法权。二是在批准时间上，绝大多数新扩容的设区的市是在 2015 年被其所在地的省、自治区人大常委会批准开始行使立法权的，达到了

208个，占比高达76%（见图5-1），反映了新扩容的设区的市迫切行使立法权的意愿，同时也反映了2015年《立法法》赋予所有设区的市立法权适应了各设区的市对立法权的需求。2016年，各省、自治区人大常委会又再次批准了60个新扩容的设区的市开始行使立法权。截止到2017年1月，只有西藏自治区（1个）、新疆维吾尔自治区（3个）共4个新扩容的设区的市尚未被批准开始行使立法权，其余235个设区的市、30个自治州、4个不设区的地级市均已经开始行使立法权。三是在各新扩容的设区的市开始行使立法权的具体时间安排上，各省、自治区人大常委会采取了不同做法，有的省、自治区人大常委会规定自其作出批准新扩容的设区的市开始行使立法权的决定始，新扩容的设区的市就可以直接开始行使立法权；[1] 有的省、自治区人大常委会在作出批准新扩容的设区的市开始行使立法权的决定的同时，另行规定了新扩容的设区的市开始行使立法权的具体时间；[2] 有的省、自治区人大常委会对其同一批次批准的可以开始行使立法权的新扩容的设区的市，规定了不同的可以开始行使立法权的具体时间。[3] 四是在批准的条件和程序上，各省、自治区人大常委会根据2015年《立法法》的规定，结合本省、自治区的实际情况，出台了批准

---

[1] 例如，《河北省人民代表大会常务委员会关于确定张家口等第二批设区的市开始行使地方立法权的决定》（2016年3月29日河北省第十二届人民代表大会常务委员会第二十次会议通过）："根据《中华人民共和国立法法》，河北省第十二届人民代表大会常务委员会第二十次会议决定：张家口市、承德市、沧州市、衡水市人民代表大会及其常务委员会开始行使地方立法权，可以依法对城乡建设与管理、环境保护、历史文化保护等方面的事项制定地方性法规。本决定自公布之日起施行。"

[2] 例如，《广西壮族自治区人民代表大会常务委员会关于柳州、桂林、梧州、北海、钦州、玉林市开始行使地方立法权的决定》（2015年7月24日广西壮族自治区第十二届人民代表大会常务委员会第十七次会议通过）："根据《中华人民共和国立法法》有关规定，广西壮族自治区第十二届人民代表大会常务委员会第十七次会议决定：柳州、桂林、梧州、北海、钦州、玉林等六个设区的市人民代表大会及其常务委员会自2015年8月1日起开始行使地方立法权，可以对城乡建设与管理、环境保护、历史文化保护等方面的事项制定地方性法规，并报自治区人民代表大会常务委员会批准后施行。"

[3] 例如，《山东省人民代表大会常务委员会关于确定14个设区的市人民代表大会及其常务委员会开始制定地方性法规的时间的决定》（2015年7月24日山东省第十二届人民代表大会常务委员会第十五次会议通过）："根据《中华人民共和国立法法》，山东省第十二届人民代表大会常务委员会第十五次会议决定：东营市、烟台市、潍坊市、济宁市、泰安市、威海市、莱芜市、临沂市、菏泽市人民代表大会及其常务委员会自2015年8月1日起，可以开始制定地方性法规。枣庄市、日照市、德州市、聊城市、滨州市人民代表大会及其常务委员会自2015年12月1日起，可以开始制定地方性法规。本决定自公布之日起施行。"

设区的市开始行使立法权的具体实施办法[1]，明确了批准条件和程序，其中，均将立法能力作为了最重要的批准条件和依据，并据此对报批的设区的市进行了认真评估，依据评估结果，作出了批准或不批准决定。例如，河南省人大常委会作出了《关于实施〈中华人民共和国立法法〉确定设区的市开始制定地方性法规的请示》和《关于实施〈中华人民共和国立法法〉有关规定、推进我省设区的市立法工作的指导意见》，对批准设区的市行使立法权的条件和程序进行了明确规定，将立法能力作为了各项批准条件中的"重中之重"。[2]

---

[1] 例如，河北省人大常委会印发了《河北省人大常委会依法赋予设区的市立法权实施办法》，具体内容如下："根据《立法法》有关规定和授权，为积极稳妥做好依法赋予各设区的市立法权工作，制定本办法。一、根据八个设区的市人口数量、地域面积、经济社会发展情况等因素，坚持成熟一个赋权一个。二、有关设区的市获得立法权，应当具备以下条件：1. 依法设置立法机构，包括专门委员会和工作委员会；2. 具备较高法学素养和法律实践经验的专业人员，且适应立法工作需要，至少应有三人以上；3. 有立法专项经费保障。三、有关设区的市人大常委会认为具备条件的，经市委同意，可向省人大常委会提出赋予立法权的书面申报。四、省人大常委会接到申报后，对有关设区的市予以考核、评估。考核、评估内容应当首先包括市人大立法机构、人员、经费的落实情况，在此基础上，对立法需求和立法能力状况进行综合考核、评估。主要包括以下几个方面：第一，市人大方面。1. 市人大常委会以往办理全国人大法律草案和省人大常委会法规草案征求意见情况；2. 市人大代表团在省人民代表大会会议期间提出议案或意见、建议情况；3. 组织常委会组成人员和立法机构及其有关人员开展法律培训情况；4. 本市急需制定的地方性法规情况；5. 根据本市立法需求酝酿立法计划的情况。第二，市政府方面。1. 市政府法制局配备专职立法人员情况；2. 近年来城乡建设管理、环境保护、历史文化保护方面制定规范性文件的情况；3. 市政府规章报省人大常委会备案审查的准备情况。第三，立法资源方面。1. 有法学背景的法治队伍数量、结构分布情况；2. 当地高校法学专业培养能力和师资状况。五、根据考核、评估结果，由主任会议研究决定。六、省人大常委会主任会议认为可以依法赋予设区的市立法权的，以主任会议名义向省人大常委会提出议案，经省人大常委会会议依法审议，作出依法赋予设区的市立法权的决定。七、有关设区的市市委组织部、市人大常委会、市编委办应当依照冀人常办〔2014〕97号文件《关于做好依法赋予设区的市地方立法权准备工作的通知》，加大落实力度，加速工作进展。八、加强以有关设区的市人大常委会为主体的法律培训。鼓励石家庄、唐山、邯郸三个有立法权的市和其他设区的市开展业务交流。九、有关设区的市赋权准备工作中遇到的问题，可向省人大法制委员会和省人大常委会法制工作委员会提出。省人大法制委员会和省人大常委会法制工作委员会应当加强同各设区的市工作联系、立法指导和组织协调，督导《立法法》的有效实施。"

[2] 根据新修改的《立法法》规定，我们认为，就河南的情况而言，确定设区的市开始制定地方性法规的条件中，最重要的是立法能力，衡量立法能力的重要标准是立法机构和立法人员。为此，对依法赋权的各市在立法能力方面提出了基本要求：（1）市人大设立有负责法规统一审议的法制委员会；（2）市人大常委会设立有负责综合性立法工作的法制工作委员会，配备必要的专门立法工作人员。为突出立法能力这个关键，河南省人大常委会办公厅、河南省机构编制委员会办公室联合下文要求：一是完善法制委员会机构和人员配备。人口较多的设区的市，法制委员会的组成人员应在9人以上，其他市的法制委员会的组成人员应在7人以上，法制委员会的组成人员中具有法学学历或者具有法律实践工作经验的人员比例原则上不低于50%；二是完善法制工作委员会机构设置和人员配备。要求法工委的人员编制不少于6名，人口较多、立法任务较重的市可适应增加人员编制；三是加强设区的市政府及其部门法制机构建设。各设区的市的市政府法制机构要配备一定数量的立法专职工作人员，城乡建设与管理、环境保护、历史文化保护等职能部门要有机构承担相关立法工作，并配备专职工作人员。同时借鉴外省工作经验，结合我省实际，省人大常委会依法确定设区的市开始制定地方性法规，须经申报筹备、正式申报、进行评估、审议确定等程序。审议通过后，由省人大常委会予以公布，并报全国人大常委会和国务院备案。参见《认真贯彻实施新修改的立法法，扎实推进设区的市地方立法工作》，http：//www. npc. gov. cn/npc/lfzt/rlyw/2016 -09/18/content_1997598. htm。

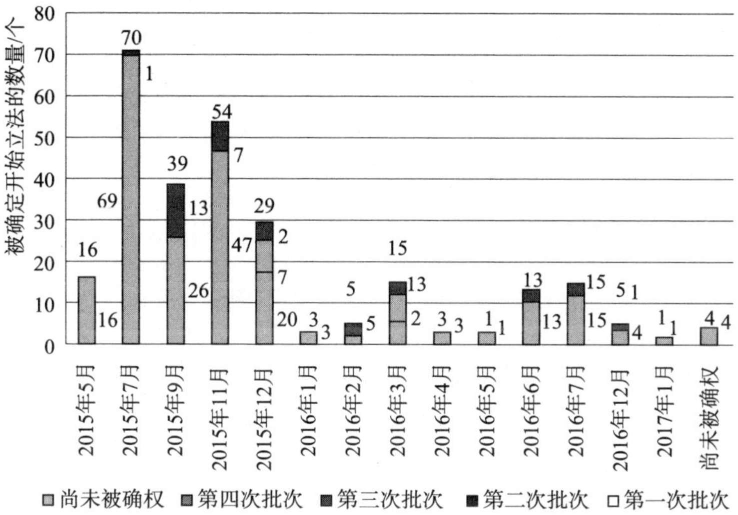

图 5 -1　各省、自治区人大常委会批准设区的市开始行使立法权时间表

资料来源：李菊：《推进设区的市行使地方立法权情况分析》，《地方立法研究》2017 年第 3 期，第 36 页。

综上所述，尽管 2015 年《立法法》明确规定，新扩容的设区的市立法主体只是享有立法权，并不能直接开始行使立法权，其开始行使立法权的时间和具体步骤由其所在地的省或自治区人大常委会综合考虑本省、自治区所辖的设区的市的人口数量、地域面积、经济社会发展情况以及立法需求、立法能力等因素后确定，其立法意图就在于按照“成熟一个、赋权一个”的思路，逐步地放开新扩容的设区的市立法权，以避免新扩容的设区的市立法主体在各方面立法条件不成熟的情况下，“杂乱无序”地行使立法权，出台不合格的设区的市地方性法规、地方政府规章，破坏社会主义法制统一。但是从实践情况来看，各省、自治区人大常委会面对新扩容的设区的市立法主体高涨的立法热情，并未严格贯彻这一立法意图，未严格依法“把关”，未做到严格依法批准，再加上一些省、自治区人大常委会出台的批准新扩容的设区的市开始行使立法权的条件太过宽松，致使批准新扩容的设区的市开始行使立法权的工作缺乏足够的规范化、制度化、程序化，[1] 结果导致在短短不到两年的时间内，几乎所有新扩容的设区的市经其所在地的省、自治区人大常委会批准都可以开始行使立法权。但客观来说，这些新扩容的设区的市立法能力参差不齐，差距很大，例如，东南沿海地区的设区的市与西北部地区的设区的市相比，至少在立法人才储备上就差距明显，甚至有的新扩容的设区的市并不一定完全具备行使立法权条件，这就导致新扩容的设区的市立法质量难以保证。

（二）设区的市地方性法规制定状况分析

2015 年 9 月 25 日，随着海南省三亚市人大常委会通过的《三亚市白鹭公园保护管理规定》，被海南省第五届人大常委会第十七次会议批准，《三亚市白鹭公园保护管理规定》成为我国新扩容的设区的市制定的第一部地方性法规，标志着我国新扩容的设区的市立法正式拉开了帷幕。其后，各新扩容的设区的市人大及其常委会加快了立法步伐，大量的设区的市地方性法规如“雨后春笋”一样被制定出来，截止到 2016 年 12 月底，新扩容的设区的市人大及其常委会已经制定了 272 部地方性法规，其中，地方立法条例 124 部，其他方面的地方性法规 148 部（见表 5－2）。另据最新统计信息，“截止到 2017 年 2 月底，可以开始行使地方立法权的 269 个设区的市、自治州、不设区的地级市中，已有 184 个市州经审议通过并经批准的地方性法规 293 件，其中，根据《立法法》第 77 条所制定的立法条例 126 件，根据《立法法》第 72 条第 2 款所制定的城乡建设与管理、环境保护、历史文化保护等方面事项的地方性法规

[1] 对于其原因，有学者进行了总结，即：2015 年《立法法》第 72 条为强调“循序渐进”的策略，特意要求由省级人大常委会控制所辖市立法权逐步放开的进度，并设全国人大常委会备案程序作为呼应性的中央控制手段。这一制度设置看似中央与地方协调配合，实则效用有限。其一，逐步放开所考虑的因素列举并不科学，例如，特定城市的人口数量、地域面积在逻辑上不应成为该市是否应当及时享有地方立法权的考量因素；又如，在全国各地对立法权呼声高涨即需求普遍存在的情况下，考虑特定城市的“立法需求”实际上不会产生任何实际控制价值；还如，倘若真的要考虑立法能力因素的话，那么许多设区的市实际上是不符合条件的，这也是前文中笔者反对大面积放开城市立法权的主要理由之一。其二，在地方旺盛的立法需求下，省级人大常委会很难对立法权的放开给予有效的控制，加之地方利益表达、市际协调均衡等复杂因素的影响，势必导致省、自治区对放开节奏的实际控制力进一步削弱。其三，全国人大常委会对于各市开始制定地方性法规的具体步骤和时间的报告仅是“备案”（而不是“批准”），这虽然是出于尊重地方具体情况的考量，但却在事实上造成中央无法对本就孱弱的省级控制给予有效的补强性管控。参见郑毅：《对新〈立法法〉地方立法权改革的冷思考》，《行政论坛》2015 年第 4 期，第 63 页。

167件。68%的市、州已经有了自己的法规”。[1] 可以说，除了少数新扩容的设区的市外，大部分新扩容的设区的市人大及其常委会已经开始行使立法权，且大量的设区的市地方性法规正在立项或制定过程之中，但是各省、自治区所辖的新扩容的设区的市人大及其常委会制定的地方性法规数量差距很大，有的省、自治区所辖的新扩容的设区的市人大及其常委会截止到2017年2月底尚未制定一部地方性法规，如黑龙江、陕西、甘肃、青海、新疆。而有的省、自治区所辖的新扩容的设区的市人大及其常委会制定的地方性法规数量很多，甚至达到了两位数。例如，安徽省所辖的新扩容的设区的市人大及其常委会已经制定了17件地方性法规，在各省、自治区中位居第一。根据目前新扩容的设区的市地方性法规制定的整体状况，我们可以分析总结如下：

第一，新扩容设区的市立法需求量大。根据我国新扩容的设区的市立法进程，自2015年9月25日第一部新扩容的设区的市地方性法规颁布实施开始，不仅新扩容的设区的市人大及其常委会制定的地方性法规数量日益增多，而且其增长速度越来越快（见图5-2）。例如，自2016年4月起，到2016年12月底止，每隔两个月新扩容的设区的市地方性法规增长数量分别为6件、13件、27件、91件，增长速度越来越快，既反映了新扩容的设区的市人大及其常委会行使立法权的强烈意愿，更从侧面反映了新扩容的设区的市立法需求量日益增大。可以预见的是，在未来很长一段时期内，大量新扩容的设区的市地方性法规会被制定出来，特别是那些尚未制定地方性法规的新扩容的设区的市，更会加快自身立法步伐。这一点也可以从新扩容的设区的市征集的立法需求中看出来，例如，西北政法大学课题组经过调研，对陕西省各设区的市立法需求进行了统计（见表5-3、表5-4），反映了新扩容的设区的市人大及其常委会强烈的立法意愿，也反映了新扩容的设区的市人大及其常委会未来的立法方向。

表5-2　新扩容的设区的市制定地方立法条例之外的其他地方性法规情况表

序号	省份	设区的市的地方性法规名称	市人大常委会通过时间	省人大常委会批准时间
1	海南	三亚市白鹭公园保护管理规定	2015年8月20日	2015年9月25日

[1] 李菊：《推进设区的市行使地方立法权情况分析》，《地方立法研究》2017年第3期，第37页。

续表

序号	省份	设区的市的地方性法规名称	市人大常委会通过时间	省人大常委会批准时间
2	江苏	镇江市金山焦山北固山南山风景名胜区保护条例	2015年10月30日	2015年12月4日
3	安徽	宿州市城镇绿化条例	2015年11月26日	2015年12月18日
4	浙江	温州市市容和环境卫生管理条例	2015年12月24日	2015年12月30日
5	江苏	盐城市绿化条例	2015年12月30日	2016年1月15日
6	广东	佛山市历史文化街区和历史建筑保护条例	2015年12月18日	2016年1月21日
7	广东	中山市水环境保护条例	2015年12月30日	2016年2月26日
8	山西	运城市关圣文化建筑群保护条例	2016年2月22日	2016年3月30日
9	广东	惠州市西枝江水系水质保护条例	2016年2月29日	2016年3月30日
10	安徽	蚌埠市龙子湖景区条例	2015年12月28日	2016年3月31日
11	浙江	嘉兴市秸秆露天禁烧和综合利用条例	2016年2月19日	2016年3月31日
12	广东	肇庆市城区市容和环境卫生管理条例	2016年4月20日	2016年5月25日
13	辽宁	铁岭市饮用水水源保护条例	2016年4月28日	2016年5月25日
14	广东	佛山市机动车和非道路移动机械排气污染防治条例	2016年4月29日	2016年5月25日
15	江苏	淮安市永久性绿地保护条例	2016年4月29日	2016年5月26日
16	云南	云南省大理白族自治州水资源保护管理条例	2016年3月13日	2016年5月27日
17	云南	云南省文山壮族苗族自治州广南坝美旅游区管理条例	2016年3月16日	2016年5月27日
18	安徽	安庆市菱湖风景区条例	2016年4月19日	2016年5月27日
19	浙江	湖州市生态文明先行示范区建设条例	2016年4月29日	2016年5月27日
20	江苏	盐城市农作物秸秆综合利用条例	2016年5月31日	2016年7月29日
21	江苏	镇江香醋保护条例	2016年6月28日	2016年7月29日
22	江苏	泰州市水环境保护条例	2016年6月30日	2016年7月29日
23	江苏	泰州市公共信用信息条例	2016年6月30日	2016年7月29日
24	江苏	南通市濠河风景名胜区条例	2016年7月11日	2016年7月29日
25	浙江	台州市城市市容和环境卫生管理条例	2016年5月31日	2016年7月29日
26	安徽	宣城市敬亭山风景名胜区条例	2016年5月31日	2016年7月29日

续表

序号	省份	设区的市的地方性法规名称	市人大常委会通过时间	省人大常委会批准时间
27	安徽	阜阳市地下水保护条例	2016年6月30日	2016年7月29日
28	安徽	阜阳市城市绿化条例	2016年6月30日	2016年7月29日
29	河南	开封市城市市容和环境卫生管理条例	2016年6月28日	2016年7月29日
30	河南	商丘古城保护条例	2016年6月28日	2016年7月29日
31	河南	鹤壁市循环经济生态城市建设条例	2016年6月29日	2016年7月29日
32	贵州	黔南布依族苗族自治州500米口径球面射电望远镜电磁波宁静区环境保护条例	2016年7月6日	2016年7月29日
33	湖北	黄石市工业遗产保护条例	2016年8月30日	2016年9月14日
34	山东	威海市城市风貌保护条例	2016年7月21日	2016年9月23日
35	山东	滨州市供热条例	2016年8月25日	2016年9月23日
36	山东	烟台市森林防火条例	2016年8月26日	2016年9月23日
37	山东	东营市城镇容貌和环境卫生管理条例	2016年8月30日	2016年9月23日
38	山东	菏泽市大气污染防治条例	2016年8月30日	2016年9月23日
39	山东	济宁市大气污染防治条例	2016年8月31日	2016年9月23日
40	云南	文山壮族苗族自治州河道管理条例	2016年8月24日	2016年9月27日
41	云南	临沧市古茶树保护条例	2016年8月30日	2016年9月27日
42	海南	三亚市河道生态保护管理条例	2016年8月17日	2016年9月28日
43	海南	三亚市山体保护条例	2016年8月17日	2016年9月28日
44	浙江	湖州市市容和环境卫生管理条例	2016年8月24日	2016年9月29日
45	浙江	绍兴市大气污染防治条例	2016年8月31日	2016年9月29日
46	浙江	绍兴市水资源保护条例	2016年8月31日	2016年9月29日
47	广东	江门市潭江流域水质保护条例	2016年8月29日	2016年9月29日
48	广东	汕尾市水环境保护条例	2016年8月29日	2016年9月29日
49	江苏	泰州市房屋安全管理条例	2016年8月30日	2016年9月30日
50	江苏	宿迁市城市绿地保护条例	2016年8月31日	2016年9月30日
51	安徽	宿州市市容治理条例	2016年7月26日	2016年9月30日
52	安徽	铜陵市燃放经营烟花爆竹管理规定	2016年8月24日	2016年9月30日
53	安徽	歙县徽州古城保护条例	2016年8月30日	2016年9月30日
54	河南	三门峡市城市环境卫生管理条例	2016年8月18日	2016年9月30日
55	河南	信阳市传统村落保护条例	2016年8月25日	2016年9月30日

续表

序号	省份	设区的市的地方性法规名称	市人大常委会通过时间	省人大常委会批准时间
56	河南	许昌市城市市容和环境卫生管理条例	2016年8月30日	2016年9月30日
57	湖南	郴州市苏仙岭——万华岩风景名胜保护条例	2016年6月28日	2016年9月30日
58	广西	百色市百色起义文物保护条例	2016年8月18日	2016年9月30日
59	宁夏	石嘴山市饮用水水源保护条例	2016年7月22日	2016年10月31日
60	安徽	淮北市城乡规划条例	2016年9月14日	2016年11月10日
61	安徽	宿州市农村垃圾治理条例	2016年9月28日	2016年11月10日
62	安徽	芜湖铁画保护和发展条例	2016年9月30日	2016年11月10日
63	安徽	滁州市市区饮用水水源保护条例	2016年10月28日	2016年11月10日
64	安徽	池州市城市管理条例	2016年10月28日	2016年11月10日
65	辽宁	阳市城市供热条例	2016年8月25日	2016年11月11日
66	辽宁	营口市城市供水用水管理条例	2016年9月7日	2016年11月11日
67	辽宁	营口市饮用水水源保护区污染防治条例	2016年9月7日	2016年11月11日
68	辽宁	辽阳市城乡规划条例	2016年9月29日	2016年11月11日
69	吉林	四平市城乡规划监察条例	2016年8月31日	2016年11月17日
70	吉林	辽源市杨木水库饮用水水源保护条例	2016年10月28日	2016年11月17日
71	吉林	通化市城乡规划管理条例	2016年11月2日	2016年11月17日
72	河南	濮阳市马颊河保护条例	2016年10月21日	2016年11月18日
73	河南	安阳市林州红旗渠保护条例	2016年10月28日	2016年11月18日
74	河南	焦作市北山生态环境保护条例	2016年11月2日	2016年11月18日
75	贵州	黔南布依族苗族自治州漳江流域保护条例	2016年8月25日	2016年11月22日
76	贵州	遵义市市辖区集中式饮用水水源保护条例	2016年8月31日	2016年11月22日
77	山东	莱芜市钢结构建筑应用促进条例	2016年9月21日	2016年11月26日
78	山东	济宁市泗河保护管理条例	2016年10月27日	2016年11月26日
79	山东	济宁市城镇容貌和环境卫生管理条例	2016年10月27日	2016年11月26日
80	山东	滨州市城区道路管理条例	2016年10月27日	2016年11月26日
81	山东	临沂市城乡规划条例	2016年10月28日	2016年11月26日

续表

序号	省份	设区的市的地方性法规名称	市人大常委会通过时间	省人大常委会批准时间
82	山东	菏泽市城镇容貌和环境卫生管理条例	2016 年 10 月 28 日	2016 年 11 月 26 日
83	山东	潍坊市禁用限用剧毒高毒农药条例	2016 年 10 月 31 日	2016 年 11 月 26 日
84	山东	潍坊市文物保护条例	2016 年 10 月 31 日	2016 年 11 月 26 日
85	山东	潍坊市电梯安全条例	2016 年 10 月 31 日	2016 年 11 月 26 日
86	广西	桂林市石刻保护条例	2016 年 8 月 31 日	2016 年 11 月 30 日
87	广西	柳州市莲花山保护条例	2016 年 9 月 23 日	2016 年 11 月 30 日
88	广西	玉林市城市市容和环境卫生管理条例	2016 年 9 月 28 日	2016 年 11 月 30 日
89	四川	绵阳市城市市容和环境卫生管理条例	2016 年 9 月 29 日	2016 年 11 月 30 日
90	四川	南充市城市园林绿化条例	2016 年 10 月 14 日	2016 年 11 月 30 日
91	四川	自贡市集中式饮用水水源地保护条例	2016 年 10 月 21 日	2016 年 11 月 30 日
92	四川	眉山市城乡规划条例	2016 年 10 月 21 日	2016 年 11 月 30 日
93	四川	巴中市城市饮用水水源保护条例	2016 年 10 月 25 日	2016 年 11 月 30 日
94	西藏	日喀则市市容和环境卫生管理条例	2016 年 10 月 28 日	2016 年 11 月 30 日
95	内蒙古	呼伦贝尔市城市市容和环境卫生管理条例	2016 年 10 月 21 日	2016 年 12 月 1 日
96	内蒙古	赤峰市红山文化遗址群保护条例	2016 年 10 月 27 日	2016 年 12 月 1 日
97	内蒙古	通辽市城市市容和环境卫生管理条例	2016 年 10 月 28 日	2016 年 12 月 1 日
98	内蒙古	鄂尔多斯市环境保护条例	2016 年 11 月 4 日	2016 年 12 月 1 日
99	内蒙古	乌海市海勃湾生态涵养区保护条例	2016 年 11 月 10 日	2016 年 12 月 1 日
100	浙江	舟山市国家级海洋特别保护区管理条例	2016 年 8 月 29 日	2016 年 12 月 1 日
101	浙江	丽水市城市市容和环境卫生管理条例	2016 年 9 月 30 日	2016 年 12 月 1 日
102	浙江	衢州市市区电动自行车管理规定	2016 年 10 月 11 日	2016 年 12 月 1 日
103	浙江	衢州市城市市容和环境卫生管理条例	2016 年 10 月 11 日	2016 年 12 月 1 日
104	浙江	金华市水环境保护条例	2016 年 10 月 25 日	2016 年 12 月 1 日
105	浙江	台州市城乡规划条例	2016 年 10 月 28 日	2016 年 12 月 1 日
106	江西	九江市城区烟花爆竹燃放管理条例	2016 年 10 月 17 日	2016 年 12 月 1 日
107	湖北	宜昌市城区重点绿地保护条例	2016 年 9 月 28 日	2016 年 12 月 1 日
108	湖北	随州市城区燃放烟花爆竹管理条例	2016 年 9 月 28 日	2016 年 12 月 1 日
109	湖北	十堰市中心城区山体保护条例	2016 年 9 月 29 日	2016 年 12 月 1 日

续表

序号	省份	设区的市的地方性法规名称	市人大常委会通过时间	省人大常委会批准时间
110	湖北	恩施土家族苗族自治州酉水河保护条例	2016年9月29日	2016年12月1日
111	湖北	黄冈市饮用水水源地保护条例	2016年9月29日	2016年12月1日
112	湖北	咸宁市地热资源保护条例	2016年10月20日	2016年12月1日
113	湖北	咸宁市古民居保护条例	2016年10月20日	2016年12月1日
114	湖北	襄阳市汉江流域水环境保护条例	2016年10月26日	2016年12月1日
115	湖北	襄阳城墙保护条例	2016年10月26日	2016年12月1日
116	湖北	荆门市城市管理条例	2016年10月27日	2016年12月1日
117	湖北	鄂州市户外广告和招牌设置管理条例	2016年10月27日	2016年12月1日
118	广东	汕尾市城市市容和环境卫生管理条例	2016年10月17日	2016年12月1日
119	广东	韶关市烟花爆竹燃放安全管理条例	2016年10月19日	2016年12月1日
120	广东	河源市恐龙地质遗迹保护条例	2016年10月21日	2016年12月1日
121	广东	湛江市湖光岩风景区保护条例	2016年10月26日	2016年12月1日
122	广东	清远市饮用水源水质保护条例	2016年10月26日	2016年12月1日
123	广东	惠州市历史文化名城保护条例	2016年10月27日	2016年12月1日
124	广东	中山市供水用水条例	2016年10月31日	2016年12月1日
125	广东	茂名市高州水库水质保护条例	2016年11月3日	2016年12月1日
126	广东	云浮市农村生活垃圾管理条例	2016年11月3日	2016年12月1日
127	河北	保定市城市市容和环境卫生条例	2016年11月10日	2016年12月2日
128	江苏	盐城市扬尘污染防治条例	2016年9月23日	2016年12月2日
129	江苏	连云港市海洋牧场管理条例	2016年10月21日	2016年12月2日
130	江苏	镇江市饮用水源地保护条例	2016年10月24日	2016年12月2日
131	江苏	扬州古城保护条例	2016年10月26日	2016年12月2日
132	江苏	扬州市河道管理条例	2016年10月26日	2016年12月2日
133	江苏	淮安市古淮河保护条例	2016年10月28日	2016年12月2日
134	福建	泉州市海上丝绸之路史迹保护条例	2016年8月26日	2016年12月2日
135	福建	三明市城市市容和环境卫生管理条例	2016年10月19日	2016年12月2日
136	福建	龙岩市烟花爆竹燃放管理条例	2016年10月26日	2016年12月2日
137	湖南	湘潭市城市市容和环境卫生管理条例	2016年9月14日	2016年12月2日
138	湖南	株洲市农村村庄规划建设管理条例	2016年10月24日	2016年12月2日

续表

序号	省份	设区的市的地方性法规名称	市人大常委会通过时间	省人大常委会批准时间
139	湖南	湘西土家族苗族自治州白云山国家级自然保护区条例	2016 年 10 月 27 日	2016 年 12 月 2 日
140	湖南	张家界市城镇绿化条例	2016 年 10 月 27 日	2016 年 12 月 2 日
141	湖南	衡阳市南岳区综合管理条例	2016 年 10 月 28 日	2016 年 12 月 2 日
142	湖南	益阳市规划区山体水体保护条例	2016 年 11 月 1 日	2016 年 12 月 2 日
143	辽宁	锦州市城市管理综合执法条例	2016 年 11 月 22 日	2016 年 12 月 7 日
144	云南	楚雄彝族自治州城乡规划建设管理条例	2016 年 10 月 26 日	2016 年 12 月 15 日
145	安徽	蚌埠市城镇绿化条例	2016 年 10 月 28 日	2016 年 12 月 16 日
146	安徽	铜陵市城镇绿化条例	2016 年 10 月 28 日	2016 年 12 月 16 日
147	安徽	宣城市城市管理条例	2016 年 11 月 23 日	2016 年 12 月 16 日
148	吉林	白城市市容和环境卫生管理条例	2016 年 12 月 8 日	2016 年 12 月 29 日

注：本表中统计时间截至 2016 年 12 月底，法规数量不包括原来 49 个较大的市的地方性法规。

资料来源：《各地推进赋予设区的市行使地方立法权工作情况表》，http：//www. calaw. cn/article/default. asp？ id = 11919。

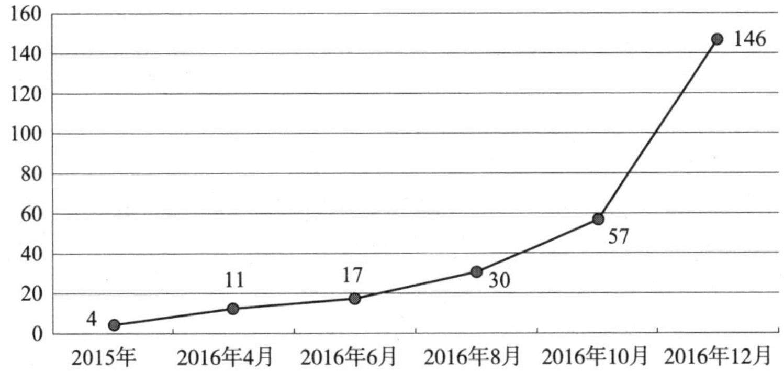

图 5 – 2　新扩容设区的市开展立法时间、数量对照表

注：1. 本图中统计的新扩容的设区的市人大及其常委会制定的地方性法规除立法条例外，共有 146 项，与表 5 – 2 中的 148 项不一致，经核实，应为 148 项。

2. 本图中的地方性法规数量不包括原 49 个较大的市制定的地方性法规数量。

资料来源：郭佳法：《地方立法这两年：设区的市行使地方立法权全面推进》，《中国人大》2017 年第 1 期，第 35 页。

表5-3 陕西省新扩容的设区的市立法需求状况一览表

设区的市	城乡建设与管理	环境保护	历史文化保护	其他
安康市	安康市城市公共汽车客运管理办法（市交通局）、安康中心城市私人建房管理规定（市规划局）、安康中心城市违法用地和违法建筑查处办法（市规划局）、安康市电动车（老年代步车）管理办法（市公安局）、安康市消火栓管理办法（市公安局）、安康市停车场建设管理办法（市城管局）、安康中心城区规范养犬管理办法（市城管局）、安康市城区禁止燃放烟花爆竹规定（市城管局）、安康中心城市户外广告设置规划和管理办法（市城管局）、安康市地方道路管理办法、安康市城市规划管理办法、安康市城市交通管理办法	安康市控制吸烟条例（市卫计局）、安康市汉江水质保护法、安康市汉江流域河长制管理条例（市环保局）、安康市江河湖泊采砂管理办法（市水利局）、化龙山国家级自然保护区管理条例（陕西化龙山国家级自然保护区管理局）、安康市松材线虫病预防和除治管理条例（市林业局）、安康市蚕种质资源保护管理条例（市林业局）	安康市大中型基本建设工程文物考古勘探和发掘管理条例（市文广局）、安康市公共文化服务保障办法（市文广局）	
渭南市	渭南市城乡规划管理条例、渭南市村镇规划建设管理条例、渭南市城乡建设档案管理条例、渭南市城市管理综合行政执法条例、渭南市城市市容环境卫生管理条例、渭南市物业管理条例、渭南市养犬管理条例、渭南市中水利用和设施管理条例、渭南市市政工程设施管理条例、渭南市城市绿化管理条例、渭南市城市地下管线管理条例、渭南市城市集中供热管理条例、渭南市住房公积金管理条例、渭南市城中村改造管理条例、渭南市建筑节能条例	渭南市环境噪声污染防治条例、渭南市餐厨垃圾管理条例、渭南市机动车排气污染防治条例、渭南市建筑垃圾管理条例、渭南市排污费征收实施办法、渭南市生态保护红线划定条例、渭南市黄河湿地保护条例、渭南市秦岭生态环境保护条例	渭南市非物质文化遗产保护条例、渭南市老城保护条例、渭南市文物古迹保护条例、渭南市党家村文物保护条例、渭南市地方志管理条例、渭南市古树名木保护条例、渭南市文物市场管理条例、渭南市唐陵保护条例、渭南市文物考古勘探条例、渭南市文物捐赠管理条例、渭南市文物保护基金管理条例、渭南市文物收藏管理条例、渭南市民俗文化保护条例	

续表

设区的市	城乡建设与管理	环境保护	历史文化保护	其他
咸阳市	咸阳市环境卫生管理条例、咸阳市城乡规划条例、咸阳市土地储备管理条例、咸阳市城市管理综合行政执法条例、咸阳市物业管理条例、咸阳市市政工程质量监督管理条例、咸阳市市政基础设施管理条例、咸阳市依法没收的违法用地上的建筑物及其他设施移交和处置条例、咸阳市城市集中供热管理条例、咸阳市户外广告设置管理条例、咸阳市节约用水管理条例、咸阳市农村宅基地管理条例、咸阳市城区供水用水管理条例	咸阳市渭河生态保护条例、咸阳市石灰石资源开采环境保护条例、咸阳市地下水资源管理条例、咸阳市扬尘污染防治管理条例、咸阳市环境噪声污染防治条例、咸阳市禁止焚烧农作物秸秆的暂行条例	咸阳市非物质文化遗产保护条例、咸阳市文物古迹保护条例	
汉中市	汉中市城乡规划管理条例、汉中市农村村庄规划建设与用地管理条例、汉中市城市中心规划农村居民建房管理条例、汉中市建设用地容积率管理条例、汉中市农业园区建设管理条例、汉中市城镇房屋安全管理条例、汉中市墙体材料革新与推广节能建筑条例、汉中市城市管理综合行政执法条例、汉中市城镇绿化条例、汉中市养犬管理条例、汉中市烟花爆竹管理条例、汉中市城市公共资源经营管理条例、汉中市公共卫生管理条例、汉中市一江两岸管理条例、汉中市建筑垃圾管理条例、汉中市户外广告设置管理条例、汉中市出租汽车管理条例、汉中市电动车管理条例、汉中市中心城区车辆停放管理条例、汉中市市容环境秩序管理条例、汉中市城镇燃气管理条例	汉中市环境噪音污染防治管理条例、汉中市大气污染防治管理条例、汉中市生活垃圾管理条例、汉中市危险废物管理条例、汉中市城市饮用水水源地保护条例、汉中市控制吸烟条例	汉中市非物质文化遗产保护条例、汉中市历史文化名城保护管理条例、张骞墓保护管理条例、汉中市古树名木保护条例	

续表

设区的市	城乡建设与管理	环境保护	历史文化保护	其他
商洛市	商洛市城乡规划条例、商洛市中心城市违法建设查处办法、商洛市物业管理条例、商洛市城市交通管理条例、商洛市房地产开发管理条例、商洛市城市综合管理条例、商洛市城市管网管线建设管理条例、商洛市城镇垃圾清运管理办法、商洛市城市规划建设用地管理办法、商洛市公共基础工程规划管理办法、商洛市公益广告管理条例、商洛市公共空间管理条例、商洛市城市河道管理办法、商洛市农产品农药管理办法、商洛市集体土地拆迁补偿条例、商洛市食品药品安全管理办法、商洛市饮食小摊贩管理办法、商洛市宠物饲养与管理条例、商洛市建设废弃物管理办法、商洛市城市交通秩序管理办法、商洛市出租汽车管理办法、商洛市棚户区改造管理办法、商洛市商品房开发管理办法、商洛市住宅专项维修基金管理办法、商洛市机动车停放收费管理条例、商洛市市容和环境卫生管理条例、商洛市农村生活垃圾管理办法、商洛市实施《预算法》管理细则、商洛市耕地质量保护实施办法、商洛市传染病防治管理办法、商洛市医疗垃圾集中处置收费管理办法、商洛市农村殡葬管理办法、商洛市电信设施保护条例、商洛市城乡建设档案管理条例、商洛市地下管线管理办法、商洛市农村公路养护管理办法、商洛市环卫基础设施管理办法、商洛市城市园林规划、商洛市防汛与处理管理办法、商洛市现代农业发展管理办法、商洛市土地资源承包确权登记管理办法、商洛市农村空巢老人和留守儿童管理办法	商洛市环境保护条例、商洛市饮用水水源保护条例、商洛市企业污染处罚条例、商洛市禁放烟花爆竹管理条例、商洛市餐厨废弃物管理条例、商洛市污水排放管理办法、商洛市城市噪音管理办法、商洛市禁烧烟煤管理办法、商洛市机动车尾气污染治理条例、商洛市农村环境污染治理条例、商洛市新能源管理办法、商洛市农村面源污染管理办法、商洛市节约用水条例、商洛市服务业环境保护条例、商洛市再生资源回收利用管理条例、商洛市散装水泥应用管理办法、商洛市城市再生水管理办法、商洛市农村供水管理条例、商洛市治污降霾大气污染防治管理办法	商洛市文物保护细则、商洛市非物质文化遗产保护条例、商洛市历史文化名镇保护办法、商洛市古建筑保护条例、商洛市乡风民俗等历史传统保护管理办法	商洛市人大常委会规范性文件备案审查办法、商洛市制定地方性法规条例

续表

设区的市	城乡建设与管理	环境保护	历史文化保护	其他
宝鸡市	宝鸡市城乡规划管理条例、宝鸡市物业管理条例、宝鸡市城市综合管理条例、宝鸡市城镇管网管线建设管理条例、宝鸡市城市垃圾清运管理办法、宝鸡市宠物饲养与管理条例、宝鸡市规划区民房建设管理办法、宝鸡市农村公路管理养护办法、宝鸡市建筑垃圾废弃物管理办法、宝鸡市城市交通秩序管理办法、宝鸡市二次供水管理办法、宝鸡市城市市容和环境卫生管理条例、《农村扶贫开发条例》制定实施细则、宝鸡市农村生活垃圾管理办法、宝鸡市出租汽车管理办法、宝鸡市城市规划建设用地管理办法、宝鸡市公共基础工程规划管理条例、宝鸡市城市园林绿化管理条例、宝鸡市饮食小摊贩管理条例、宝鸡市环卫基础设施管理办法、宝鸡市城市园林规划、宝鸡市市区市政消火栓管理条例、宝鸡市城中村改造管理条例、宝鸡市农村供水管理条例、宝鸡市公益广告管理条例、宝鸡市国有土地上房屋征收补偿管理条例、宝鸡市城市公共空间管理条例、宝鸡市城市防汛与处理管理办法、宝鸡市城市照明管理条例、宝鸡市限价商品住房管理条例、宝鸡市客运汽车管理办法、宝鸡市城市河道管理办法、宝鸡市城市弱电建设管理条例、宝鸡市城市绿线实施办法、宝鸡市城市再生水管理办法、宝鸡市市区户外广告设置管理办法、宝鸡市电信设施保护条例、宝鸡市住宅专项维修资金管理办法、宝鸡市城市建设档案管理办法、宝鸡市农村殡葬管理办法、宝鸡市农村规划“一法两条例”的实施细则、宝鸡市农产品农药使用管理办法、宝鸡市现代农业发展管理办法、宝鸡市实施《预算法》管理细则、宝鸡市政府财务管理方案、宝鸡市土地资源承包确权登记管理方法、宝鸡市机动车停放服务收费管理条例、宝鸡市耕地质量保护实施办法、宝鸡市农村未成年人权益保护管理办法、宝鸡市集体土地上的拆迁补偿标准、宝鸡市农畜垃圾治理管理办法、宝鸡市传染病防治管理办法、宝鸡市电力设施保护管理办法、宝鸡市医疗垃圾废弃物集中处置收费管理条例	宝鸡市饮用水水源保护区环境保护条例、宝鸡市环境保护条例、宝鸡市治污降霾暨大气污染防治管理办法、宝鸡市企业污染处罚条例、宝鸡市农村环境保护条例、宝鸡市农村面源污染问题管理办法、宝鸡市再生资源回收利用管理条例、宝鸡市畜牧养殖污染整治条例、宝鸡市烟花爆竹禁放管理条例、宝鸡市餐厨废弃物管理办法、宝鸡市污水排放管理办法、宝鸡市散装水泥应用管理办法、宝鸡市项目节能评估管理办法、宝鸡市爱国卫生实施条例、宝鸡市公共场所禁止吸烟管理条例、宝鸡市除四害管理条例、宝鸡市节约用水条例、宝鸡市市区服务业环境保护管理条例、宝鸡市机动车排气污染防治条例、宝鸡市新能源管理办法、宝鸡市城市噪音管理条例、宝鸡市煤炭生产经营使用监督管理办法	宝鸡市文物古迹修复保护条例、宝鸡市非物质文化遗产保护条例、宝鸡市文物保护及民间文化艺术开发监管条例、宝鸡市历史文化名镇保护办法、宝鸡市乡风民俗等历史文化传统保护办法、宝鸡市天台山国家重点风景名胜区管理条例、宝鸡市建筑保护实施条例、宝鸡市文物保护管理条例、宝鸡市法门寺地宫保护管理办法、宝鸡市大遗址保护管理办法	

续表

设区的市	城乡建设与管理	环境保护	历史文化保护	其他
铜川市	铜川市物业管理条例、铜川市城市规划区乱占乱建治理实施办法、铜川市生活饮用水二次供水管理条例、铜川市城市供水条例、铜川市城市绿化管理条例、铜川市城市道路管理条例、铜川市城市养犬管理条例、铜川市燃放烟花爆竹管理条例	铜川市市容环境卫生管理条例、铜川市城市排水许可管理办法、铜川市饮用水源保护条例	铜川市革命文物保护管理办法、铜川市陈炉古镇保护条例	

资料来源：西北政法大学法治陕西建设协同创新研究中心等编：《陕西省设区的市地方立法状况蓝皮书》（2016年），知识产权出版社2016年版，第44~65页。

表5-4　陕西省设区的市立法需求意见征集情况

设区的市	原始意见	最终意见
安康市	51项（人大）+22项（法制办）	22项
宝鸡市	190项	86项
汉中市	112项	31项
商洛市	105项	68项
渭南市	106项	36项
咸阳市	未统计	21项
延安市	26项	1项
铜川市	未统计	13项
西安市	未统计	10项
榆林市	未统计	未统计

资料来源：西北政法大学法治陕西建设协同创新研究中心等编：《陕西省设区的市地方立法状况蓝皮书》（2016年），知识产权出版社2016年版，第43页。

第二，环境保护是新扩容的设区的市立法重点。截止到2016年12月底，我国新扩容的设区的市人大及其常委会已经制定了除地方立法条例之外的地方性法规148件。根据统计，在这148件新扩容的设区的市地方性法规中，城乡建设与管理方面的地方性法规50件，占比33.8%；环境保护方面的地方性法规68件，占比45.9%；历史文化保护方面的地方性法规30件，占比20.3%

（见表5－5）。[1] 这三方面设区的市地方性法规所占比例，基本上反映了新扩容的设区的市立法需求和立法关注点所在，其中，环境保护是新扩容的设区的市立法的重点所在。这反映了新扩容的设区的市对环境污染问题的日益担忧，也反映了其对环境保护问题的日益重视，同时也回应了人民群众的立法关切。例如，针对河北省保定市环境污染比较严重的现实情况[2]，保定市人大常委会制定的前两部地方性法规《保定市大气污染防治条例》和《保定市城市市容和环境卫生条例》都是关于环境保护方面的。另外，这也与环境保护立法的自身特性有关，即“环境保护由于其非竞争性、非排他性的公益特征，相关立法能较好地规避法律冲突，因此成为率先开放、侧重的领域”。[3] 此外，由于2015年《立法法》第72条第2款对设区的市立法权限的规定存在一定模糊之处，新扩容的设区的市人大及其常委会不好准确把握其范围所在，因而，为了避免越权立法，许多新扩容的设区的市人大及其常委会将立法权限范围比较明确的“环境保护”作为了立法首选项。例如，《三亚市白鹭公园保护管理规定》作为我国第一部新扩容的设区的市地方性法规，就属于环境保护方面的地方性法规。当然，由于不同设区的市情况有所不同，立法的重点可能会有所不同。

第三，新扩容的设区的市立法程序化不足。由于“正是程序决定了法治与恣意的人治之间的基本区别”[4]，因而，新扩容的设区的市人大及其常委会制定地方性法规必须要严格遵循法定的程序，以实现设区的市立法的程序化。但2015年《立法法》并没有对设区的市人大及其常委会的立法程序作出明确规定，而是授权由设区的市人大根据地方组织法的规定，参照全国人大及其常委会制定法律的程序规定，自行制定。[5] 据此，新扩容的设区的市人大加快了

---

[1] 《各地推进赋予设区的市行使地方立法权工作情况表》，http：//www.calaw.cn/article/default.asp？id＝11919。

[2] 《2016雾霾城市排行榜，中国雾霾城市排名及分布图》，https：//www.phb123.com/city/tese/9808.html。

[3] 霍桃：《地方立法权将扩至全国282个设区市，环境立法率先示范》，《中国环境报》2014那年12月17日。

[4] 转引自季卫东：《法治秩序的建构》，商务印书馆2014年版，第3页。

[5] 2015年《立法法》第77条规定：“地方性法规案、自治条例和单行条例案的提出、审议和表决程序，根据中华人民共和国地方各级人民代表大会和地方各级人民政府组织法，参照本法第二章第二节、第三节、第五节的规定，由本级人民代表大会规定。地方性法规草案由负责统一审议的机构提出审议结果的报告和草案修改稿。”

制定地方立法条例的进程，截止到2017年2月底，新扩容的设区的市人大已经制定了地方立法条例126部，对设区的市立法程序等问题进行了明确规定，为新扩容设区的市人大及其常委会行使立法权提供了明确的程序依据。但是，至今尚有半数以上的新扩容的设区的市人大未制定地方立法条例，没有对设区的市立法程序等问题作出明确规定，没有实现设区的市立法的程序化，亟待由新扩容的设区的市人大尽快制定地方立法条例。当然，这些尚未制定地方立法条例的新扩容的设区的市，并不是随意立法，其也遵循了法定程序，只不过这里的法定程序是由其制定的内部规范性文件规定的，民主性、规范性和权威性均不足。所以，我们这里才说新扩容的设区的市立法程序化不足。

表5-5　新扩容的设区的市地方性法规所属立法权限类别情况表

类别	设区的市地方性法规名称	数量/比例
城乡建设与管理	温州市市容和环境卫生管理条例、肇庆市城区市容和环境卫生管理条例、泰州市公共信用信息条例、台州市城市市容和环境卫生管理条例、开封市城市市容和环境卫生管理条例、滨州市供热条例、东营市城镇容貌和环境卫生管理条例、湖州市市容和环境卫生管理条例、泰州市房屋安全管理条例、宿州市市容治理条例、三门峡市城市环境卫生管理条例、许昌市城市市容和环境卫生管理条例、淮北市城乡规划条例、宿州市农村垃圾治理条例、池州市城市管理条例、朝阳市城市供热条例、营口市城市供水用水管理条例、辽阳市城乡规划条例、四平市城乡规划监察条例、通化市城乡规划管理条例、莱芜市钢结构建筑应用促进条例、济宁市城镇容貌和环境卫生管理条例、滨州市城区道路管理条例、临沂市城乡规划条例、菏泽市城镇容貌和环境卫生管理条例、潍坊市电梯安全条例、玉林市城市市容和环境卫生管理条例、绵阳市城市市容和环境卫生管理条例、眉山市城乡规划条例、日喀则市市容和环境卫生管理条例、呼伦贝尔市城市市容和环境卫生管理条例、通辽市城市市容和环境卫生管理条例、丽水市城市市容和环境卫生管理条例、衢州市市区电动自行车管理规定、衢州市城市市容和环境卫生管理条例、台州市城乡规划条例、荆门市城市管理条例、鄂州市户外广告和招牌设置管理条例、汕尾市城市市容和环境卫生管理条例、韶关市烟花爆竹燃放安全管理条例、中山市供水用水条例、保定市城市市容和环境卫生条例、三明市城市市容和环境卫生管理条例、湘潭市城市市容和环境卫生管理条例、株洲市农村村庄规划建设管理条例、衡阳市南岳区综合管理条例、锦州市城市管理综合执法条例、楚雄彝族自治州城乡规划建设管理条例、宣城市城市管理条例、白城市市容和环境卫生管理条例	50（33.8%）

续表

类别	设区的市地方性法规名称	数量/比例
环境保护	三亚市白鹭公园保护管理规定、宿州市城镇绿化条例、盐城市绿化条例、中山市水环境保护条例、惠州市西枝江水系水质保护条例、嘉兴市秸秆露天禁烧和综合利用条例、铁岭市饮用水水源保护条例、佛山市机动车和非道路移动机械排气污染防治条例、淮安市永久性绿地保护条例、云南省大理白族自治州水资源保护管理条例、湖州市生态文明先行示范区建设条例、盐城市农作物秸秆综合利用条例、泰州市水环境保护条例、阜阳市地下水保护条例、阜阳市城市绿化条例、鹤壁市循环经济生态城市建设条例、黔南布依族苗族自治州500 米口径球面射电望远镜电磁波宁静区环境保护条例、烟台市森林防火条例、菏泽市大气污染防治条例、济宁市大气污染防治条例、文山壮族苗族自治州河道管理条例、三亚市河道生态保护管理条例、三亚市山体保护条例、绍兴市大气污染防治条例、绍兴市水资源保护条例、江门市潭江流域水质保护条例、汕尾市水环境保护条例、宿迁市城市绿地保护条例、铜陵市燃放经营烟花爆竹管理规定、石嘴山市饮用水水源保护条例、滁州市市区饮用水水源保护条例、营口市饮用水水源保护区污染防治条例、辽源市杨木水库饮用水水源保护条例、濮阳市马颊河保护条例、焦作市北山生态环境保护条例、黔南布依族苗族自治州漳江流域保护条例、遵义市市辖区集中式饮用水水源保护条例、济宁市泗河保护管理条例、潍坊市禁用限用剧毒高毒农药条例、柳州市莲花山保护条例、南充市城市园林绿化条例、自贡市集中式饮用水水源地保护条例、巴中市城市饮用水水源保护条例、鄂尔多斯市环境保护条例、乌海市海勃湾生态涵养区保护条例、舟山市国家级海洋特别保护区管理条例、金华市水环境保护条例、九江市城区烟花爆竹燃放管理条例、宜昌市城区重点绿地保护条例、随州市城区燃放烟花爆竹管理条例、十堰市中心城区山体保护条例、恩施土家族苗族自治州酉水河保护条例、黄冈市饮用水水源地保护条例、咸宁市地热资源保护条例、襄阳市汉江流域水环境保护条例、清远市饮用水源水质保护条例、茂名市高州水库水质保护条例、云浮市农村生活垃圾管理条例、盐城市扬尘污染防治条例、连云港市海洋牧场管理条例、镇江市饮用水源地保护条例、扬州市河道管理条例、龙岩市烟花爆竹燃放管理条例、湘西土家族苗族自治州白云山国家级自然保护区条例、张家界市城镇绿化条例、益阳市规划区山体水体保护条例、蚌埠市城镇绿化条例、铜陵市城镇绿化条例	68（45.9%）

续表

类别	设区的市地方性法规名称	数量/比例
历史文化保护	镇江市金山焦山北固山南山风景名胜区保护条例、佛山市历史文化街区和历史建筑保护条例、运城市关圣文化建筑群保护条例、蚌埠市龙子湖景区条例、云南省文山壮族苗族自治州广南坝美旅游区管理条例、安庆市菱湖风景区条例、镇江香醋保护条例、南通市濠河风景名胜区条例、宣城市敬亭山风景名胜区条例、商丘古城保护条例、黄石市工业遗产保护条例、威海市城市风貌保护条例、临沧市古茶树保护条例、歙县徽州古城保护条例、信阳市传统村落保护条例、郴州市苏仙岭——万华岩风景名胜保护条例、百色市百色起义文物保护条例、芜湖铁画保护和发展条例、安阳市林州红旗渠保护条例、潍坊市文物保护条例、桂林市石刻保护条例、赤峰市红山文化遗址群保护条例、咸宁市古民居保护条例、襄阳城墙保护条例、河源市恐龙地质遗迹保护条例、湛江市湖光岩风景区保护条例、惠州市历史文化名城保护条例、扬州古城保护条例、淮安市古淮河保护条例、泉州市海上丝绸之路史迹保护条例	30（20.3%）

资料来源：《各地推进赋予设区的市行使地方立法权工作情况表》，http：//www. calaw. cn/article/default. asp？ id = 11919。

第四，新扩容的设区的市立法基本在其立法权限范围内。2015 年《立法法》为了避免新扩容的设区的市滥用立法权，对设区的市立法权限作了明确规定，将其限定在了“城乡建设与管理、环境保护、历史文化保护等方面的事项”，同时又对其禁止性事项即国家专属立法权事项等作了明确规定。通过我们对新扩容的设区的市人大及其常委会已经制定的地方性法规的认真梳理，可以得出结论，新扩容的设区的市立法基本遵循了其立法权限规定，一是没有涉及国家专属立法权事项，即新扩容的设区的市人大及其常委会没有对 2015 年《立法法》第 8 条规定的国家立法权专属事项进行立法，只是个别新扩容的设区的市地方性法规可能涉嫌对 2015 年《立法法》第 8 条中“（十一）必须由全国人民代表大会及其常务委员会制定法律的其他事项”进行了立法。正如有学者指出：“根据笔者对 114 个设区市制定的 148 件地方性法规的检索，该 148 件地方性法规对我国《立法法》第 8 条规定明确列举的只能由全国人大及其常委会制定法律的事项（即第一项至第十项规定的事项），均无涉及。然而，个别设区的市制定的地方性法规却涉及作为该条‘兜底项’的第十一项规定的事项，即‘必须由全国人大及其常委会制定法律的其他事项’。此类‘其他事项’往往规定在我国《立法法》之外的法律之中，如我国《行政处罚法》《行政许可法》《行政强制法》就分别规定了哪些种类的行政处罚、行政许可或行政强制措施只能由全国人大及其常委会通过的法律予以设定，其他规范性法律文件是无权设定的，而个别设区市制定的地方性法规却涉嫌设定无权设定的行政处罚、行政许可或行政强制措施。"❶ 对于这一问题，考虑到该设区的地方性法规已经生效，可以由有关主体向全国人大常委会等书面提出进行审查的要求或建议，再由全国人大常委会等根据有关机构的审查意见作出相应的决定。二是新扩容的设区的市人大及其常委会制定的地方性法规，除了地方立法条例外，其他地方性法规基本上在“城乡建设与管理、环境保护、历史文化保护等方面的事项”范围之内。之所以这样做的一个重要原因是，由于2015年《立法法》规定的设区的市立法权限范围存在模糊之处，新扩容的设区的市人大及其常委会不好准确把握，为了“保险”起见，避免越权立法，在立法项目选择上慎之又慎，基本上选择了那些几乎不存在立法权限范围争议的立法项目，从而尽最大可能地避免了越权立法。

当然，也有实务部门工作同志对此表示异议，认为新扩容的设区的市人大及其常委会制定的地方性法规存在一定的“越权立法”嫌疑，需要对此予以重点关注和防控。正如湖南省人大常委会法工委主任肖迪明指出：“需要特别指出的是，笔者在参与指导设区的市行使立法权过程中发现，对于设区的市立法项目，虽然从立法题目上看，未超出其立法权限，紧紧围绕城乡建设与管理、环境保护和历史文化保护等三个方面的事项。但在实体内容以及具体法律制度设计时，有超出立法权限的嫌疑，掺杂私货，出现‘文不对题’‘文题相左’的现象，这种异化或者隐性超越立法权限的情形值得警惕。比如在对城乡建设与管理领域进行立法时，对旅游秩序、旅游安全、旅游经营等内容作出了规范；又如在环境保护方面，就涉及土地或者矿藏保护进行立法时，对土地权属、转让权以及探矿、采矿行为等方面进行了规范。这就给我们的审查批准工作带来了新的疑问，这些规定是否属于设区的市立法权限范围内，有没有超

❶ 易有禄：《设区市立法权行使的实证分析——以立法权限的遵循为中心》，《政治与法律》2017年第6期，第36～37页。

出其立法权限范围嫌疑?”[1]

(三) 新扩容的设区的市地方性法规审查批准状况分析

如前所述，为了解决设区的市立法权当时存在的合宪性问题，同时加强对设区的市立法权的监督，2015 年《立法法》明确规定，设区的市人大及其常委会制定的地方性法规，必须要经其所在地的省、自治区人大常委会审查批准后才能生效。根据这一规定，在新扩容的设区的市地方性法规大量制定的同时，省、自治区人大常委会的审查批准工作也日益繁重。从立法工作实践情况来看，设区的市地方性法规审查批准工作取得了很大进展，一是设区的市地方性法规审查批准工作制度化、规范化不断加强，各省、自治区人大常委会依据 2015 年《立法法》的最新规定，对本省、自治区的地方立法条例进行了修改，明确了省、自治区人大常委会对设区的市地方性法规审查批准工作的具体程序等，特别是明确了合法性审查的标准，增强了其可操作性。另外，许多新扩容的设区的市人大依据 2015 年《立法法》的授权，制定了设区的市地方立法条例，对设区的市地方性法规的报批程序和要求等作了明确规定，实现了规范化、制度化运作。二是省、自治区人大常委会严格遵循了 2015 年《立法法》的相关规定，只对报批的设区的市地方性法规进行了合法性审查，且都在法定的四个月期限内作出了批准决定。据统计，目前各省、自治区人大常委会尚未对报批的设区的市地方性法规作出过不批准的决定，这主要缘于，对于设区的市地方性法规是否存在与上位法相抵触的情形?除了其存在明显的与上位法相抵触的情形外，一般只能通过具体的、个别的案例才能发现，而通过一般的抽象审查，往往很难发现设区的市地方性法规是否存在与上位法相抵触的情形，这就导致省、自治区人大常委会往往只能作出批准的决定。特别是在当前报批的新扩容的设区的市地方性法规日益增长的情况下，更会如此。

当然，从立法工作实践情况来看，目前设区的市地方性法规审查批准工作也暴露出一些问题：一是省、自治区人大常委会对新扩容的设区的市地方性法规的审查批准存在一定的“形式化”倾向。截止到 2017 年 2 月底，新扩容的

---

[1] 肖迪明：《问题与对策：设区的市行使立法权探析》，《地方立法研究》2017 年第 1 期，第 32 页。

设区的市人大及其常委会已经制定实施了293件地方性法规，这也就意味着有293件新扩容的设区的市地方性法规已经被其所在地的省、自治区人大常委会审查批准。而在这么短的时间内，由省、自治区人大常委会对如此多的新扩容的设区的市地方性法规进行审查批准，就意味着省、自治区人大常委会可能一次就要对多件新扩容的设区的市地方性法规进行审查批准。例如，“立法法修改一年时，经省级人大常委会批准的新赋权的设区的市的地方性法规仅有6件。而到2017年2月底，批准的法规已增加到293件。从每次会议批准的数量上看，有的省人大常委会在一次会议上批准的法规数量较多，例如，在2016年11月份的省人大常委会会议上，山东省一次性批准了13件地方性法规；在12月份的省人大常委会会议上，湖北省一次性批准了12件法规，广东省一次性批准了11件法规。”[1] 而在工作量如此繁重、人手严重不足的情况下，省、自治区人大常委会对新扩容的设区的市地方性法规的审查批准工作的质量自然就难以保证，就可能出现“形式化”的倾向。对于这一点，无论是理论界还是实务界均表示了强烈担忧。二是省、自治区人大常委会审查批准工作机构建设有待进一步加强。长期以来，各省、自治区人大常委会一直存在内设职能机构较少、人员编制不足的问题，再加上省、自治区人大常委会工作量非常繁重，更加凸显了这一问题。正如蔡定剑先生指出：“由于没有统一的规定，各地人大常委会的机构设置、规格、名称和编制都不太一致。如有的省、自治区、直辖市的人大设立了若干专门委员会，而其他地方人大则主要设工作委员会，很少设专门委员会。关于工作机构规格，有的省级人大常委会有十多个局级工作机构，有的省级人大常委会则只有二三个局级工作机构。”[2] 尽管在2015年《立法法》赋予所有设区的市立法权后，为了应对报批的新扩容的设区的市地方性法规日益增多的严峻形势，各省、自治区人大常委会在一定程度上加强了机构建设，增设了内设职能结构、扩充了人员编制，例如，“省级人大常委会法制工作委员会的内设机构，一般设4～5个，最多的有6个，最少的有2个。有的省新增设机构，专门负责设区的市地方性法规的审查和立法指导工作；有的省新增事业编制或设法律研究中心，用于立法研究；有的省在

[1] 李菊：《推进设区的市行使地方立法权情况分析》，《地方立法研究》2017年第3期，第37页。
[2] 蔡定剑著：《中国人民代表大会制度》，法律出版社2003年版，第495页。

法制委下设办公室，升格为副厅级。关于法制工作委员会的人员配备，有的省有专门编制，有的在机关统编中。编制最多的有34人，编制最少的有9人。法工委现实有人数，最多的有28人，最少的有9人。有的省增加了法工委副主任职数。法工委人员中，具有法律工作经历的占到了65%。”[1] 但这与省、自治区人大常委会承担的日益繁重的审查批准工作相比，还远远不够，在今后新扩容的设区的市立法“全面开花”的情况下，省、自治区人大常委会一次会议审查批准几件甚至十几件设区的市地方性法规恐将成为“新常态”，这就需要专门的工作机构和大量的工作人员来从事这项工作，以对报批的设区的市地方性法规进行严格的合法性审查，避免设区的市地方性法规审查批准工作流于形式，危及社会主义法制统一，因而，加强省、自治区人大常委会审查批准工作机构建设，增设专门审查工作机构，扩充人员编制，已经刻不容缓。

（四）新扩容的设区的市立法制度建设状况分析

“立法是一种复杂的活动，法的制定、修改、补充、解释、废止等构成一种特殊的系统工程，它的协调进行和顺利完成需要一整套规则。否则，立法便失去了基本保证，而无法更好地反映掌握国家政权阶级的意志。因此，立法制度具有规范性、指导性、权威性。”[2] 因而，立法制度既是立法主体立法能力的直接体现，又是立法主体立法能力的重要保障。对于设区的市来说，其立法制度是否完善，是设区的市立法主体立法能力是否强弱的直接体现和反映。尽管在2015年《立法法》颁布实施之后，新扩容的设区的市人大及其常委会纷纷加强了立法制度建设（见表5－6、表5－7），对设区的市的立法权限、立法程序、法规的报请批准、法规规章的备案审查以及立法公众参与等问题作出了明确规定，初步建立了本设区的市的立法制度体系，为新扩容的设区的市立法活动的开展提供了制度保障。但是，新扩容的设区的市立法制度建设才刚刚起步，还很不完善，一是新扩容的设区的市立法制度建设还没有得到足够的重视，像陕西省所辖的各新扩容的设区的市这样高度重视设区的市立法制度建设的还是少数，很多地方对立法制度的重视严重不足，许多省、自治区所辖的新

---

[1] 李菊：《推进设区的市行使地方立法权情况分析》，《地方立法研究》2017年第3期，第41页。

[2] 曹海晶著：《中外立法制度比较》，商务印书馆2004年版，第15页。

扩容的设区的市还没有出台一项立法制度，甚至连地方立法条例都未制定。二是新扩容的设区的市立法制度体系不完整，特别是关于设区的市立法组织机构方面的制度、具体工作方面的制度严重缺失。三是新扩容的设区的市立法制度重复性内容较多，没有根据本地实际，进行相应的创新，导致许多立法制度“千篇一律”，没有地方特色。因而，我们急需加强对新扩容的设区的市立法制度的建设，以为新扩容的设区的市立法权的运行提供坚实的制度保障。

可喜的是，党的十八届四中全会作出的决定就完善我国立法体制问题提出了一系列的意见和建议，从而为我们加强新扩容的设区的市立法制度建设提供了方向和参考。具体言之：一要高度重视立法制度建设，加快新扩容的设区的市立法制度建设步伐，使各新扩容的设区的市尽快建立完善的立法制度体系，以实现设区的市立法的制度化、规范化。省、自治区人大常委会也应作出明确规定，要求各新扩容的设区的市必须建立健全立法制度，并将其作为对新扩容的设区的市立法能力评估的重要依据。二要建立健全新扩容的设区的市立法制度体系，除了要加强基本立法制度建设外，还要加强立法组织机构制度、立法具体工作制度、立法参与制度等建设，并使这几个制度有效衔接起来，发挥制度合力。三要按照党的十八届四中全会决定的要求，结合新扩容的设区的市地方实际，创新设区的市立法制度，避免照搬照抄现象的发生，使其具有鲜明地方特色，能够解决设区的市立法中的实际问题，保障设区的市立法权的良好运行。

表5－6　陕西省设区的市地方立法工作制度建设情况

<table>
<tr><td rowspan="8">安康市</td><td rowspan="4">（一）基本立法制度</td><td colspan="2">1. 文件名称</td><td colspan="2">安康市地方立法条例</td></tr>
<tr><td colspan="2">2. 制定主体</td><td colspan="2">安康市人民代表大会</td></tr>
<tr><td colspan="2">3. 生效时间</td><td colspan="2">2016年4月22日</td></tr>
<tr><td colspan="2">4. 效力层级</td><td colspan="2">地方性法规</td></tr>
<tr><td rowspan="4">（二）组织机构制度</td><td rowspan="3">1. 编制制度</td><td rowspan="3">关于调整市人大部分工作机构的通知（安编发［2015］18号）</td><td>（1）制定主体</td><td>安康市机构编制委员会</td></tr>
<tr><td>（2）生效时间</td><td>2015年</td></tr>
<tr><td>（3）效力层级</td><td>规范性文件</td></tr>
<tr><td>2. 其他制度</td><td colspan="3">无</td></tr>
</table>

续表

<table>
<tr><td rowspan="10">安康市</td><td rowspan="5">（三）具体工作制度</td><td>1. 议事规则</td><td colspan="3">无</td></tr>
<tr><td>2. 工作规程</td><td colspan="3">无</td></tr>
<tr><td>3. 立法听证</td><td colspan="3">无</td></tr>
<tr><td>4. 立法技术</td><td colspan="3">无</td></tr>
<tr><td>5. 其他制度</td><td colspan="3">无</td></tr>
<tr><td rowspan="5">（四）参与立法制度</td><td rowspan="3">1. 立法专家顾问制度</td><td rowspan="3">安康市人大常委会立法咨询专家库管理办法</td><td>（1）制定主体</td><td>安康市人大常委会</td></tr>
<tr><td>（2）生效时间</td><td>2016 年 4 月 17 日</td></tr>
<tr><td>（3）效力层级</td><td>规范性文件</td></tr>
<tr><td>2. 委托第三方立法制度</td><td colspan="3">无</td></tr>
<tr><td>3. 其他制度</td><td colspan="3">无</td></tr>
<tr><td rowspan="11">宝鸡市</td><td rowspan="4">（一）基本立法制度</td><td colspan="2">1. 文件名称</td><td colspan="2">宝鸡市地方立法条例</td></tr>
<tr><td colspan="2">2. 制定主体</td><td colspan="2">宝鸡市人民代表大会</td></tr>
<tr><td colspan="2">3. 生效时间</td><td colspan="2">2016 年 5 月 20 日</td></tr>
<tr><td colspan="2">4. 效力层级</td><td colspan="2">地方性法规</td></tr>
<tr><td rowspan="7">（二）组织机构制度</td><td rowspan="6">1. 编制制度</td><td rowspan="3">宝鸡市机构编制委员会办公室关于调整市人大机关编制等问题的通知（宝编办发［2016］141 号）</td><td>（1）制定主体</td><td>宝鸡市机构编制委员会</td></tr>
<tr><td>（2）生效时间</td><td>2016 年</td></tr>
<tr><td>（3）效力层级</td><td>规范性文件</td></tr>
<tr><td rowspan="3">中共宝鸡市委办公室关于印发《宝鸡市人大机关主要职责内设机构和人员编制规定》的通知（宝办字［2015］111 号）</td><td>（1）制定主体</td><td>中共宝鸡市委办公室</td></tr>
<tr><td>（2）生效时间</td><td>2015 年</td></tr>
<tr><td>（3）效力层级</td><td>规范性文件</td></tr>
<tr><td>2. 其他制度</td><td colspan="3">无</td></tr>
</table>

续表

宝鸡市	（三）具体工作制度	1. 议事规则	宝鸡市人民代表大会法制委员会议事规则	（1）制定主体	宝鸡市人大常委会
				（2）生效时间	2016 年 8 月 10 日
				（3）效力层级	规范性文件
		2. 工作规程	宝鸡市人民代表大会常务委员会法制工作委员会工作规则（草案）	未公布实施	
		3. 立法听证	无		
		4. 立法技术	无		
		5. 其他制度	无		
	（四）参与立法制度	1. 立法专家顾问制度	宝鸡市人大常委会立法咨询专家库管理办法	（1）制定主体	宝鸡市人大常委会
				（2）生效时间	2015 年 11 月 2 日
				（3）效力层级	规范性文件
		2. 委托第三方立法制度	无		
		3. 其他制度	无		
汉中市	（一）基本立法制度	1. 文件名称		汉中市地方立法条例	
		2. 制定主体		汉中市人民代表大会	
		3. 生效时间		2016 年 4 月 25 日	
		4. 效力层级		地方性法规	
	（二）组织机构制度	1. 编制制度		无	
		2. 其他制度	中共汉中市委关于进一步加强和改进人大工作的决定	（1）制定主体	中共汉中市委
				（2）生效时间	2014 年 12 月 21 日
				（3）效力层级	规范性文件
	（三）具体工作制度	1. 议事规则	无		
		2. 工作规程	无		
		3. 立法听证	无		
		4. 立法技术	无		
		5. 其他制度	无		
	（四）参与立法制度	1. 立法专家顾问制度	汉中市人大常委会立法咨询专家库管理办法	（1）制定主体	汉中市人大常委会
				（2）生效时间	2016 年 5 月 3 日
				（3）效力层级	规范性文件
		2. 委托第三方立法制度	无		
		3. 其他制度	无		

续表

铜川市	（一）基本立法制度	1. 文件名称		铜川市地方立法条例	
		2. 制定主体		铜川市人民代表大会	
		3. 生效时间		2016 年 5 月 1 日	
		4. 效力层级		地方性法规	
	（二）组织机构制度	1. 编制制度	无		
		2. 其他制度	无		
	（三）具体工作制度	1. 议事规则	无		
		2. 工作规程	无		
		3. 立法听证	无		
		4. 立法技术	无		
		5. 其他制度	无		
	（四）参与立法制度	1. 立法专家顾问制度	铜川市人大常委会立法咨询专家库管理办法	（1）制定主体	铜川市人大常委会主任会议
				（2）生效时间	不详
				（3）效力层级	规范性文件
		2. 委托第三方立法制度	无		
		3. 其他制度	铜川市人大常委会基层立法联系点工作规定		
商洛市	（一）基本立法制度	1. 文件名称		商洛市制定地方性法规条例	
		2. 制定主体		商洛市人民代表大会	
		3. 生效时间		2016 年 6 月 20 日	
		4. 效力层级		地方性法规	
	（二）组织机构制度	1. 编制制度	无		
		2. 其他制度	中共商洛市委关于进一步加强和改进人大工作的决定	（1）制定主体	中共商洛市委
				（2）生效时间	2015 年
				（3）效力层级	规范性文件
	（三）具体工作制度	1. 议事规则	无		
		2. 工作规程	无		
		3. 立法听证	无		
		4. 立法技术	无		
		5. 其他制度	无		

续表

商洛市	（四）参与立法制度	1. 立法专家顾问制度	商洛市人大常委会法制和内务司法委员会关于成立市人大法工委法律专家咨询组的通知（商人发函［2015］2 号）	（1）制定主体	商洛市人大常委会
				（2）生效时间	2015 年
				（3）效力层级	规范性文件
		2. 委托第三方立法制度	无		
		3. 其他制度	无		
渭南市	（一）基本立法制度	1. 文件名称		渭南市地方立法条例	
		2. 制定主体		渭南市人民代表大会	
		3. 生效时间		2016 年 6 月 22 日	
		4. 效力层级		地方性法规	
	（二）组织机构制度	1. 编制制度	渭南市机构编制委员会关于印发《渭南市机关主要职责内设机构和人员编制规定》的通知	（1）制定主体	渭南市机构编制委员会
				（2）生效时间	2016 年
				（3）效力层级	规范性文件
		2. 其他制度	中共渭南市委关于进一步加强和改进人大工作的决定	（1）制定主体	中共渭南市委
				（2）生效时间	2014 年 12 月 19 日
				（3）效力层级	规范性文件
	（三）立法工作制度	1. 议事规则	无		
		2. 工作规程	渭南市人大常委会法制工作委员会工作职责		无
		3. 立法听证	无		
		4. 立法技术	无		
		5. 其他制度	无		
	（四）参与立法制度	1. 立法专家顾问制度	渭南市人大常委会立法咨询专家库管理办法	（1）制定主体	渭南市人大常委会
				（2）生效时间	2016 年 7 月
				（3）效力层级	规范性文件
		2. 委托第三方立法制度	无		
		3. 其他制度	无		

续表

<table>
<tr><td rowspan="27">咸阳市</td><td rowspan="4">（一）基本立法制度</td><td colspan="2">1. 文件名称</td><td colspan="2">咸阳市地方立法条例</td></tr>
<tr><td colspan="2">2. 制定主体</td><td colspan="2">咸阳市人民代表大会</td></tr>
<tr><td colspan="2">3. 生效时间</td><td colspan="2">2016年4月20日</td></tr>
<tr><td colspan="2">4. 效力层级</td><td colspan="2">地方性法规</td></tr>
<tr><td rowspan="6">（二）组织机构制度</td><td rowspan="3">1. 编制制度</td><td rowspan="3">咸阳市机构编制委员会关于调整设立部分工作机构的通知（咸编发［2015］24号）</td><td>（1）制定主体</td><td>咸阳市机构编制委员会</td></tr>
<tr><td>（2）生效时间</td><td>2015年</td></tr>
<tr><td>（3）效力层级</td><td>规范性文件</td></tr>
<tr><td rowspan="3">2. 其他制度</td><td rowspan="3">中共咸阳市委关于做好我市地方立法工作的意见（咸发［2015］3号）</td><td>（1）制定主体</td><td>中共咸阳市委办公室</td></tr>
<tr><td>（2）生效时间</td><td>2015年7月28日</td></tr>
<tr><td>（3）效力层级</td><td>规范性文件</td></tr>
<tr><td rowspan="11">（三）立法工作制度</td><td>1. 议事规则</td><td colspan="3">无</td></tr>
<tr><td rowspan="3">2. 工作规程</td><td rowspan="3">咸阳市地方立法工作规程</td><td>（1）制定主体</td><td>咸阳市人大常委会</td></tr>
<tr><td>（2）生效时间</td><td>2016年5月4日</td></tr>
<tr><td>（3）效力层级</td><td>规范性文件</td></tr>
<tr><td rowspan="3">3. 立法听证</td><td rowspan="3">咸阳市地方立法听证规则</td><td>（1）制定主体</td><td>咸阳市人大常委会</td></tr>
<tr><td>（2）生效时间</td><td>2016年5月4日</td></tr>
<tr><td>（3）效力层级</td><td>规范性文件</td></tr>
<tr><td rowspan="3">4. 立法技术</td><td rowspan="3">咸阳市地方立法技术规范</td><td>（1）制定主体</td><td>咸阳市人大常委会</td></tr>
<tr><td>（2）生效时间</td><td>2016年5月4日</td></tr>
<tr><td>（3）效力层级</td><td>规范性文件</td></tr>
<tr><td>5. 其他制度</td><td colspan="3">无</td></tr>
<tr><td rowspan="5">（四）参与立法制度</td><td rowspan="3">1. 立法专家顾问制度</td><td rowspan="3">咸阳市人大常委会立法咨询专家库管理办法</td><td>（1）制定主体</td><td>咸阳市人大常委会</td></tr>
<tr><td>（2）生效时间</td><td>2016年5月4日</td></tr>
<tr><td>（3）效力层级</td><td>规范性文件</td></tr>
<tr><td>2. 委托第三方立法制度</td><td colspan="3">无</td></tr>
<tr><td>3. 其他制度</td><td colspan="3">无</td></tr>
</table>

续表

<table>
<tr><td rowspan="18">延安市</td><td rowspan="4">（一）基本立法制度</td><td>1. 文件名称</td><td colspan="3">延安市制定地方性法规条例</td></tr>
<tr><td>2. 制定主体</td><td colspan="3">延安市人民代表大会</td></tr>
<tr><td>3. 生效时间</td><td colspan="3">2016 年 2 月 28 日</td></tr>
<tr><td>4. 效力层级</td><td colspan="3">地方性法规</td></tr>
<tr><td rowspan="4">（二）组织机构制度</td><td>1. 编制制度</td><td colspan="3">无</td></tr>
<tr><td rowspan="3">2. 其他制度</td><td rowspan="3">中共延安市委关于进一步加强和改进人大工作的意见</td><td>（1）制定主体</td><td>中共延安市委</td></tr>
<tr><td>（2）生效时间</td><td>2016 年 2 月 26 日</td></tr>
<tr><td>（3）效力层级</td><td>规范性文件</td></tr>
<tr><td rowspan="7">（三）立法工作制度</td><td>1. 议事规则</td><td colspan="3">无</td></tr>
<tr><td>2. 工作规程</td><td colspan="3">无</td></tr>
<tr><td>3. 立法听证</td><td colspan="3">无</td></tr>
<tr><td>4. 立法技术</td><td colspan="3">无</td></tr>
<tr><td rowspan="3">5. 其他制度</td><td rowspan="3">关于建立向下一级人大征询立法意见机制的通知（延人办发［2015］49 号）</td><td>（1）制定主体</td><td>延安市人大常委会办公室</td></tr>
<tr><td>（2）生效时间</td><td>2015 年 11 月 3 日</td></tr>
<tr><td>（3）效力层级</td><td>规范性文件</td></tr>
<tr><td rowspan="5">（四）参与立法制度</td><td rowspan="3">1. 立法专家顾问制度</td><td rowspan="3">延安市人大常委会立法咨询专家库管理办法</td><td>（1）制定主体</td><td>延安市人大常委会</td></tr>
<tr><td>（2）生效时间</td><td>2016 年 5 月 18 日</td></tr>
<tr><td>（3）效力层级</td><td>规范性文件</td></tr>
<tr><td>2. 委托第三方立法制度</td><td colspan="3">无</td></tr>
<tr><td>3. 其他制度</td><td colspan="3">无</td></tr>
<tr><td rowspan="6">榆林市</td><td rowspan="4">（一）基本立法制度</td><td>1. 文件名称</td><td colspan="3">榆林市地方立法条例</td></tr>
<tr><td>2. 制定主体</td><td colspan="3">榆林市人民代表大会</td></tr>
<tr><td>3. 生效时间</td><td colspan="3">2016 年 3 月 25 日</td></tr>
<tr><td>4. 效力层级</td><td colspan="3">地方性法规</td></tr>
<tr><td rowspan="2">（二）组织机构制度</td><td>1. 编制制度</td><td colspan="3">无</td></tr>
<tr><td>2. 其他制度</td><td colspan="3">无</td></tr>
</table>

续表

榆林市	（三）立法工作制度	1. 议事规则	榆林市人大常委会立法工作规程	（1）制定主体	榆林市人大常委会
				（2）生效时间	2016年2月28日
				（3）效力层级	规范性文件
		2. 工作规程	榆林市人大常委会法工委立法工作规程	（1）制定主体	榆林市人大常委会
				（2）生效时间	待定
				（3）效力层级	规范性文件
		3. 立法听证	无		
		4. 立法技术	榆林市地方立法技术规范	（1）制定主体	榆林市人大常委会
				（2）生效时间	待定
				（3）效力层级	规范性文件
		5. 其他制度	榆林市人大常委会基层立法联系点工作规定	待定	
	（四）参与立法制度	1. 立法专家顾问制度	榆林市人大常委会立法咨询专家库管理办法（草案）	（1）制定主体	榆林市人大常委会
				（2）生效时间	待定
				（3）效力层级	规范性文件
		2. 委托第三方立法制度	无		
		3. 其他制度	无		
西安市	（一）基本立法制度	1. 文件名称	西安市制定地方性法规条例		
		2. 制定主体	西安市人民代表大会		
		3. 生效时间	2016年6月17日		
		4. 效力层级	地方性法规		
	（二）组织机构制度	1. 编制制度	无		
		2. 其他制度	无		
	（三）具体工作制度	1. 议事规则	无		
		2. 工作规程	无		
		3. 立法听证	无		
		4. 立法技术	无		
		5. 其他制度	无		

续表

<table>
<tr><td rowspan="5">西安市</td><td rowspan="5">（四）参与立法制度</td><td rowspan="3">1. 立法专家顾问制度</td><td rowspan="3">西安市人大常委会立法专家库管理办法</td><td>（1）制定主体</td><td>西安市人大常委会主任会议</td></tr>
<tr><td>（2）生效时间</td><td>2016年3月17日</td></tr>
<tr><td>（3）效力层级</td><td>规范性文件</td></tr>
<tr><td>2. 委托第三方立法制度</td><td colspan="3">无</td></tr>
<tr><td>3. 其他制度</td><td colspan="3">无</td></tr>
</table>

资料来源：西北政法大学法治陕西建设协同创新研究中心等编：《陕西省设区的市地方立法状况蓝皮书》（2016年），知识产权出版社2016年版，第84～96页。

表5－7　陕西省设区的市地方立法工作制度分类统计表

设区的市	基本立法制度	组织机构制度	立法工作制度	参与立法制度	总计
西安市	1	未统计	未统计	1	14
咸阳市	1	2	3	1	7
榆林市	1	0	4	1	6
渭南市	1	2	1	1	5
宝鸡市	1	2	2	1	6
延安市	1	1	1	1	4
安康市	1	1	0	1	3
汉中市	1	1	0	1	3
商洛市	1	1	0	1	3
铜川市	1	0	0	2	3

资料来源：西北政法大学法治陕西建设协同创新研究中心等编：《陕西省设区的市地方立法状况蓝皮书》（2016年），知识产权出版社2016年版，第97页。

三、设区的市立法权扩容面临的风险

毋庸置疑，2015年《立法法》赋予所有设区的市立法权具有重大的价值与意义，但一下子赋予所有设区的市立法权，直接实现从原49个较大的市到284个设区的市的跨步，步子迈得太大，不可避免地将使其面临一定的风险，急需我们予以正视。特别是在我国过去较大的市立法中长期存在的立法弊端尚未根治的情况下，情况可能会更加严重。正如有学者指出：“应当清醒地认识到，地方立法权在很大程度上是一把机遇与隐患并存的双刃剑。尤其是较大的市立法权全面下放至设区的地级市，基于基层立法水平有限、地方利益纠缠等因素，很可能滋生立法数量过度膨胀、立法质量低下、冲击法制统一等风险，进一步加剧当下地方立法实践业已存在的重复立法、越权立法乃至借立法扩权争利等痼疾，对此不能不抱有应有的警惕。”❶

（一）立法能力不足的风险

对于此次所有新扩容的设区的市立法主体来说，尽管其行使立法权面临的风险很多，但其面临的首要风险，就是立法能力不足的风险。因为立法是一项复杂的系统工程，是一门科学，“是运用一定技术进行的活动”❷，无论是专业性还是技术性都非常强，这就对立法主体的立法能力提出了较高的要求。一定的立法主体若没有相应的立法能力，没有较高的专业知识、技术水平，决不能胜任这一工作，其立法的质量和效益自然也难以得到保证。正如卢梭指出：“为了发现能适合于各个民族的最好的社会规则，就需要有一种能够洞察人类的全部感情而又不受任何感情所支配的最高的智慧；……要为人类制定法律，简直是需要神明。”❸ 过去，我国地方立法中存在的重复立法、立法质量不高等种种弊端，尽管原因很多，但立法能力不足恐怕是首要原因。然而，根据调查统计，尽管2015年《立法法》颁布实施之后，新扩容的设区的市立法主体第一时间就加强了设区的市立法能力建设，在设区的市人大及其常委会、设区的市政府中设立了相关立法工作机构，配备了立法工作人员，并加强了立法培训和立法经验交流。例如，“自获得地方立法权以来，陕西省9个设区的市均按照法律和政策的相关要求，设立了专门的立法工作机构、配备了相应的工作人员。整体上，各设区的市以‘两个委员会、一套班子’的模式，在本级人民代表大会下均设置了法制委员会，在人大常委会下均设置了法制工作委员

---

❶ 计为民：《地方立法权扩容的机遇与挑战》，《人民之声》2014年第11期，第6页。

❷ 张文显主编：《法理学》，高等教育出版社、北京大学出版社2011年版，第191页。

❸ ［法］卢梭著：《社会契约论》，何兆武译，商务印书馆2003年版，第49～50页。

会，在法制工作委员会下均设置了法规科（处），渭南市还设立了专门的立法科。”[1]“从人员配备来看，各市基本上都是从长期从事法律工作的人中遴选人员担任人大法制委员会委员，并分别通过选任、考任等方式，招录高学历、有法律实务经验的人员担任人大常委会法制工作委员会的工作人员，绝大多数人员都具有法学本科以上学历，且大多具有法制工作背景。”[2]但是，由于时间尚短、经验不足等原因，新扩容设区的市立法主体的立法能力还存在不少问题，如“机构设置尚不健全、人员能力有待提升等问题，是设区的市人大开展地方立法亟待补足的短板”。[3]具体表现在以下几个方面。

第一，立法机构不健全。由于此次新扩容的设区的市过去长期没有立法权，因而，无论是设区的市人大及其常委会，还是设区的市政府，大都没有专司立法的工作机构。虽然现在新扩容的设区的市人大及其常委会陆续依法建立了法制委员会和法制工作委员会，设区的市政府设置了法制办公室等，到达了省级人大常委会批准其行使立法权的基本条件，[4]但其普遍还不健全，职能、编制、经费以及人员配备等问题尚未完全解决，与其他机构的关系尚未完全理顺，目前难以完全承担设区的市地方立法的重任。“据统计，31个省级人大常委会法工委中，大多数编制未满。原49个较大的市人大常委会法工委中，多数也未满编，其中人数最多的深圳为14人，而最少的仅有3人。因而，对于新获得立法权的其他设区的市来说，压力会更大。”[5]例如，虽然新扩容的设区的市人大及其常委会普遍建立了法制委员会和法制工作委员会，但其下设的内部职能机构并不健全，同时设置有办公室、法规科、备案审查科的设区的市只占很小的比例，且由于编制紧张、领导重视不够等原因，立法工作人员编制数量严重不足，大都只有10个以内的编制，甚至有的科室只有一个人负责

---

[1] 西北政法大学法治陕西建设协同创新研究中心等编：《陕西省设区的市地方立法状况蓝皮书》（2016年），知识产权出版社2016年版，第10～16页。

[2] 西北政法大学法治陕西建设协同创新研究中心等编：《陕西省设区的市地方立法状况蓝皮书》（2016年），知识产权出版社2016年版，第4页。

[3] 肖永明：《地方立法权“扩容”，设区的市人大应有所为有所不为》，《人大研究》2016年第2期，第1页。

[4] 《河北省人大常委会依法赋予设区的市立法权实施办法》第2条规定：“有关设区的市获得立法权，应当具备以下条件：1. 依法设置立法机构，包括专门委员会和工作委员会；2. 具备较高法学素养和法律实践经验的专业人员，且适应立法工作需要，至少应有三人以上；3. 有立法专项经费保障。”

[5] 《地方立法周年 各地如何兑现》，《人民日报》2016年3月2日。

（见表5－8、表5－9），导致人员严重不足，只有少量的立法工作人员参与立法活动，如保定市第十四届人大法制委员会包括主任委员和副主任委员在内只有9名成员[1]，且其还要承担大量行政性事务工作，致使其难以有充足的时间和精力承担日益繁重的立法工作。对于新扩容的设区的市政府来说，情况更加严峻，虽然其都设置了政府法制办公室，但是由于目前各地都在推行“大部制改革”，减少政府职能部门设置，所以，许多设区的市取消了市政府法制办公室的独立地位，将其与市政府办公室合并，作为市政府办公室的内设机构，使其承担了大量综合性事务工作，这样就不利于政府法制办独立履行设区的市政府立法职能，且许多设区的市政府法制办公室内设职能机构严重不足，有的设区的市政府法制办公室甚至连必备的立法科或法规科都未设置，再加上工作人员编制数量非常有限，甚至有的地方只有几个人（见表5－10），难以适应设区的市政府立法日益增多的需求。[2]

[1] 《保定市第十四届人民代表大会法制委员会组成人员名单》，http：//bd. hebnews. cn/2015－02/06/content_4535135. htm。

[2] 据安徽省人民政府法制办公室调研组作出的《关于我省各设区市政府法制机构建设现状的调查报告》指出，目前安徽省各设区的市政府法制机构建设存在的问题主要有：（1）机构建设发展不平衡。调查显示，全省16个设区市政府法制机构建设差异性较大。如合肥、宿州、六安三市法制办的内设机构达7个，而有的市法制办内设机构仅2个，相差3倍之多。行政编制数最多的有24个，而池州、黄山市均仅有7个，差距也在3倍以上。全省仍有淮北、马鞍山、池州、安庆4个市政府法制机构未完全独立设置，与市政府办公室合署办公，占25%。其中，淮北、安庆市法制办在本轮机构改革前本为独立设置，改革后变为合署办公。（2）机构编制与内设机构偏紧。调查显示，全省设区市政府法制机构共有内设科室71个，平均4.4个；行政编制数192个，平均12个。在十八届四中全会要求全面推进依法治国，加快推进法治政府建设大背景下，《立法法》修正后赋予设区市地方立法权、行政诉讼法修改后行政应诉案件急剧增加的新形势下，市级政府法制机构承担的职责任务越来越多，压力越来越大的情况下，人员编制和内设机构数量偏紧，力量不足，将影响和制约法制机构在全面推进依法行政、加快建设法治政府方面作用的发挥。如滁州市政府法制办未设立法规科；宣城市法制办专职复议工作人员仅有1人；除合肥、宿州、蚌埠、六安四市明确设立合法性审查科室外，其他12个设区市都未独立设置，等等。（3）部分设区市级政府法制机构亟待加强。调研显示，目前全省16个设区的市级政府法制办，有淮北、池州、滁州、亳州、黄山5个市法制办的内设机构在3个以下，不能满足基本的业务分工需要。淮北、亳州、池州、黄山4个市法制办行政编制数在10个以下，与市级法制工作机构承担的职责任务量不相适应。可见，部分市级法制工作机构在内设机构设置、人员编制等方面亟待加强。（4）部分设区市政府法制办法律专业人才不足。调查显示，在全省16个设区的市政府法制办中，淮南、芜湖、铜陵、淮北、滁州5个市政府法制办中有法律专业背景的人数占总人数的比例不足75%，其中，最少的仅占60%，难以胜任法制办所承担的专业性职责任务。合肥、滁州、蚌埠3个市政府法制办中军转人员占总人数的比例均超过20%，其中，蚌埠市法制办军转人员占总人数的比例高达30%，加强军转人员法律知识培训和能力提升问题值得重视。参见《关于我省各设区市政府法制机构建设现状的调查报告》，http：//www. ahfzb. gov. cn/content/detail/567b5fa2cfd9f34402000000. html。

表 5－8 陕西省各设区的市人大常委会法制工作委员会工作机构设置情况

各设区的市	工作机构	数量（个）
榆林	法规科、办公室	2
延安	法规科、综合办公室、规范性文件备案审查科	3
汉中	法规科、办公室	2
安康	法规科、办公室、备案审查科	3
商洛	法规科、办公室	2
渭南	立法科、办公室、备案科	3
宝鸡	法规科、办公室	2
咸阳	法规科、办公室	2
铜川	法规科、规范性文件备案审查科	2
西安	法规处、办公室、备案审查处	3

资料来源：西北政法大学法治陕西建设协同创新研究中心等编：《陕西省设区的市地方立法状况蓝皮书》（2016 年），知识产权出版社 2016 年版，第 30～31 页。

表 5－9 陕西省各设区的市人大常委会法制工作委员会人员配备情况

各设区的市	编制数量（个）	到职人员数量（人）	学历	法制工作经验
榆林	4	3	未统计	未统计
延安	6	6	本科学历 2 人；硕士研究生学历 4 人，其中 2 人具有法学教育背景	曾任检察官 1 人，曾在人大从事法制工作 5 人
汉中	8	2	均有法学教育背景	未统计
安康	6	3	未统计	未统计
商洛	7	7	均有法学教育背景，其中 2 人为硕士研究生学历	其中曾任商州区法院院长 1 人、中院刑二庭庭长 1 人，信访办 1 人、法制办 1 人，律师 1 人
渭南	5	5	均为法学本科以上学历，其中 2 人为硕士研究生学历	未统计
宝鸡	9	5	其中 2 人为本科学历，1 人为硕士研究生学历	未统计

续表

各设区的市	编制数量（个）	到职人员数量（人）	学历	法制工作经验
咸阳	8	8	其中2人为本科学历，3人为硕士研究生学历	其中曾任咸阳市政法委政治部主任1人，咸阳市人大常委会内司委科长1人，秦都区人民法院法官1人，咸阳市公安局秦都分局干警1人
铜川	5	3	未统计	未统计
西安	11	12	其中5人为本科学历，7人为硕士研究生学历	12人均有法制工作背景

资料来源：西北政法大学法治陕西建设协同创新研究中心等编：《陕西省设区的市地方立法状况蓝皮书》（2016年），知识产权出版社2016年版，第31～33页。

表5－10　陕西省各设区的市政府法制办公室机构设置和人员配备情况

各设区的市	机构设置		人员配备			
	原有	新增	原有		新增	
			编制	到职	编制	到职
西安	秘书处、综合协调处、法规处、规范性文件备案审查处、行政复议应诉一处、行政复议应诉二处、法制监督处		36	36	0	0
榆林	综合科、行政复议科、行政执法科、规范性文件审查科	法规科	16	16	2	2
延安	综合科、文件审查科、行政复议科	法规科	15	15	2	2
汉中	法制综合科、执法监督科		7	7	1	0
安康	法制综合科、复议应诉科		5	5	0	0
商洛	综合办公室、执法监督科		6	5	4	0
渭南	综合科、执法监督科、仲裁指导科		8	7	0	6
宝鸡	综合科、法规科、执法监督科（行政复议科）、中介组织科		18	18	9	5
咸阳	复议监督科、法规应诉科		6	6	0	0
铜川	综合科、执法监察科、行政复议科	立法科	10	10	0	0

资料来源：西北政法大学法治陕西建设协同创新研究中心等编：《陕西省设区的市地方立法状况蓝皮书》（2016年），知识产权出版社2016年版，第33～34页。

第二，专门立法人才匮乏。立法的高度专业性和复杂的技术性，要求必须有专门的立法人才作为支撑。正如卢梭所言："立法者在一切方面都是国家中的一个非凡人物。如果说由于他的天才而应该如此的话，那么由于他的职务他也同样应该如此。"❶ 但是整体而言，新扩容的设区的市普遍面临专门立法人才匮乏的问题：一是由于我们过于强调人大代表的先进性和代表性，我国各级人大代表、县级以上人大常委会组成人员中具有法律专业知识和法律背景的比例普遍偏低，只占很小部分比例。其中，在各级人大代表中所占比例约为3%以内（见表5－11），而"据武汉大学秦前红教授介绍，在当下有地方立法权的地方人大常委会成员中，具有法律学习背景和法律实务经历的不超过10%。在专门从事立法工作的专门委员会法制委员会以及为立法服务的工作机构法律法规室，这个比例也罕有超过25%的"。❷ 而此次新扩容的设区的市人大代表、人大常委会组成人员中法律背景出身的比例亦是普遍偏低，其中熟悉立法理论与实践的专门人才更是稀缺。正如有学者指出："人大代表的职权性质决定其必须具有足够的知识水平和工作能力以及责任、敬业精神，特别是相当程度的法律知识和政治智慧，才能妥善处理国家事务。在选举实践中，在代表提名的时候，有时往往强调先进性、广泛性，而对代表的参政议政能力重视不够，把选代表提名的标准与遴选英雄模范、标兵标准混淆。"❸

二是尽管新扩容的设区的市在选任、招录设区的市人大法制委员会组成人员、设区的市人大常委会法制工作委员会工作人员、设区的市政府法制办工作人员时，注重了其法律专业知识水平和法律专业背景，以及法律实务经验，"据不完全统计，已有95%的新赋予地方立法权的设区的市、自治州、不设区的地级市依法设立了人民代表大会法制委员会，全部的法制委员会组成人员中，具有法律工作经历的占55%；89%的新赋予地方立法权的设区的市、自治州、不设区的地级市设立了人大常委会法制工作委员会，并设立了内设机构，通过内部调剂或招录、选调等方式，配备了工作人员，其中具有法律工作经历的占64%。一些省、自治区也进一步加强省一级人大常委会立法能力建

❶ ［法］卢梭著：《社会契约论》，何兆武译，商务印书馆2003年版，第51页。

❷ 王琳：《地方立法权扩容的关键在权责一致》，《检察日报》2014年9月10日。

❸ 俞可平主编：《中国政治发展30年》（1978—2008），重庆出版社2009年版，第34页。

设，经批准增加了法工委的内设机构和人员编制，具有法律工作经历的占到了65%”。❶ 但由于新扩容的设区的市此前没有任何立法工作实践，且“有的地方党委、政府不认为立法机关及立法工作者是专业性很强的岗位，而当作一般的党政机关来对待，每年都分入大量军转干部。这些同志虽政治素质高，但不熟悉法律，短期内不适应工作，从而造成缺少业务骨干和机关整体法律业务水准下降的问题”。❷ 因而，这些新扩容的设区的市人大及其常委会、设区的市政府都没有相应的立法实践能力，再加上新扩容的设区的市立法工作机构中专门立法人才的严重缺失，这就导致新扩容的设区的市开展立法工作缺乏坚实的人才支撑。

三是尽管新扩容的设区的市按照党的十八届四中全会的要求，建立了立法专家顾问制度，以借助立法专家顾问的立法专业知识和立法实践能力，发挥立法专家顾问在设区的市立法中的积极作用，提高设区的市立法质量。但是，由于立法专家顾问制度的不健全，相关体制机制的不完善，考评机制的缺失，立法专家顾问权利与义务的不明确，再加上许多设区的市并未重视立法专家顾问的作用，把立法专家顾问“当花瓶”“当摆设”，导致立法专家顾问的应有作用并没有得到充分发挥，只“顾”不“问”的现象比较严重。正如冯玉军教授指出：“很多地方政府和行政机关把专家请来就是为做样子、摆面子，并非从内心真正重视立法专家顾问的意见。”❸ 此外，许多新扩容的设区的市并没有专业的法学院校和科研机构，立法专家顾问本身就难以聘任，更加剧了这种状况（见表5－14）。

表5－11　九届、十届全国人大代表部分职业统计表

职业	十届人数	九届人数	职业	十届人数	九届人数
法律界人士	69	45	农民	56	66
警察和武警	48	29	工人	30	96
中小学教师	51	58	运动员	13	14
作家、艺术家	48	36	基层干部	37	43

❶ 郭佳法：《地方立法这两年：设区的市行使地方立法权全面推进》，《中国人大》2017年第1期，第38页。

❷ 陈公雨著：《地方立法十三讲》，中国法制出版社2015年版，第62～63页。

❸ 《立法专家顾问制 不是摆面子》，《法制晚报》2014年12月10日。

续表

职业	十届人数	九届人数	职业	十届人数	九届人数
企业家	613	412	金融业人士	20	18
教授、研究人员	348	338	医生	88	96
军人	268	268	其他	55	472
领导干部	1240	988	总计	2984	2979

说明：1. 此表根据九届和十届全国人大代表名册统计，与前表的官方统计数字不一致，是计算职业的方法不同。由于职业登记的不规范性，此表数不甚准确只供参考。2. 法律界人士指法官、检察官、律师、法学家和在立法部门工作的人士。3. 农民是按其居住和工作地在村民委员会的人统计的。4. 工人是指在工厂企业工作的工人和车间干部，不包括厂长、经理。5. 基层干部是指在乡镇一级工作的干部。6. 企业家指厂长、经理、董事长。表中含私营经济者55人。7. 其他包括工程师、媒介、宗教界等方面的人士。

资料来源：蔡定剑著：《中国人民代表大会制度》，法律出版社2003年版，第221页。

表5－12　陕西省各设区的市立法专家情况一览表

各设区的市	人数及性别比例	最高学历	专家来源	制度建设情况	立法专家报酬来源	任期
西安	共34人男21人，女13人	研究生及以上学历34人	政府及各部门3人、法院2人、律所3人、院校23人、人大2人、检察院1人	西安市人大常委会立法专家库管理办法（2016年3月17日通过）	根据《西安市人大常委会立法专家库管理办法》规定，立法专家报酬从立法经费中支付，每人每次讨论支付1000元	1～3年
宝鸡	共22人男17人，女5人	研究生及以上学历9人、大专本科学历13人	政府及各部门12人、法院3人、律所3人、院校2人、政协1人、检察院1人	宝鸡市人大常委会立法咨询专家库管理办法（2015年11月通过）	从立法经费中支出，具体数额不详	3年

续表

各设区的市	人数及性别比例	最高学历	专家来源	制度建设情况	立法专家报酬来源	任期
汉中	共25人 男20人，女5人	研究生及以上学历18人、大专本科学历7人	政府及各部门8人、法院3人、律所2人、院校9人、政协1人、其他2人	汉中市人大常委会立法咨询专家库管理办法（2016年5月通过）	从立法经费中支出	3年
安康	共20人 性别未统计	未统计	政府及各部门13人、院校3人、法院1人、律所1人、政协1人、市法学会1人	安康市人大常委会立法咨询专家库管理办法（2016年6月通过）	从立法经费中支出	5年
商洛	共9人 性别未统计	未统计	政府及各部门3人、律所4人、法院1人、检察院1人	无	不详	不详
咸阳	30人左右 男22人，女8人	未统计	未统计	咸阳市人大常委会立法咨询专家库管理办法	不详	不详
渭南	共19人 男15人，女4人	研究生及以上学历6人、大专本科学历13人	政府及各部门11人、律所3人、院校3人、法院1人、省法学会1人	渭南市人大常委会立法咨询专家库管理办法（2016年8月通过）	从立法经费中支出	5年

续表

各设区的市	人数及性别比例	最高学历	专家来源	制度建设情况	立法专家报酬来源	任期
铜川	共22人男21人，女1人	研究生及以上学历5人、大专本科学历17人	政府及各部门10人、法院3人、律所6人、院校1人、政协0人、检察院2人	铜川市人大常委会立法咨询专家库管理办法(2016年3月通过)，铜川市人大常委会基层立法联系点工作规定(2016年9月通过)	目前由市人大常委会办公室保障	3年
延安	共19人男16人，女3人	研究生及以上学历12人、大专本科学历7人	院校10人、律所4人、政府及各部门2人、人大2人、企业1人	延安市人大常委会立法咨询专家库管理办法	从立法经费中支出，根据立法参与工作情况，原则上每次2000～5000元，贡献较大者，可适当增加	3年
榆林	未统计	未统计	未统计	不详	不详	不详

资料来源：西北政法大学法治陕西建设协同创新研究中心等编：《陕西省设区的市地方立法状况蓝皮书》(2016年)，知识产权出版社2016年版，第102～106页。

第三，立法经验不足。此次新扩容的设区的市由于之前长期无立法权，没有立法工作基础，因而，普遍缺乏立法能力建设，普遍缺乏行使立法权的实践，普遍缺乏立法经验的积累，特别是缺乏解决立法工作中重大疑难问题的能力和经验。而在2015年《立法法》赋予所有设区的市立法权后，这些新扩容的设区的市对于立法机构如何设置、立法工作人员如何选任、立法制度如何建设等问题，普遍缺乏一个明确的认识和周密的筹划，更遑论如何选择立法项目，如何行使立法权了，这就需要其在今后的立法工作中不断探索、不断“试错”、不断交流、不断积累经验。“据了解，目前许多立法‘新兵’，虽已参加了立法培训班，但对制定地方性法规从何入手、立法程序之间如何操作衔接、法律文件的起草和格式要求等，都感到‘知易行难’，还需更多时间理解消化。”❶ 这样，就容易导致新扩容的设区的市人大及其常委会制定的地方性法规、设区的市政府制定的地方政府规章质量不高，出现一些地方立法中旧有的弊端，例如，“在立法指导思想上，存在贪大求全、盲目攀比现象；在立法项目确定上，针对性不强，重点不够突出，地方特色不突出；在立法程序上，行政化色彩过于浓重；在立法技术上，法规体例结构、法言法语运用存在不规范的问题”❷，从而出现一些重复立法、部门立法、越权立法等问题，导致立法效益难以得到保证。而在缺乏立法经验的情况之下，“实现地方立法权主体的扩容便可能导致如下结果，其中无论何种结果，皆有违地方立法权主体扩容之初衷与本意。其一，地方立法简单重复上位法或是抄袭其他地方立法。其二，地方立法的不作为”。❸

（二）破坏社会主义法制统一的风险

坚持并维护社会主义法制统一，是任何立法工作都必须要遵循的首要原则和根本要求。正如恩格斯指出：“在现代国家中，法不仅必须适应于总的经济状况，不仅必须是它的表现，而且还必须是不因内在矛盾而自相抵触的一种内部和谐一致的表现。”❹ 我们之所以能够在短期内如期形成中国特色社会主义法律体系，重要原因之一就是“坚持法制统一，原则性与灵活性的有机统一”。❺ 对于地方立法工作来说，其必须要将坚持法制统一作为地方立法的首要原则，具体应做到：一要以上位法为依据，严格遵循不抵触原则，不能与上位法的原则、精神、规定相抵触。二要在自身立法权限范围内立法，不能越权立法，越权无效。三要尽量避免重复立法，可立可不立的法要坚决不立，以避免立法资源的浪费。但是，在地方立法主体陡然增加即由原49个较大的市直接扩容到284个设区的市、30个自治州、4个不设区的地级市的情况下，在今

❶ 《地方立法周年 各地如何兑现》，《人民日报》2016年3月2日。

❷ 《设区的市立法工作存在的问题及对策建议》，http：//www. nxrd. gov. cn/zlzx/llysj/201703/t20170321_4239773. html。

❸ 秦前红、刘怡达：《地方立法权主体扩容的风险及其控制》，《海峡法学》2015年第3期，第43页。

❹ 《马克思恩格斯选集》（第4卷），人民出版社1995年版，第702页。

❺ 周叶中、伊士国：《中国特色社会主义法律体系的发展与回顾——改革开放30年中国立法检视》，《法学论坛》2008年第4期，第18页。

后“法出多门”成为新常态的情况下，特别是在新扩容设区的市各方面立法条件不太成熟的情况下，无疑会对社会主义法制统一形成严峻挑战。正如焦洪昌教授指出：“本次立法法修改‘扩容’地方立法权主体还带来一个难题，即如何有效维护法制的统一和法律体系内部的和谐。如果大量设区的市拥有了地方性法规制定权，那么不仅地方性法规之间难免会出现相互冲突的现象，而且地方性法规违反宪法和法律的概率也会呈几何数增大。”❶

首先，如上所述，目前新扩容的设区的市立法主体大都面临着立法能力不足的问题，难以胜任目前的立法工作。无论是新扩容的设区的市人大及其常委会，还是新扩容的设区的市政府，都不同程度地存在这方面问题，其在立法时就容易简单照搬照抄或重复上位法的规定，就容易超越自己的立法权限或侵犯上级立法主体的立法权限，就容易违反不抵触原则，也就容易破坏社会主义法制的统一，导致整个社会主义法律体系的混乱。

其次，按照2015年《立法法》的制度设计，为了避免新扩容的设区的市在立法能力等不具备的情况下直接行使立法权，破坏社会主义法制统一，2015年《立法法》第72条明确规定，新扩容的设区的市只是享有地方立法权，但并不能直接行使地方立法权，其开始行使地方立法权的时间和具体步骤由其所在地的省、自治区人大常委会综合考虑本省、自治区所辖的设区的市的人口数量、地域面积、经济社会发展情况以及立法需求、立法能力等因素后确定，这体现了立法者的审慎态度，也表明了立法者对地方立法主体大规模扩容后对社会主义法制统一破坏的担忧。但是，由于2015年《立法法》并没有明确对省、自治区人大常委会批准新扩容的设区的市开始行使立法权的标准作出明确规定，且上述“人口数量、地域面积、经济社会发展情况以及立法需求、立法能力等因素”又过于笼统，实践中并不好把握，再加上新扩容的设区的市对立法权的迫切需求，以及地方保护主义等原因，省、自治区人大常委会在批准新扩容的设区的市开始行使立法权时，就易于把关不严，从宽理解和执行，结果导致在短短不到两年的时间内，即截止到2016年12月底，除了西藏、新疆外，其他各省、自治区人大常委会已经全部批准本辖区内新扩容的设区的市

---

❶ 焦洪昌、马骁：《地方立法权扩容与国家治理现代化》，《中共中央党校学报》2014年第5期，第44页。

开始行使立法权。但客观来说，这些新扩容的设区的市立法能力参差不齐，差距很大，并不一定完全具备行使立法权条件，这就对社会主义法制统一形成了一定挑战。

再次，为了避免设区的市地方性法规存在与上位法相抵触的情形，2015年《立法法》相关条款明确规定，设区的市地方性法规必须经其所在地的省、自治区人大常委会审查批准后才能生效，但在设区的市立法主体大规模扩容的情况下，设区的市地方性法规的数量会越来越多，导致省、自治区人大常委会的审查批准工作日益繁重，力不从心，就易于发生因“把关”不严，危及社会主义法制统一的情况。例如，“有的省人大常委会在一次会议上批准法规的数量可谓是‘批量批准’，山东省一次性批准13件法规，湖北省一次性批准12件法规，广东省一次性批准11件法规”。[1]

最后，尽管2015年《立法法》规定了上述设区的市立法权的监督制度，以避免设区的市立法权的滥用，保证法律体系内部的和谐一致，维护社会主义法制的统一，但是就以往的实践经验来看，各省、自治区人大常委会往往因缺乏专门工作机构、工作人员、经费支持、体制保障等，导致这一制度运转不畅，常常流于形式，难以发挥有效作用。特别是，在过去仅仅只有49个较大的市行使立法权的情况下，尚且如此，在今后所有设区的市都行使立法权的情况下，情况只能更加严重。正如有学者指出：“仅从以往的审查实践看，事先审查根本无法杜绝地方性法规与上位法冲突的问题，因为很多的冲突只有在实施过程中、在遇到个案时才能显现出来，事先的书面审查往往无法发现问题。同时，由于缺乏专门的审查机构，审查程序和机制不健全，全国人大常委会的事后备案审查机制对确保地方性法规的合法性也收效不大。”[2]

（三）地方保护主义法律化的风险

2015年《立法法》赋予全部设区的市立法权的目的，在于调动各设区的市的积极性，推进地方治理的法治化，使地方能够通过立法的形式“因地制

[1] 郭佳法：《地方立法这两年：设区的市行使地方立法权全面推进》，《中国人大》2017年第1期，第36页。

[2] 马英娟：《地方立法主体扩容：现实需求与面临挑战》，《上海师范大学学报》（哲学社会科学版）2015年第3期，第48页。

宜”，更加自主地治理地方事务，推进地方改革的深化，更好地保护公民、法人和其他社会组织的各项合法权益。但是，设区的市立法权一旦行使不当，一旦滥用，就可能会与地方保护主义结合起来，成为地方保护主义法律化的工具。因为长期以来，在地方立法过程中，地方人大及其常委会主导性并不强，往往由地方政府及其部门起草立法草案、主导立法进程（见表5－13），再加上有些地方政府领导比较强势，喜欢“拍脑子决策”，这样就不可避免地将地方利益或部门利益反映到了地方立法中去。[1] 正如有学者指出：“由于大量地方性法规主要是靠同级政府或其相关部门向立法机关建议制定并由其负责起草，有的政府部门受其相关‘利益驱动’才有立法需求，产生起草法规的积极性；对于一些仅存在社会需求而没有部门积极性的地方法规，往往难有人问津，不能及时制定出台。在这种利益驱动下，行政管理部门以加强市场管理为由尽可能在地方立法中为自己设立各种权力。”[2] 因而，地方保护主义与部门利益法律化一直是我国地方立法中的两大诟病。“部门利益、地方保护主义法律化是指依法享有立法权的政府部门或地方政府通过立法手段将部门利益、地方保护主义行为上升为受法律保护的利益或行为。”[3] 且实践充分证明，地方立法主体的层级越低，其与当地公民、法人和其他社会组织的利益联系便越密切，通过立法对它们的利益侵害便可能越大，地方保护主义法律化的现象便可能会越严重。因而，在2015年《立法法》全面赋予设区的市立法权的情况下，如果缺乏相应的制度约束和机制设计，某些地方政府及其部门很可能会通过地方立法的途径，将地方保护主义和地方政府利益法律化，从而以“合法”

---

[1] 据立法实务部门负责人介绍，在立法过程中会出现部门之间抢权力、推责任的情况。如一个有立法权的市要立一个关于机动车尾气污染防治的规章，在立法协调会上，相关部门开始都表示这个立法非常重要，坚决支持。一个部门表示：“我们有义务有责任加强这方面的管理，为老百姓创造一个良好的生活环境。”另一个部门也不示弱：“为全市人民提供一个蓝天碧水的生存环境，是我们义不容辞的责任。”大家为有如此为百姓负责的部门而感动，然而这种感动只维持了一会儿便被泼了冷水。在涉及由谁检测时，双方发生了争执，而且愈争愈烈，终于拍案翻脸，一个部门说：“我们投入了几十万引进的检测线，如果不让我们检测，我们的检测线不就白白浪费了吗？”另一个更是红了眼：“如果这项业务交给你们，我们下属单位那些人靠什么吃饭?!”刚刚的一通高谈阔论不攻自破，而且由于争权夺利，加大了法制机构协调的难度，迟滞了立法进度。参见陈公雨著：《地方立法十三讲》，中国法制出版社2015年版，第44页。

[2] 阮荣祥等主编：《地方立法的理论与实践》，社会科学文献出版社2011年版，第9页。

[3] 郑鹏程、张坤：《如何防止部门利益和地方保护主义法律化》，《光明日报》2015年5月24日。

的形式掩盖非法的利益，以“合法”的形式侵害公民、法人或其他社会组织的合法利益。正如有学者指出：“设区的市获得立法权，不无理由担忧，立法权力可能被滥用，导致地方保护主义等一些本需要抵制的政策措施反而通过立法得以加强，‘人治’的因素可能通过‘法治’的形式得以大行其道。”❶ 所以，如何采取有效措施，避免地方保护主义法律化的风险，就成为摆在新扩容的设区的市立法主体面前的一道难题。

表5－13　部分较大的市人大法规起草构成情况

较大的市			包头市十四届人大	洛阳市十三届人大	淮南市十五届人大	汕头市十三届人大	本溪市十五届人大
项目总数			5	8	8	22	3
法规起草构成	人大起草	数量	1	0	3	8	0
		比例	20%	0%	37.5%	36.3%	0%
	政府部门起草	数量	4	8	5	12	3
		比例	80%	100%	62.5%	54.5%	100%
	其他	数量	0	0	0	2	0
		比例	0%	0%	0%	9%	0%

资料来源：郝天龙：《试论设区的市地方立法权的权限及行使》，浙江大学2017年硕士学位论文，第15页。

四、设区的市立法权扩容风险的防控

设区的市立法权扩容面临的上述风险，正是当前新扩容的设区的市立法主体开展立法工作面临的主要问题和障碍所在。因而，我们必须要正视这些风险，并采取有效措施，以防范和控制这些风险的发生，保障设区的市立法权的有效行使，实现2015年《立法法》赋予所有设区的市立法权的目的。

（一）加强设区的市立法能力建设

加强立法能力建设，是新扩容的设区的市人大及其常委会、设区的市政府

❶ 汪俊英：《关于设区的市立法权的若干思考》，《学习论坛》2016年第3期，第68页。

有效行使立法权的前提和基础。离开了立法能力建设，其他的就会成为无本之木、无水之源。我们应针对新扩容的设区的市立法主体存在的上述立法能力不足问题，从以下方面着手：

第一，要健全立法机构。尽管此次新扩容的设区的市人大及其常委会、设区的市政府已经逐渐建立了专门立法工作机构，但普遍比较薄弱，尚不健全。因而，新扩容的设区的市人大及其常委会、设区的市政府要抓紧解决好有专门工作机构从事立法的问题，一要保证新扩容的设区的市政府法制办公室的独立性，如果设区的市政府法制办公室下辖于设区的市政府办公室的，应将其从设区的市政府办公室中独立出来，并增加相应编制名额，“根据各市人口、行政区域、经济社会发展等情况，结合职责分工和近年来立法、法制监督、行政复议与应诉、合法性审查等工作任务量测算，目前设区市政府法制机构人员编制应达到16～25个左右：主任1人，副主任1～3人，综合科室2～3人，立法科室3～5人，行政复议与应诉科室3～4人，法制监督科室2～3人，依法行政指导科室2～3人、合法性审查科室2～3人”❶，使其专门从事政府立法等法制工作，否则，其难以承担日益繁重的设区的市政府立法工作。例如，河北省衡水市政府办公室印发了《衡水市人民政府办公室主要职责内设机构和人员编制规定》（衡政发〔2015〕22号），明确市政府办公室挂市政府法制办公室牌子，机构升格为正处级，增设一个内设科室，人员编制由9名增加至14名，机构设置和人员配备有了显著提升。❷ 二要在设区的市人大常委会法制工作委员会下设置完整的“一室两科”即办公室、法规科、备案审查科等，在设区的市政府法制办公室下设置立法科或法规科等，以便有专门的立法职能科室服务设区的市立法工作。例如，为了确保新修改的《立法法》《行政诉讼法》有效贯彻实施，廊坊市政府法制办获批了法规科等2个职能科室，8名人员编制。❸ 此外，“从各地经验看，地方人大常委会机构建设是否健全，有两个重要因素起作用，一是看当地党委对人大建设、对民主法制建设是否真正重视。党委有人大建设意识，就会积极支持帮助人大常委会解决机构编制。二是

---

❶ 《关于我省各设区市政府法制机构建设现状的调查报告》，http://www.ahfzb.gov.cn/content/detail/567b5fa2cfd9f34402000000.html。

❷ 《河北法制年鉴·2016》，中国法制出版社2016年版，第257页。

❸ 《河北法制年鉴·2016》，中国法制出版社2016年版，第250页。

看人大常委会主要领导人在地方党委中有没有地位和权威，能否积极争取有关部门解决问题”。[1] 因而，新扩容的各设区的市人大及其常委会、设区的市政府要积极争取当地党委的支持，统筹研究解决各专门立法工作机构的职能、编制、经费以及人员配备问题，以有效解决目前各立法工作机构职能不清、工作人员偏少、经费不足的困境，为设区的市立法工作的有效开展提供组织保障。

第二，要加强立法队伍建设。加强立法队伍建设，是加强设区的市立法主体立法能力建设的人才支撑所在。要加强立法队伍建设，一要继续招录具有法律专业知识和法律专业背景的人员作为设区的市立法工作机构工作人员，对于那些有法律实务经验的，特别是有立法工作经验的，要优先招录，并要保证编制所定名额人员实际到职。二要优化设区的市人大代表、人大常委会组成人员结构，扩大具有法律专业知识和法律专业背景的人大代表或人大常委会委员所占比例。“在人大常委会中增加专职立法委员，由立法工作者和专家担任，改变人大常委会的人员构成，提高审议水平，从而提高立法质量。同时增加一些新面孔，部门‘游说’，可以找老领导、老同事，但不可能人人都找，只要有一部分委员严格把关，部门的一点‘私货’就过不去关，立法的公正性就会大大提高。”[2] 三要加强立法培训，以提高立法能力建设为中心，通过专项培训、系统培训等形式，加强对设区的市人大代表、人大常委会组成人员以及设区的市立法工作机构工作人员的培训力度，重点是培训其立法理论、立法技术和立法实践能力等方面，以有效提升他们的立法水平。四要依法建立健全设区的市人大专门委员会、设区的市人大常委会工作委员会立法专家顾问制度，重点是建立健全立法专家顾问参与设区的市地方立法的工作机制，明确立法专家顾问在设区的市地方立法中的地位与作用，以及立法专家顾问的权利与义务、经费保障等问题，并要建立一定的考核与奖惩机制，以充分发挥立法专家顾问在设区的市地方立法中的应有作用。同时，各设区的市要建立健全立法人才专家库，制定立法人才专家库管理办法，发挥驻地高校各学科人才多的优势，储备一批精通法律、历史文化、城市建设、城市管理、环境保护、语言文字等知

---

[1] 蔡定剑著：《中国人民代表大会制度》，法律出版社2003年版，第495～496页。

[2] 陈公雨著：《地方立法十三讲》，中国法制出版社2015年版，第262～263页。

识的专家学者，为设区的市开展立法工作提供人才储备和智力支撑。此外，考虑到各设区的市立法专家顾问数量、质量参差不齐，可以考虑建立一个省、市共享的立法人才专家库，以实现立法人才资源共享，弥补部分设区的市立法专家顾问短缺的不足。

第三，要加强立法经验的交流与借鉴。鉴于新扩容的设区的市立法主体普遍缺乏立法经验，全国人大常委会、省、自治区人大常委会应积极组织各设区的市进行立法经验的交流，重点是对立法项目如何确定、立法规划如何制定、地方特色如何突出、不抵触原则如何把握、立法技术如何规范等方面的经验进行交流，以相互学习、相互借鉴，弥补自身立法经验的不足，避免过去地方立法中存在的失误或弊端。例如，2016 年 9 月，全国人大常委会在长春组织召开了第二十二次全国地方立法研讨会，在会上，与会代表就设区的市立法经验进行了广泛交流，为新扩容的设区的市人大及其常委会、设区的市政府开展立法提供了经验借鉴。[1] 同时，新扩容的各设区的市也要积极学习借鉴省内外地方立法的有益经验，特别是要经常与原较大的市立法主体开展交流合作，因为它们的经验更具借鉴性和针对性，以弥补新扩容的设区的市立法经验不足的缺陷，避免走一些弯路、错路。此外，为了弥补新扩容的各设区的市立法经验的缺失和立法能力的不足，新扩容的设区的市还可以委托第三方参与立法，比如，可以将一些专业性较强、技术性要求较高的地方立法委托给有关专家学者、科研院校或社会组织起草，以借助他们的专业和技术优势，提高地方立法质量。

（二）健全设区的市立法权的监督制度

要维护社会主义法制统一，除了要加强设区的市立法主体立法能力建设外，还要健全设区的市立法权的监督制度。为了加强对设区的市立法权的监督，2015 年《立法法》建立了设区的市立法权监督制度，一是设区的市地方

[1] 《第二十二次全国地方立法研讨会在长春召开》，http：//www. npc. gov. cn/npc/lfzt/rlyw/2016 - 09/18/content_1997690. htm。

性法规审查批准制度，二是设区的市立法的备案审查制度。[1] 由于前面已经对设区的市地方性法规的审查批准制度存在的问题及其完善做了阐述，因而，这里仅对设区的市立法的备案审查制度存在的问题及其完善做下说明。这里首先需要说明的是，为了加强我国备案审查工作，维护社会主义法制统一，2015年《立法法》对我国的备案审查制度进行了完善，增加了许多新规定，一是规定全国人大有关的专门委员会和全国人大常委会工作机构可以对报送备案的规范性文件进行主动审查；二是规定全国人大有关的专门委员会和全国人大常委会工作机构可以将审查、研究情况向提出审查建议的国家机关、社会团体、企业事业组织以及公民反馈，并可以向社会公开；三是规定民族自治地方制定的自治条例、单行条例和经济特区法规报送备案时，应当说明对法律、行政法规、地方性法规作出变通的情况。但“此次修改只是更加突出了全国人大常委会工作机构的职责和地位，同时将历年来开展备案审查工作的经验加以固化，总体而言只是将既有的内部工作程序外部化，用法律的形式加以固定，并无多少创新。立法法修正案（草案）中的备案审查制度，仍旧只是一种违法审查，而且现行备案审查制度权威性、公开性、程序公正性不足的问题依然没有消除，并且其有效性不足的问题也难以得到解决”。[2]

且从目前我国规范性文件备案审查的实践来看，还存在机构不健全、编制紧张、人员不固定、机制不健全、制度不规范、备案范围不明确、工作责任难落实等问题，致使我国的备案审查工作没有形成实质化运作，形式化比较严重。[3] 而在2015年《立法法》赋予所有设区的市立法权的情况下，备案审查

❶ 立法监督意义上的备案制度，主要有三种：其一，单纯备案。有关主体将应当送交备案的法送交有关主体备案后，不需要接受备案的机关作出任何决定即可生效而成为正式法。其二，实质备案。有关主体将应当送交备案的法送交有关主体备案后，接受备案的主体如对送交备案的法持有异议或者予以否决，则送交备案的法便因之失效。如果是两院制国家，其中任何一院予以反对或否决，均意味着送交备案的法归于无效。当然，在送交备案以后，接受备案的主体没有随即反对或否决，而是过后才反对或否决，那么，该法在遭受反对或否决之前，属于有效之法。其三，限期备案。有的国家规定，有关主体将法送交有关主体备案后，接受备案的机关有权在一定期限内对备案的法提出反对或异议，并且有权作出废除的决定。如果过了法定期限没有对送交备案的法提出反对或异议，则该法自行生效。参见周旺生著：《立法学教程》，北京大学出版社2006年版，第364页。

❷ 焦洪昌、马晓：《地方立法权扩容与国家治理现代化》，《中共中央党校学报》2014年第5期，第44页。

❸ 伊士国：《当代中国社会转型中的法律制度变革》，《甘肃社会科学》2015年第1期，第177页。

工作会更繁重，上述问题恐怕会更严重。因而，为了加强对设区的市立法权的监督，维护社会主义法制统一，我们应进一步健全设区的市立法的备案审查制度：

首先，我们应建立健全备案审查机构。目前，除全国人大常委会设立了专门的备案审查机构即法规审查备案室（编制20余人）外，其他主体包括省、自治区、设区的市人大常委会大都尚未设立专门的备案审查机构，而由其他机构附带承担备案审查的任务，且大都缺乏固定的工作人员。由于其他机构都有自己的本职工作，其根本没有精力和能力承担起种类、数量众多的规范性文件的备案审查任务，容易使备案审查工作出现形式化现象。因此，其他主体特别是省、自治区、设区的市人大常委会应尽快设立专门的备案审查机构，扩充编制，配置固定的工作人员，使其专门从事备案审查工作，确保备案审查工作的专职化。

其次，我们应完善备案审查工作机制。目前，我国的备案审查工作机制不健全，致使备案审查工作的开展往往缺乏具体的依据，无法实现制度化、经常化、规范化运作。对此，我们应根据《立法法》《监督法》等的有关规定，由有关机关制定专门的备案审查办法，对备案审查的范围、时间、期限、内容、方法、程序、处理办法等作出明确规定，以保证备案审查工作的实质化运行，依法及时对违反上位法的设区的市地方立法进行撤销或修改，维护社会主义法制的统一。[1]

再次，我们应明确备案审查的标准。当设区的市地方性法规、设区的市地方政府规章分别报备到有关机关后，由有关机关依据一定的标准对其进行主动审查或被动审查，并根据审查的结果作出不同的决定。尽管2015年《立法法》第96条[2]对这一备案审查的标准作出了明确规定，但也存在一些模糊之处，如“规章的规定被认为不适当”中的“不适当”应如何界定，目前的立

---

[1] 伊士国：《当代中国社会转型中的法律制度变革》，《甘肃社会科学》2015年第1期，第177～178页。

[2] 2015年《立法法》第96条：“法律、行政法规、地方性法规、自治条例和单行条例、规章有下列情形之一的，由有关机关依照本法第九十七条规定的权限予以改变或者撤销：（一）超越权限的；（二）下位法违反上位法规定的；（三）规章之间对同一事项的规定不一致，经裁决应当改变或者撤销一方的规定的；（四）规章的规定被认为不适当，应当予以改变或者撤销的；（五）违背法定程序的。”

法并无明确规定，这就影响了我们备案审查工作的开展，因而，应尽快由全国人大常委会通过立法解释的途径将其明确。对此，笔者认为，由于地方政府规章属于抽象性行政行为，因而，其不仅要符合合法性原则，也要符合合理性原则。所以，这里的“不适当”应是指地方政府规章存在的合理性问题，即不合理、不公平。借鉴有关专家学者以及实务部门工作人员的建议，“以下几种情况可以视为不适当：(1) 要求公民、法人和其他组织执行的标准或者遵守的措施明显脱离实际的；(2) 要求公民、法人和其他组织履行的义务与其所享有的权利明显不平衡的；(3) 赋予国家机关的权力与要求其承担的义务明显不平衡的；(4) 对某种行为的处罚与该行为所应承担的责任明显不平衡，违反比例原则的”。[1]

(三) 加强立法中的公众参与

要有效地避免地方保护主义法律化的风险，关键是要加强设区的市立法中的公众参与，提高设区的市立法的民主性。因为“民主立法具有表达和汇集功能，这一方面是民主政治和人民主权的必然要求，另一方面，也是防止立法腐败的内在需要”。[2] 但遗憾的是，长期以来，我国地方立法中的“闭门造车”现象比较严重，公众参与严重不足，公众既难以参与到立法过程中去，也难以对立法发挥实质性的影响，这就为地方保护主义法律化提供了条件和可能。正如李林研究员指出：“公众民主参与立法的现状，与我国改革开放30年来立法工作突飞猛进的高速发展相比，与立法机关当下所倡导的民主立法、科学立法理念相比，公众对于立法的民主参与，无论在参与的程度、参与的层次、参与的水平还是在参与的质量、参与的效果等方面，都还处于蹒跚学步的‘初级阶段’。”[3] 基于此，党的十八届四中全会明确提出，要加强立法中的公众参与，并要创造多种途径和方式保障公众有效参与立法。根据这一精神和要求，我们要加强设区的市立法中的公众参与，主要应从以下方面着手：

---

[1] 乔晓阳主编：《〈中华人民共和国立法法〉导读与释义》，中国民主法制出版社2015年版，第300页。

[2] 李林主编：《立法过程中的公共参与》，中国社会科学出版社2009年版，“代序”，第6页。

[3] 李林主编：《立法过程中的公共参与》，中国社会科学出版社2009年版，“代序”，第2页。

第一，要加强立法中的信息公开工作。掌握充足的立法信息，是公众有效参与立法的前提和基础。“因为公众不是立法信息的直接制造者、掌控者，而是立法信息的消费者、使用者，因为立法信息主要控制在立法起草者、立法提案者、立法审议者等群体和机构手中，因为立法信息的传播与获得受制于诸多条件和因素，因此，立法信息的有无、真假、多少、主次、早迟，等等，都将对公众是否参与立法、怎样参与立法以及参与立法的效果等情况，产生至关重要的作用。”[1] 但在过去很长的一段时间内，由于我国立法信息的不公开、不透明，再加上公开渠道有限、受众有限，导致公众对立法信息掌握甚少，难以有效参与到立法中去，即使提出一些意见和建议，也因缺乏针对性和可操作性，最终难以对立法结果发挥实质性的影响。因而，今后在设区的市立法过程中，我们应充分利用包括网络在内的各种渠道，建立立法信息公开机制，加强立法信息公开工作，尽可能多的及时公开相关立法信息和立法资料，对立法目的、立法背景、立法内容、立法争议等作出解释说明，并及时与公众互动，回答公众的各种关切和疑问，以使公众掌握尽可能多的立法信息，为公众参与立法提供坚实的前提与基础。

第二，要加强公众参与立法的程序机制建设。过去，由于缺乏一套健全的程序机制保障，我国立法中的公众参与一直处于一种十分不规范的状态，随意性较大，导致参与主体不广泛、参与渠道不通畅、利益代表不全面、参与效果不理想等。因此，在今后的设区的市立法中，要有效解决这些问题，就必须要加强公众参与立法的程序机制建设，通过制定相关程序规则，对公众参与立法的具体程序诸如时间、步骤、方式、方法等作出详细规定，还要对公众参与立法的程序性权利和义务作出明确规定，建立一系列程序性制度，如立法公开制度、立法听证制度、立法联系制度等，其中，关键就是健全立法听证制度，“主要应就听证陈述人的选择、听证程序、听证意见的处理等方面作出具体规定，防止实践中一些地方出现的听证陈述人代表性不强，只侧重选择与立法者意见一致的市民来听证；只听不证，缺乏不同观点的辩论和交锋；不尊重听证

[1] 李林主编：《立法过程中的公共参与》，中国社会科学出版社2009年版，“代序”，第19页。

结果等不正确做法”[1]，发挥立法听证的积极作用[2]，以便为公众参与立法提供明确的程序依据和保障。

第三，要建立健全公众参与立法的反馈机制。公众参与立法的目的，在于公众通过法定的途径和方式，反映自己的诉求或提出自己的意见、建议，发挥对立法的实质性影响，使立法能够更好地反映公众的意志和利益。从实践来看，公众参与立法可以有效地提高立法的民主性和科学性，可以有效地防治地方保护主义和部门利益的法制化。[3] 但是，由于过去缺乏一套有效的反馈机制，公众对于自己的诉求是否被考虑，自己的意见、建议是否被采纳，并无相应的途径知晓，这就使公众感受不到参与立法的作用和效果，严重影响了公众参与立法的积极性，自然不愿投入时间和精力参与立法。正如立法实务界人士指出：“公众的参与热情不高问题，恐怕难以完全归咎于其法律意识不强、法律素质不高。目前的社会公众参与，基本上还是单向的，不管是公众反映的立法建议，还是自身遇到的问题，立法机关都是‘只听不说’，没有下文，这在

---

[1] 李正斌：《北京市地方立法中的公众参与》，见李林主编《立法过程中的公共参与》，中国社会科学出版社 2009 年版，第 94 页。

[2] 如果说座谈会、论证会的透明度还不够高，参加方面不够全，利益表达不够充分的话，那么，立法听证会，不仅在形式上公开、透明，而且具备了比座谈会、论证会和草案公示方式更为丰富的功能：一是可以使不同利益的主体广泛参与进来。政府官员、人大代表、专家学者、利益当事方、利害关系人以及其他组织和个人都能够在听证会上表达意见，有助于立法更好地反映民意。二是可以全面地收集资料、获取信息。不同利益主体的利益表达，实际上使立法机关掌握了一些更为广泛的信息和渠道。基于这些资料和信息，立法机关可以更有效地作出正确的判断和决策。三是可以强化各利益主体之间的沟通。听证会为各利益群体提供了发现事实、缓和冲突、消除误会、增加理解的场所，所形成的结论更能为各方所接受，进而有助于所立法规规章的实施。参见陈公雨著：《地方立法十三讲》，中国法制出版社 2015 年版，第 104～105 页。

[3] 据立法实务部门负责人介绍，有时候起草部门在草案中写上了对自己有利的东西，政府法制机构又说不服他们，那就通过论证会、上网公开等形式，让他们听听群众的呼声，促使他们不再坚持。2008 年在制定《山东省物业管理条例》时，水、电、暖等自然垄断企业，把他们在小区内（从入小区到居民门前的一段）的设备，转让给开发商，开发商自然要转到房价中，居民（业主）对此反映强烈，坚决要求改。但企业不接受，有的说这是惯例，有的说得北京总部说话，他们无权改。我们配合省人大法工委，把草案登报上网，公开征求意见。社会上的批评对他们形成了很大压力。接着人大法工委召开听证会。在会上，业主代表形象地说：“你们就好比是卖肉的，我们是顾客，顾客花钱是买你们的肉，而不会连你们的秤（计量器）、车子一块买着吧？”企业理屈了。经过多次对话沟通，他们终于接受，同意住户以外的设施全由企业负担，从而降低了房价。中央几大媒体评论，“山东向垄断行业开了第一刀”。参见陈公雨著：《地方立法十三讲》，中国法制出版社 2015 年版，第 109 页。

一定程度上挫伤了公众的参与积极性。”❶ 因而，要使公众切实感受到参与立法的作用和效果，调动公众参与立法的积极性和主动性，就必须要建立健全公众参与立法的反馈机制，通过各种途径及时将公众参与立法的结果反馈给相关当事人，尤其是将公众所提意见、建议的采纳和吸收情况反馈给相关当事人，并可视情况给予相关当事人一定的物质奖励，使当事人切实感受到参与立法的效果，从而使公众愿意投入更多的时间和精力参与立法，保证立法的民主性。

（四）要健全有立法权的人大主导立法工作的体制机制

要有效防控设区的市立法权扩容面临的风险，除了上述三方面外，最重要的就是要健全有立法权的人大主导立法工作的体制机制，发挥设区的市人大及其常委会在立法工作中的主导作用。因为人大及其常委会作为我国的民意机关，代表着最广大人民群众的意志和利益，由其主导立法，就有利于保证立法内容的民主性，就有利于防止部门利益、避免地方保护主义的法律化的风险，同时也有利于维护社会主义法制统一。基于此，党的十八届四中全会作出的《中共中央关于全面推进依法治国若干重大问题的决定》明确指出：“健全有立法权的人大主导立法工作的体制机制，发挥人大及其常委会在立法工作中的主导作用。”“对设区的市而言，建构人大主导的地方立法体制更具有现实性与可行性，地方立法权对设区的市人大是新生事物，是制度变革的动力，承受的制度压力要比上级人大小得多，加之设区的市立法领域并未形成既定利益格局，因此，完全可以成为立法体制革新和基层民主实践创新的突破点。”❷

第一，要不断健全设区的市立法选项机制，保证设区的市人大及其常委会牢牢抓住设区的市立法规划和计划制定中的主动权。一要拓宽设区的市人大及其常委会立法项目来源，改变过去地方立法项目大都由地方政府及其部门上报的状况，既要向设区的市人大常委会组成人员、设区的市各级人大代表、下辖

❶ 青岛市人大常委会法制工作室：《青岛市地方立法中的公众参与》，见李林主编《立法过程中的公共参与》，中国社会科学出版社2009年版，第139页。

❷ 谢桂山、白利寅：《设区的市地方立法权的制度逻辑、现实困境与法治完善路径》，《法学论坛》2017年第3期，第42页。

县区级人大常委会、基层立法联系点、社会组织等征集立法项目建议，也要广泛向社会公开征求立法项目建议，以保证立法项目建议来源的多元化和民主化。设区的市人大常委会在编制立法规划和计划时，要广泛征求各方面意见，对各方面提出的立法项目建议进行整体把握、总体设计，确保立法项目选择符合社会公众的利益需求。二要加强对设区的市人大及其常委会立法项目的评估论证，以保证设区的市人大及其常委会立法项目的科学性、必要性、可行性等。由于地方立法资源有限，因而，设区的市人大及其常委会立法项目的选择必须慎之又慎，哪一个法可以立，哪一个法不可以立，都要有充分的依据，不能随意选择立法项目，再加上立法本身需要一定的条件，只有在立法条件成熟的前提下，才能开展立法，因而，设区的市人大及其常委会立法项目的选择，必须要经过严格的评估论证。正如有学者指出："地方立法资源是有限的，具体表现在人大常委会每年能够审议通过的法规项目是有限的，与之相关的立法工作人员和经费的配置也是有限的，如何将这些有限的资源运用到地方经济社会发展和改善人民群众生活所需要的立法项目中去，如何确保这些有限的资源不被浪费，对于提高地方立法的效率非常重要。地方性法规的立项论证有利于科学地配置立法资源，一方面通过对法规项目必要性和急需性进行论证，有利于将最急需的项目列入立法计划；另一方面，通过对法规项目的可行性进行论证，可以减少法规项目被搁置的情况，有利于法规项目的顺利通过和有效实施。"❶ 这就要求我们，"对部门报送和向社会公开征集的每一件立法建议项目，都要先问'现实是不是急需、条件是不是具备、针对性强不强'，在此基础上坚持'四个不立'，即立法项目不是经济社会发展急需的不立，虽有立法必要但立法条件不具备的不立，能用党纪、政策、规章、道德解决的不立，立法目的针对性不强、效果不理想的不立"❷，其中的关键在于建立设区的市地

❶ 柯旭、吴章敏：《地方性法规立项论证若干问题研究》，《地方立法研究》2017 年第 4 期，第 116 页。

❷ 于建成：《强化"三个评估"，提高立法质量》，《中国人大》2014 年第 20 期，第 23 页。

方性法规立项论证的标准❶，以确保设区的市人大及其常委会立法项目选择的必要、合理以及相应立法条件的具备。三要重视设区的市人大代表提出的立法议案和建议，为设区的市人大代表参与地方立法创造积极条件和良好环境，保证设区的市人大代表依法履行职责。目前，由地方人大代表提出的地方立法项目议案和建议总体上还比较少，最终能够立项、转化为地方立法项目的更是少之又少，“其中的主要原因：一是人大代表提出立法议案的积极性、可行性和统筹性有待进一步提高；二是人大代表立法议案的提出和办理机制还不够完善，如《立法法》和《地方组织法》只赋予了人大代表向代表大会提出议案的权力，基本上也就一年一次代表大会，代表在闭会期间难于向人大常委会提出立法议案；三是议案质量不高。虽然不少代表提出的立法建议是广大人民群众关注的热点、难点，但受制于代表自身兼职及法律背景的不足，往往未能形成较为成熟可行的议案，难以列入立法计划。”❷ 因而，我们应针对上述原因，建立健全设区的市人大代表立法议案和建议的提出、办理、回馈、考核机制，调动设区的市人大代表提出立法议案和建议的积极性和主动性，发挥设区的市人大代表在地方立法中的应有作用。

第二，要不断完善设区的市地方性法规起草机制，保证设区的市人大及其常委会牢牢把握设区的市地方性法规起草的主导权。一要拓宽设区的市人大及

---

❶ 地方性法规立项论证的标准，是指对列入立法规划和计划的法规建议项目所必须具备的各种要素分解量化的表述。地方性法规立项论证标准的确立，有助于全面、系统、客观地分析、评价、审视立法建议项目的可行性、急需性等条件，科学、合理地筛选和确定立法项目，尽可能减少立项过程中的主观性、随意性和盲目性。笔者认为，地方性法规立项论证的标准具体包括四个方面：（一）形式标准。①形成较为规范的法规草案文本；②提交规范的说明材料和参考资料；③提交法规项目调研论证的情况报告；④提交起草工作计划，明确了提请人大常委会审议的时间。（二）必要性标准。①地方经济社会工作大局；②人民群众的切身利益；③当前社会的主要矛盾和突出问题；④是否需要通过地方立法来解决。（三）可行性标准。①法规建议项目的调查研究是否比较充分；②有没有国内外同类立法项目的资料可供借鉴；③法规建议项目所涉及的体制性矛盾是否已经协调解决或是否可以协调解决；④社会现有条件下是否适宜进行立法；⑤法规建议项目拟设立的主要制度、创新性制度是否可行；⑥是否与国家的立法存在衔接或者协调上的障碍；⑦立法的正负效益分析。（四）不可立项的标准。①超越地方立法的权限的法规项目不得立项；②法规拟设定的主要制度与上位法相抵触的不得立项；③有关委员会对法规建议项目必要性、可行性存在重大分歧意见的不得立项；④不需要通过地方立法来解决的不得立项；⑤主要维护部门利益的法规项目不得立项。参见柯旭、吴章敏：《地方性法规立项论证若干问题研究》，《地方立法研究》2017 年第 4 期，第 117 ~ 123 页。

❷ 周福益：《发挥人大代表在地方立法主体作用的若干思考》，http：//www. xmrd. gov. cn/rdlz/llyj/201711/t20171114_5133207. htm。

其常委会自主起草设区的市地方性法规的范围，逐步提高设区的市人大及其常委会自主起草设区的市地方性法规的比重，对涉及综合性、全局性、基础性等重要地方性法规的起草，要由设区的市人大相关专门委员会、设区的市人大常委会法制工作委员会自主起草。在我国过去的地方立法实践中，无论是地方人大及其常委会立法项目的选择，还是地方性法规草案的起草，大都是由地方政府主导完成的，尽管有其合理性的一面，但由地方政府的强势地位所决定，在其起草地方性法规的过程中将不可避免地把地方政府利益或部门利益夹杂其中，容易出现部门利益法律化和争权诿责弊端。[1] 要在今后设区的市立法过程中根治这一弊端，就必须要提高设区的市人大及其常委会自主起草设区的市地方性法规的范围和比重，因为设区的市人大及其常委会作为民意机关，地位比较超脱，容易不受地方政府利益、部门利益的局限，容易从整体利益出发来统筹协调各方利益，有利于防止部门利益，有利于更全面地看问题、更广泛地征求社会公众的各方面意见，有利于更客观、科学地进行立法条款设计，从而有助于提升立法质量和促进社会公平。二要完善委托第三方起草设区的市地方性法规机制，对部分专业性、技术性较强或者涉及多个执法主体和不同利益群体、立法难度大的立法项目，设区的市人大及其常委会可以采取委托高等院校、科研机构、社会团体起草的形式，发挥专家学者在设区的市立法工作中的智囊作用，将民主立法与专家立法有机结合起来。在今后设区的市立法过程中，专家立法的作用会越来越重要，且是不可或缺的，因为“一是专家立法可以为立法机关提供很好的立法选题，为立法机关制定科学可行的立法计划和

---

[1] 据河北省石家庄市人大常委会法制委员会负责人介绍，以石家庄为例，90%以上的地方性法规是由政府提案、部门组织起草的。客观上，由于政府部门对本行业现有法律法规、政策、措施比较熟悉，并且有多年的实际工作经验，对工作情况比较了解，数据掌握比较充分，存在和急需解决的问题底数比较清楚，因此所起草的法规案可操作性可能更强，立法效率也可能较高。然而，由部门组织起草法规案时，也存有不少弊端，诸如有时会以行政权力为依托，在立法中更多地追求部门利益，尽可能争取有利职权，如审批权、行政处罚权、机构设置权和财权等；同时尽可能地规避责任，忽略管理相对人的权益等；简而言之就是“重管理轻服务、重权力轻义务”。由于地方人大立法力量薄弱，而政府部门组织起草法规案有一定的优势，以及长久以来法规起草工作的这种传统做法的影响，导致人大对政府提案、部门组织起草法规产生了一定的依赖思想，以至于地方人大在立法工作中很难立刻转变角色，承担起大量的自行组织起草法规案的任务，主导立法工作的全过程。参见石家庄市人大常委会法制委：《进一步发挥地方人大立法主导作用的思考》，见河北省法学会立法学研究会2018年年会论文集，第241页。

规划提供科学依据；二是专家立法可以为立法机关提供比较全面和系统的立法草案，也就是说，专家立法建议稿可以为立法机关确定某一个方面和领域的法律制度，提供最直接和有效的参考依据；三是专家立法通过专家直接参与立法机关组织的立法起草工作或者是立法咨询活动，使得立法机关起草法律的活动达到事半功倍的效果，从而大大提高了立法机关立法活动的效率。”❶ 三要完善设区的市人大及其常委会提前介入设区的市地方性法规草案起草机制。在由设区的市政府法制机构或相关部门承担起草工作的设区的市人大及其常委会立法项目中，设区的市人大相关专门委员会、设区的市人大常委会法制工作委员会要提前介入到该地方性法规草案的起草工作中，对该地方性法规草案内容的合法性、合理性、规范性及时进行指导，“在介入过程中，要注重了解法规规范的重点问题，主要的分歧点，就法规的体例、结构，以及处罚、许可、强制设定的原则等提出建议，并同时及时督导起草部门按照所达成的共识，即商定的框架结构起草，防止出现偏差”❷，以“防患于未然”，提高设区的市地方性法规草案的质量。

第三，要不断完善设区的市地方性法规草案审议机制，发挥设区的市人大及其常委会在设区的市地方性法规草案审议工作中的主导作用。一要完善设区的市地方性法规草案审议工作标准，可以参照法律草案的审议程序，制定统一的审议工作标准，也可以结合地方实际，制定具有地方特色的审议工作标准，比如设区的市人大常委会审议地方性法规草案，一般实行三审制，但有的地方性法规草案也可以实行两审制、一审制，以推进设区的市地方性法规草案审议工作规范化、制度化建设，进一步提升设区的市地方性法规草案审议水平。二要创新设区的市地方性法规草案审议方式，特别是对涉及公民、法人和其他组织切身利益尤其是设定普遍性义务的设区的市地方性法规草案，要围绕其中的重点难点问题和部门间分歧意见较大的问题通过多种方式进行深入讨论，听取各方面意见和建议，平衡各方面利益诉求，切实保证设区的市地方性法规草案审议工作质量。三要健全设区的市地方性法规草案审议公开制度，坚持开门立

---

❶ 莫纪宏：《论立法的技术路线——专家立法在立法公民参与中的作用》，见李林主编《立法过程中的公共参与》，中国社会科学出版社2009年版，第39~41页。

❷ 石家庄市人大常委会法制委：《进一步发挥地方人大立法主导作用的思考》，见河北省法学会立法学研究会2018年年会论文集，第242页。

法，增加设区的市地方性法规草案审议过程的公开性和透明性，探索通过网络、新闻媒体等多种方式向社会公开设区的市地方性法规草案审议过程，特别是其中的社会普遍关切的热点和争议问题，以增加审议过程的公开性、公正性和民主性，保证审议质量和审议工作的顺利进行。[1]

第四，要不断健全设区的市人大及其常委会主导、社会各方有序参与立法的途径和方式。一要完善公民参与设区的市地方立法的体制机制，拓宽公民有序参与设区的市地方立法的途径和方式，健全设区的市地方性法规草案公开征求意见和社会公众意见采纳情况反馈机制，充分调动社会公众参与设区的市地方立法的积极性和主动性，确保设区的市地方性法规广泛凝聚社会共识，找到全社会意愿和要求的最大公约数，集中体现和反映广大人民群众的意志和利益。二要健全设区的市地方立法协商机制，广泛开展立法协商，因为“立法涉及权利利益关系的调整，立法过程也是不同利益群体间的博弈过程，不同部门、行业、群体都会以不同方式参与和影响立法。因此，必须加强立法协调沟通，理顺各部门、各工作环节之间的关系，及时解决立法中的重大分歧”[2]，“要通过各种途径、各种渠道、各种方式在多层次、多主体之间进行广泛的立法协商。从协商的具体做法上，立法协商的方式可以具体划分为提案协商、会议协商、座谈会协商、论证会协商、听证会协商、公示协商、评估协商、咨询协商、网络协商、公开征求意见协商、民意调查协商等协商方式”[3]，充分发挥政协委员、民主党派、工商联、无党派人士、人民团体、社会组织在设区的市地方立法协商中的积极作用，并要探索建立有关国家机关、社会团体、专家学者等对设区的市地方立法中涉及的重大利益调整论证咨询机制，以使各方面的意见和关切得到充分表达，听取各方面的意见，特别是利害关系人的意见，

---

[1] 这里，要有一个正确对待常委会通不过的问题。由于各位常委资历、知识、观念的差异，他们对草案发表各种意见，包括反对意见，是很自然的。“对抗生法律”嘛，法规就应该在多种声音的抗辩中逐渐形成共识，就算一次会议达不成一致也属正常，下次会再议。随着讨论的不断深入，常委们的认识会不断提高，加上法制机构的汇报、解释及游说工作，是会逐步达成共识的。但前几年出现了这样的情况，太怕会议通不过，为了好通过，常委们提啥就改啥，结果那几条有用的、有点创新的制度被删光了，因为凡是有争议的，必是有创意的，而老规矩是不会有争议的。这样通过是顺利了，但法规的质量却大减了。参见陈公雨著：《地方立法十三讲》，中国法制出版社 2015 年版，第 210 条。

[2] 李适时：《完善立法体制》，见《〈中共中央关于全面推进依法治国若干重大问题的决定〉辅导读本》，人民出版社 2014 年版，第 72 页。

[3] 朱力宇、叶传星主编：《立法学》，中国人民大学出版社 2015 年版，第 172 页。

反映各方面的要求，平衡各方面的利益。

第五，要不断完善人大代表参与设区的市地方立法机制，因为从我国过去地方立法实践来看，人大代表在地方立法中特别是在地方性法规草案起草和审议中发挥的作用十分有限，“其主要原因：一是人大代表觉得立法涉及面广，自身要投入很大精力，对参与地方立法起草的积极性不高；二是大多数人大代表缺乏法律专业背景，不了解和熟悉整个立法的程序；三是人大代表大多是兼职，难于有充足的时间和精力来参与立法起草工作”。[1] 对此，我们应建立健全设区的市地方性法规草案起草、审议征求人大代表意见制度，充分发挥人大代表在立法中的主体作用，使设区的市地方性法规草案的起草、审议能够充分征求和听取人大代表的意见，增加人大代表列席设区的市人大常委会立法审议会议的人数和次数，更多发挥人大代表在设区的市地方性法规草案起草和审议中的作用，并要“给人大代表和人大常委们配发立法经费，给人大常委们配‘立法秘书’或法律咨询员。巴西的州级议员，每年预算几十万美元至100万美元，配备20~50个助理。这些助理从立法立项、起草法案到审议草案都发挥了积极作用。我们要借鉴这些做法，让人大代表紧密联系其选区选民，广泛联系社会各界，征集立法项目，积极参加审议，充分反映民意；让‘立法秘书’协助人大常委们提出法案，审议草案，从而提高审议水平和效率”。[2] 此外，还要建立人大代表意见、建议的吸纳反馈制度，以调动人大代表参与设区的市地方立法的积极性和主动性。

---

[1] 周福益：《发挥人大代表在地方立法主体作用的若干思考》，http：//www. xmrd. gov. cn/rdlz/llyj/201711/t20171114_5133207. htm。

[2] 陈公雨著：《地方立法十三讲》，中国法制出版社2015年版，第263页。

结　语

2015年《立法法》赋予所有设区的市立法权，不仅适应了全面推进依法治国和全面深化改革的需要，更重要的意义还在于，其有助于提升地方人大及其常委会的地位和权威，发挥人大制度的应有功效，促进人大制度的不断完善和发展。人大制度作为我国的根本政治制度，是中国特色社会主义民主政治的根本制度载体，是中国共产党治国理政的根本途径，也是支撑中国国家治理体系和治理能力的根本政治制度。正如习近平总书记在庆祝全国人民代表大会成立60周年大会上的讲话中指出："人民代表大会制度是中国特色社会主义制度的重要组成部分，也是支撑中国国家治理体系和治理能力的根本政治制度。"[1]我国的人大制度既不同于西方国家的议会制度，也不同于原苏东国家的苏维埃制度，而是具有鲜明中国特色的代议制度。与西方国家的议会制度相比，我国的人大制度具有明显的优势。但是，由于各种原因，我国人大制度的理论优势远未转化为实践优势，最突出的表现就是各级人大及其常委会的国家权力机关的地位和权威没有完全树立起来，各级人大及其常委会的各项职能没有得到很好的履行。对此，俞可平教授曾指出："实践表明，我国人大制度在理论设

[1] 《习近平在庆祝全国人民代表大会成立60周年大会上的讲话》，http://www.npc.gov.cn/npc/xinwen/2014-09/06/content_1877767.htm。

计、法律安排上的优越性还没有充分显示出来，与民主政治的深入发展要求，与人民群众的期望还是有距离的。”❶ 这就要求我们必须坚持并不断完善人大制度，保证各级人大及其常委会各项职权的充分行使，以树立起各级人大及其常委会应有的地位和权威。

而要实现这一目的，就需要找到我国人大制度完善与发展的真正动力机制所在。从我国人大制度60余年的发展历程来看，这一动力机制正是依法治国。改革开放以来，全国人大及其常委会之所以能够迅速提升自身地位和权威，并有效推动我国人大制度的不断完善和发展，主要原因正在于党的十一届三中全会后，我们党对社会主义法治建设工作的日益重视，特别是党的十五大明确将依法治国作为了我们党领导人民治理国家的基本方略，全国人大及其常委会借此有效行使了立法权，从而切实改变了全国人大及其常委会各项职权长期“虚置”的状态，有效提升了全国人大及其常委会的地位和权威。对此，孙哲教授曾指出：“全国人大及其常委会无论在纵向还是横向的立法体系中都已占据了中心位置，它们在横向的左右两侧连接着国务院和中共中央，纵向上则连接着地方各级人大。全国人大地位的上升成为中国政治体制改革的突破点。”❷ 而在党的十八届四中全会吹响全面推进依法治国号角的背景下，2015年《立法法》又适时赋予了所有设区的市立法权，这就为地方人大制度的完善与发展提供了动力机制，可以预见的是，设区的市人大及其常委会可以凭借对立法权的掌控，有效提升设区的市人大及其常委会的地位和权威，保证设区的市人大及其常委会其他职权的充分行使，从而促进地方人大制度的不断完善和发展。而这正是2015年《立法法》赋予所有设区的市立法权的深层次意义所在。

---

❶ 俞可平主编：《中国政治发展30年（1978—2008）》，重庆出版社2009年版，第40页。

❷ 孙哲著：《全国人大制度研究（1979－2000）》，法律出版社2004年版，第124页。

参考文献

一、经典著作

[1]《马克思恩格斯选集》(1 ~4 卷), 人民出版社 1995 年版。

[2]《马克思恩格斯全集》(第 4 卷), 人民出版社 1958 年版。

[3]《列宁选集》(1 ~4 卷), 人民出版社 2012 年版。

[4]《列宁全集》(第 29 卷), 人民出版社 1963 年版。

[5]《毛泽东选集》(1 ~4 卷), 人民出版社 1991 年版。

[6]《毛泽东选集》(第 5 卷), 人民出版社 1977 年版。

[7]《邓小平文选》(1 ~3 卷), 人民出版社 1993 年版。

[8]《江泽民文选》(1 ~3 卷), 人民出版社 2006 年版。

[9]《彭真文选》(1941—1990), 人民出版社 1991 年版。

二、中文著作

[1] 李林著:《立法理论与制度》, 中国法制出版社 2005 年版。

[2] 李林、莫纪宏主编:《中国宪法三十年: 1982—2012》, 社会科学文献出版社 2012 年版。

[3] 李林主编:《立法过程中的公共参与》, 中国社会科学出版社 2009 年版。

[4] 李林著:《中国的法治道路》, 中国社会科学出版社 2016 年版。

[5] 韩大元编著:《1954 年宪法与中国宪政》, 武汉大学出版社 2008 年版。

[6] 吴大英等著:《中国社会主义立法问题》, 群众出版社 1984 年版。

[7] 何华辉著:《比较宪法学》, 武汉大学出版社 2013 年版。

[8] 全国人大常委会办公厅研究室编：《中华人民共和国人民代表大会文献资料汇编》（1949—1990 年），中国民主法制出版社 1991 年版。
[9] 阮荣祥等主编：《地方立法的理论与实践》，社会科学文献出版社 2011 年版。
[10] 乔晓阳主编：《〈中华人民共和国立法法〉导读与释义》，中国民主法制出版社 2015 年版。
[11] 乔晓阳主编：《中华人民共和国立法法讲话》（修订版），中国民主法制出版社 2008 年版。
[12] 全国人大常委会法制工作委员会国家法室编：《中华人民共和国立法法释义》，法律出版社 2015 年版。
[13] 曹海晶著：《中外立法制度比较》，商务印书馆 2004 年版。
[14] 阚珂著：《人民代表大会那些事》，法律出版社 2017 年版。
[15] 王利明著：《迈向法治——从法律体系到法治体系》，中国人民大学出版社 2015 年版。
[16] 周旺生著：《立法学教程》，北京大学出版社 2006 年版。
[17] 姜明安主编：《行政法与行政诉讼法》，北京大学出版社、高等教育出版社 2011 年版。
[18] 李忠著：《党内法规建设研究》，中国社会科学出版社 2015 年版。
[19] 朱力宇、叶传星主编：《立法学》，中国人民大学出版社 2015 年版。
[20] 邓世豹主编：《立法学：原理与技术》，中山大学出版社 2016 年版。
[21] 唐孝葵主编：《地方性法规比较研究》，中国民主法制出版社 1992 年版。
[22] 周实主编：《地方立法权限与立法程序研究》，东北大学出版社 2011 年版。
[23] 张志红著：《当代中国政府间纵向关系研究》，天津人民出版社 2005 年版。
[24] 刘小妹著：《省级地方立法研究报告——地方立法双重功能的实现》，中国社会科学出版社 2016 年版。
[25] 肖巧平著：《地方人大与其常委会立法权限划分研究》，法律出版社 2015 年版。
[26] 张文显主编：《法理学》，高等教育出版社、北京大学出版社 2011 年版。
[27] 俞可平主编：《中国政治发展 30 年》（1978—2008），重庆出版社 2009 年版。
[28] 蔡定剑著：《中国人民代表大会制度》，法律出版社 2003 年版。
[29] 季卫东著：《法治秩序的建构》，商务印书馆 2014 年版。
[30] 西北政法大学法治陕西建设协同创新研究中心等编：《陕西省设区的市地方立法状况监皮书》（2016 年），知识产权出版社 2016 年版。
[31] 莫纪宏著：《法治中国的宪法基础》，社会科学文献出版社 2014 年版。

[32] 莫纪宏著:《实践中的宪法学原理》,中国人民大学出版社 2007 年版。

[33] 李步云著:《论法治》,社会科学文献出版社 2015 年版。

[34] 李步云著:《论宪法》,社会科学文献出版社 2013 年版。

[35] 江国华著:《立法:理想与变革》,山东人民出版社 2007 年版。

[36] 周叶中著:《代议制度比较研究》,武汉大学出版社 2005 年版。

[37] 秦前红、叶海波著:《社会主义宪政研究》,山东人民出版社 2008 年版。

[38] 韩大元、林来梵、郑贤君著:《宪法学专题研究》,中国人民大学出版社 2008 年版。

[39] 李龙主编:《良法论》,武汉大学出版社 2001 年版。

[40] 汪进元著:《良宪论》,山东人民出版社 2005 年版。

[41] 蔡定剑、王晨光主编:《人民代表大会二十年发展与改革》,中国检察出版社 2001 年版。

[42] 蔡定剑著:《历史与变革——新中国法制建设的历程》,中国政法大学出版社 1999 年版。

[43] 李鹏著:《立法与监督——李鹏人大日记》(上、下),新华出版社、中国民主法制出版社 2006 年版。

[44] 何华辉主编:《人民代表大会制度的理论与实践》,武汉大学出版社 1992 年版。

[45] 刘政、程湘清著:《人民代表大会制度的理论和实践》,中国民主法制出版社 2003 年版。

[46] 刘政、于友民、程湘清主编:《人民代表大会工作全书:1949—1998》,中国民主法制出版社 1999 年版。

[47] 尹中卿主编:《全国人民代表大会及其常务委员会大事记(1954—2004)》,中国民主法制出版社 2005 年版。

[48] 蔡定剑著:《一个人大研究者的探索》,武汉大学出版社 2007 年版。

[49] 许崇德著:《中华人民共和国宪法史》(上、下),福建人民出版社 2005 年版。

[50] 刘建军、何俊志、杨建党著:《新中国根本政治制度研究》,上海人民出版社 2009 年版。

[51] 孙哲著:《全国人大制度研究》(1979—2000),法律出版社 2004 年版。

[52] 陈伯礼著:《授权立法研究》,法律出版社 2000 年版。

[53] 郭道晖著:《中国立法制度》,人民出版社 1988 年版。

[54] 李步云、汪永清主编:《中国立法的基本理论和制度》,中国法制出版社 1998 年版。

[55] 李步云主编:《立法法研究》,湖南人民出版社 1998 年版。

[56] 李培传主编:《中国社会主义立法的理论与实践》,中国民主法制出版社 1991 年版。

［57］翟国强著：《立法》，江苏人民出版社2016年版。
［58］袁曙宏主编：《立法后评估工作指南》，中国法制出版社2013年版。
［59］许佩华著：《经济特区立法研究》，法律出版社2014年版。
［60］崔红著：《地方治理法治化研究——规范立法和创新制度》，知识产权出版社2016年版。
［61］顾昂然著：《新中国改革开放三十年的立法见证》，法律出版社2008年版。
［62］万其刚著：《立法理念与实践》，北京大学出版社2006年版。
［63］候东德主编：《我国地方立法协商的理论与实践》，法律出版社2015年版。
［64］李培传著：《论立法》，中国法制出版社2013年版。
［65］汪全胜著：《立法成本效益评估研究》，知识产权出版社2016年版。
［66］《河北法制年鉴·2016》，中国法制出版社2016年版。
［67］陈公雨著：《地方立法十三讲》，中国法制出版社2015年版。
［68］李进章著：《地方立法理论与实践》，河北省人大常委会法制工作委员会印制的内部资料。

三、中文译著

［1］［古希腊］亚里士多德著：《政治学》，吴寿彭译，商务印书馆1965年版。
［2］［奥］凯尔森著：《法与国家的一般理论》，沈宗灵译，商务印书馆2013年版。
［3］［英］戴维·M. 沃克编：《牛津法律大辞典》，光明日报出版社1988年版。
［4］［英］边沁著：《道德与立法原理导论》，时殷弘译，商务印书馆2000年版。
［5］［法］孟德斯鸠著：《论法的精神》（上、下），张雁深译，商务印书馆1964年版。
［6］［美］汉密尔顿、杰伊、麦迪逊著：《联邦党人文集》，程逢如等译，商务印书馆1980年版.
［7］［法］卢梭著：《社会契约论》，何兆武译，商务印书馆2003年版。
［8］［美］李侃如著：《治理中国——从革命到改革》，胡国成、赵梅译，中国社会科学出版社2010年版。
［9］［日］芦部信喜著：《宪法》，高桥和之增订，林来梵等译，北京大学出版社2006年版。
［10］［英］密尔著：《代议制政府》，汪瑄译，商务印书馆1982年版。
［11］［日］美浓部达吉著：《议会制度论》，邹敬芳译，中国政法大学出版社2005年版。
［12］［英］威廉·韦德著：《行政法》，楚建译，中国大百科全书出版社1997年版。
［13］［美］R. 麦克法夸尔、费正清编：《剑桥中华人民共和国史》（上卷），谢亮生等译，

中国社会科学出版社 1990 年版。
[14] [日] 美浓部达吉著:《宪法学原理》,欧宗祐、何作霖译,中国政法大学出版社 2003 年版。
[15] [英] W·J 詹宁斯著:《法与宪法》,龚祥瑞等译,三联书店 1997 年版。
[16] [英] 哈特著:《法律的概念》,许家馨、李冠宜译,法律出版社 2011 年版。
[17] [德] 黑格尔著:《法哲学原理》,范扬、张企泰译,商务印书馆 1961 年版。
[18] [美] 威尔逊著:《国会政体》,熊希龄、吕德本译,商务印书馆 1990 年版。
[19] [德] 马克斯·韦伯:《论经济与社会中的法律》,张乃根译,中国大百科全书出版社 1998 年版。
[20] [英] 哈耶克著:《自由秩序原理》,邓正来译,三联书店 1997 年版。

四、论文类

[1] 李林:《关于立法权限划分的理论与实践》,《法学研究》1998 年第 5 期。
[2] 李兵:《国务院批准具有立法权的“较大的市”行为研究》,《行政法学研究》2006 年第 2 期。
[3] 程庆栋:《论设区的市的立法权:权限范围与权力行使》,《政治与法律》2015 年第 8 期。
[4] 刘武俊:《解读十八大报告的法治精神》,《中国司法》2012 年第 12 期。
[5] 郑毅:《对新〈立法法〉地方立法权改革的冷思考》,《行政论坛》2015 年第 4 期。
[6] 武增:《立法法颁布以来首次修改,赋予设区的市地方立法权不会一放就乱》,《紫光阁》2015 年第 4 期。
[7] 肖永明:《地方立法权“扩容”,设区的市人大应有所为有所不为》,《人大研究》2016 年第 2 期。
[8] 范文嘉:《科学配置地方立法权,在法治轨道上推进改革》,《中国发展观察》2014 年第 10 期。
[9] 郑毅:《对我国〈立法法〉修改后若干疑难问题的诠释与回应》,《政治与法律》2016 年第 1 期。
[10] 易有禄:《设区市立法权行使的实证分析——以立法权限的遵循为中心》,《政治与法律》2017 年第 6 期。
[11] 乔晓阳:《处理好立法与改革的关系》,《中国人大》2014 年第 20 期。
[12] 秦前红、李少文:《地方立法权扩张的因应之策》,《法学》2015 年第 7 期。
[13] 秦前红、刘怡达:《地方立法权主体扩容的风险及其控制》,《海峡法学》2015 年第

3 期。

[14] 郭佳法：《地方立法这两年：设区的市行使地方立法权全面推进》，《中国人大》2017 年第 1 期。

[15] 计为民：《地方立法权扩容的机遇与挑战》，《人民之声》2014 年第 11 期。

[16] 郝铁川：《论良性违宪》，《法学研究》1996 年第 4 期。

[17] 李菊：《推进设区的市行使地方立法权情况分析》，《地方立法研究》2017 年第 3 期。

[18] 郑毅：《对新〈立法法〉地方立法权改革的冷思考》，《行政论坛》2015 年第 4 期。

[19] 于建成：《强化“三个评估”，提高立法质量》，《中国人大》2014 年第 20 期。

[20] 刘松山：《当代中国处理立法与改革关系的策略》，《法学》2014 年第 1 期。

[21] 周尚君、郭晓雨：《制度竞争视角下的地方立法权扩容》，《法学》2015 年第 11 期。

[22] 季长龙：《从较大市到设区市：地方立法权下放的意义与反思》，《河南工业大学学报》（社会科学版）2015 年第 4 期。

[23] 阿计：《地方立法权扩容：放与限的博弈》，《公民导刊》2014 年第 11 期。

[24] 彭东昱：《赋予设区的市地方立法权》，《中国人大》2014 年第 19 期。

[25] 王立军、刘云升：《非物质文化遗产地方立法缺陷之检讨》，《河北法学》2016 年第 9 期。

[26] 易有禄：《设区市立法权的权限解析》，《政法论丛》2016 年第 2 期。

[27] 王春业：《论赋予设区市的地方立法权》，《北京行政学院学报》2015 年第 3 期。

[28] 吕新华：《论重复立法之克服》，《湖北警官学院学报》2014 年第 7 期。

[29] 苗连营：《论地方立法工作中“不抵触”标准的认定》，《法学家》1996 年第 5 期。

[30] 汤善鹏、严海良：《地方立法不必要重复的认定与应对——以七个地方固废法规文本为例》，《法制与社会发展》2014 年第 4 期。

[31] 肖迪明：《问题与对策：设区的市行使立法权探析》，《地方立法研究》2017 年第 1 期。

[32] 谢桂山、白利寅：《设区的市地方立法权的制度逻辑、现实困境与法治完善路径》，《法学论坛》2017 年第 3 期。

[33] 焦洪昌、马晓：《地方立法权扩容与国家治理现代化》，《中共中央党校学报》2014 年第 5 期。

[34] 伊士国：《当代中国社会转型中的法律制度变革》，《甘肃社会科学》2015 年第 1 期。

[35] 周叶中、伊士国：《中国特色社会主义法律体系的发展与回顾——改革开放 30 年中国立法检视》，《法学论坛》2008 年第 4 期。

[36] 周旺生：《关于地方立法的几个理论问题》，《行政法学研究》1994 年第 4 期。

[37] 汪俊英：《关于设区的市立法权的若干思考》，《学习论坛》2016 年第 3 期。
[38] 郭思源：《论设区的市立法权范围》，《研究生法学》2015 年第 3 期。
[39] 苏力：《当代中国的中央与地方分权——重读毛泽东〈论十大关系〉第五节》，《中国社会科学》2004 年第 2 期。
[40] 向立力：《地方立法发展的权限困境与出路试探》，《政治与法律》2015 年第 1 期。
[41] 徐向华、林彦：《我国〈立法法〉的成功与不足》，《法学》2000 年第 6 期。
[42] 马英娟：《地方立法主体扩容：现实需求与面临挑战》，《上海师范大学学报》（哲学社会科学版）2015 年第 3 期。
[43] 刘志刚：《〈立法法〉修改的宪法学分析》，《哈尔滨工业大学学报》（社会科学版）2015 年第 1 期。
[44] 庞凌：《依法赋予设区的市立法权应注意的若干问题》，《学术交流》2015 年第 4 期。
[45] 王正斌：《〈立法法〉对设区的市一级地方立法制度的重大修改》，《中国法律评论》2015 年第 2 期。
[46] 柯旭、吴章敏：《地方性法规立项论证若干问题研究》，《地方立法研究》2017 年第 4 期。
[47] 闫然、毛雨：《设区的市地方立法三周年大数据分析报告》，《地方立法研究》2018 年第 3 期。
[48] 周伟：《论设区的市立法权收与放的统一》，《法学》2017 年第 7 期。
[49] 毕可军：《设区的市立法权设置存在的问题及应对之策》，《贵州社会科学》2017 年第 11 期。
[50] 李玄：《设区的市地方立法事项范围研究》，《人大研究》2018 年第 8 期。
[51] 方洁：《设区的市地方立法的范围之解释》，《浙江社会科学》2017 年第 12 期。
[52] 徐凤英：《设区的市地方立法能力建设探究》，《政法论丛》2017 年第 4 期。
[53] 于群、叶昌艺：《设区的市地方立法中须关注的问题》，《中国人大》2017 年第 8 期。
[54] 郑清贤：《反思与突围：设区市地方立法特色探寻——以福建省 7 个设区市立法为分析样本》，《福建行政学院学报》2017 年第 5 期。
[55] 黄良林：《论设区的市地方立法起草》，《人大研究》2017 年第 8 期。
[56] 郑磊、贾圣真：《从“较大的市”到“设区的市”：地方立法主体的扩容与宪法发展》，《华东政法大学学报》2016 年第 4 期。
[57] 陈国刚：《论设区的市地方立法权限——基于〈立法法〉的梳理与解读》，《学习与探索》2016 年第 7 期。
[58] 李正斌：《北京市地方立法中的公众参与》，见李林主编《立法过程中的公共参与》，

中国社会科学出版社 2009 年版，第 89 ~ 95 页。

[59] 青岛市人大常委会法制工作室：《青岛市地方立法中的公众参与》，见李林主编《立法过程中的公共参与》，中国社会科学出版社 2009 年版，第 134 ~ 139 页。

[60] 石家庄市人大常委会法制委：《进一步发挥地方人大立法主导作用的思考》，见河北省法学会立法学研究会 2018 年年会论文集，第 240 ~ 242 页。

[61] 莫纪宏：《论立法的技术路线——专家立法在立法公民参与中的作用》，见李林主编《立法过程中的公共参与》，中国社会科学出版社 2009 年版，第 33 ~ 44 页。

[62] 李适时：《完善立法体制》，见《〈中共中央关于全面推进依法治国若干重大问题的决定〉辅导读本》，人民出版社 2014 年版，第 66 ~ 74 页。

[63] 张凤魁：《设区的市立法权限问题刍议》，见河北省法学会立法学研究会 2018 年年会论文集，第 229 ~ 235 页。

五、报纸、网络类

[1] 叶锋等：《地方立法权“扩容”焦点四问》，《新华每日电讯》2015 年 3 月 9 日。

[2]《地方立法权扩至全国 282 个设区的市》，《扬州晚报》2014 年 8 月 26 日。

[3] 陈丽平：《进一步明确较大市立法权限——可对城市建设城市管理环境保护等立法》，《法制日报》2014 年 12 月 23 日。

[4]《地方立法周年 各地如何兑现》，《人民日报》2016 年 3 月 2 日。

[5]《立法专家顾问制 不是摆面子》，《法制晚报》2014 年 12 月 10 日。

[6] 霍桃：《地方立法权将扩至全国 282 个设区市，环境立法率先示范》，《中国环境报》2014 年 12 月 17 日。

[7] 王琳：《地方立法权扩容的关键在权责一致》，《检察日报》2014 年 9 月 10 日。

[8] 刘武俊：《设区市的立法权不是一放了之》，《经济参考报》2015 年 7 月 29 日。

[9] 周尚君：《地方立法权扩容的“喜”与“忧”》，《学习时报》2015 年 10 月 29 日。

[10] 方明：《正确理解设区市地方立法的权限范围》，《新华日报》2016 年 10 月 25 日。

[11] 封丽霞：《健全人大主导立法工作的体制机制》，《学习时报》2014 年 11 月 3 日。

[12] 郑鹏程、张坤：《如何防止部门利益和地方保护主义法律化》，《光明日报》2015 年 5 月 24 日。

[13] 程雪阳：《从试点到立法的中国改革逻辑》，《社会科学报》2015 年 4 月 2 日。

[14] 梁超：《宜粗不宜细的立法原则应修改》，《学习时报》2012 年 2 月 8 日。

[15] 李建国：《关于〈中华人民共和国立法法修正案（草案）〉的说明》，http://news.xinhuanet.com/2015-03/08/c_1114563179.htm。

[16]《第十二届全国人民代表大会法律委员会关于〈中华人民共和国立法法修正案（草案）〉审议结果的报告》，http：//www. npc. gov. cn/wxzl/gongbao/2015 – 05/07/content_1939079. htm。

[17]《人大法工委主任李适时：全面贯彻实施修改后的立法法》，http：//www. china. com. cn/legal/2015 – 09/17/content_36613016. htm。

[18] 李适时：《在第二十二次全国地方立法研讨会上的小结》，http：//www. npc. gov. cn/npc/lfzt/rlyw/2016 – 09/18/content_1997525. htm。

[19]《地方立法权"收放之间"——全国人大常委会组成人员热议立法法草案中"扩大地方立法权"条款》，http：//www. npc. gov. cn/npc/cwhhy/12jcwh/2014 – 08/30/content_1876451. htm。

[20]《中国唯一一个村级市：西辛庄市》，http：//www. sohu. com/a/117540118_177287。

[21]《中共中央办公厅、国务院办公厅就甘肃祁连山国家级自然保护区生态环境问题发出通报》，http：//news. xinhuanet. com/2017 – 07/20/c_1121354050. htm。

[22]《张德江主持召开座谈会听取对全国人大常委会工作报告的意见建议》，http：//news. xinhuanet. com/politics/2017 – 02/08/c_1120433576. htm。

[23]《王晨作关于〈中华人民共和国宪法修正案（草案）〉的说明》，http：//www. npc. gov. cn/npc/xinwen/2018 – 03/06/content_2042586. htm。

[24]《温州》，https：//baike. baidu. com/item/% E6% B8% A9% E5% B7% 9E？wtp = tt。

[25]《四中全会公报：依法赋予设区的市地方立法权》，http：//news. ifeng. com/a/20141024/42282115_0. shtml。

[26]《深圳：求解立法权之路》，http：//magazine. inewsweek. cn/magazine – content – 7078. html。

[27] 刘政奎：《建议将设区的市地方立法权范围扩展为"城乡建设、城乡管理"》，http：//www. npc. gov. cn/npc/lfzt/2014/2015 – 02/15/content_1900568. htm。

[28] 张国强：《关于设区的市行使地方立法权的有关问题》，http：//www. npc. gov. cn/npc/bmzz/llyjh/2016 – 06/06/content_1991138. htm。

[29]《新〈立法法〉对设区的市立法权限规定存在的不足及完善》，http：//www. ahfzb. gov. cn/content/detail/57ec85fecfd9f3d009000012. html。

[30] 乔晓阳：《九届全国人大常委会法制讲座第四讲——完善我国立法体制维护国家法制统一》，http：//www. npc. gov. cn/npc/xinwen/1998 – 10/20/content_1459904. htm。

[31]《立法变通权》，https：//baike. baidu. com/item/% E7% AB% 8B% E6% B3% 95% E5% 8F% 98% E9% 80% 9A% E6% 9D% 83/1304876？fr = aladdin。

[32]《安徽省 16 个市全部可以行使立法权》，http：//ah. people. com. cn/n2/2016/0202/c358266 – 27681031. html。

[33]《认真贯彻实施新修改的立法法，扎实推进设区的市地方立法工作》，http：//www. npc. gov. cn/npc/lfzt/rlyw/2016 – 09/18/content_1997598. htm。

[34]《各地推进赋予设区的市行使地方立法权工作情况表》，http：//www. calaw. cn/article/default. asp？ id = 11919。

[35]《2016 雾霾城市排行榜，中国雾霾城市排名及分布图》，https：//www. phb123. com/city/tese/9808. html。

[36]《关于我省各设区市政府法制机构建设现状的调查报告》，http：//www. ahfzb. gov. cn/content/detail/567b5fa2cfd9f34402000000. html。

[37]《设区的市立法工作存在的问题及对策建议》，http：//www. nxrd. gov. cn/zlzx/llysj/201703/t20170321_4239773. html。

[38] 周福益：《发挥人大代表在地方立法主体作用的若干思考》，http：//www. xmrd. gov. cn/rdlz/llyj/201711/t20171114_5133207. htm。

[39]《习近平在庆祝全国人民代表大会成立 60 周年大会上的讲话》，http：//www. npc. gov. cn/npc/xinwen/2014 – 09/06/content_1877767. htm。

后 记

本书是在我博士后研究报告的基础上，进一步修改完成的。因而，本书的完成，首先要感谢的是我的博士后合作导师李林研究员。2014 年 7 月，承蒙李老师不弃，我于而立之年走进中国社会科学院法学研究所，成为李老师指导的一名博士后研究人员，开启了我的继续求学之路。中国社会科学院法学研究所作为中国国家级法学研究机构、党和国家重要的法治智库，能来此学习是我的终生梦想，而能得到李老师的指导更是我人生之大幸。李老师作为法学大家，博学多才，睿智过人，治学严谨，著作等身，无论是学识还是人品，均是吾等后辈学习之楷模。李老师对后辈的帮助和提携也不遗余力，自我入中国社会科学院法学研究所从事博士后研究工作以来，李老师对我的指导和帮助从未间断，不断地对我进行“传道、授业、解惑”，无论再忙，总会抽时间当面给予我各种指导，并“不厌其烦”地回答我的各种困惑和问题，解开了我学术求索之路上的种种“绳结”，使我不断成长和进步。李老师对我的博士后研究报告更是倾注了大量的心血，无论是报告的选题，还是报告的写作、修改，都得到了李老师的精心指点和“倾囊相授”。借此机会，再次向李老师表示感谢，您辛苦了！学生唯有不断努力，不断进步，方能不辜负老师的教导和期望!

其次，我还要感谢中国社会科学院法学研究所的陈云生研究员、莫纪宏研究员、周汉华研究员、李忠研究员、陈欣新研究员、李洪雷研究员等每一位关心与指导我的老师，感谢你们的授业解惑、指点迷津，使我受益颇多，如沐春风。感谢中央财经大学法学院高秦伟教授，于百忙之中抽出时间审阅我的博士后研究报告，并参加我的博士后研究报告答辩，提出了宝贵的修改意见，使我博士后研究报告进一步得以完善。感谢中国社会科学院法学研究所博士后流动站孙秀升、缪树蕾等老师，感谢你们的辛勤工作和付出！

再次，还要特别感谢我的硕士和博士指导老师周叶中教授，没有周老师的厚爱与悉心指导，没有在武汉大学学习期间打下的基础，我不可能继续从事博士后研究工作，在此向周老师表达诚挚和崇高的谢意！还要感谢韩大元教授、秦前红教授、童之伟教授、汪进元教授、齐小力教授、江国华教授、胡弘弘教授、祝捷教授、伍华军教授、张翔教授、吴占英教授、许娟教授、孙培福教授、王凤鸣教授、冯兆蕙教授等学界前辈和同人对我学习和工作的各方面关照！感谢全国人大常委会法工委原副主任阚珂对我的指点，他渊博的专业知识和丰富的实践经验，以及平易近人的态度，使我了解了更多的立法专业知识和实践经验，消除了很多误解，改正了不少错误，使本书更加完善成熟，在此特致谢忱！

最后，要感谢河北大学政法学院孟庆瑜教授、陈玉忠教授、姚伟教授、张燕京教授以及其他领导、同事、朋友对我的关照和支持！感谢河北大学国家治理法治化研究中心对本书出版的资助。感谢知识产权出版社韩婷婷编辑对本书出版的大力支持，感谢其他编辑对本书问世付出的辛勤劳动！我的学生李亚茹、李雅丽、杨玄宇、李杰等承担了资料收集、整理及文字校对工作，在此一并致谢！

伊士国

于 2019 年 7 月